JOSEPH PRINCE

DIE HEILKRAFT DES ABENDMAHLS

90 ANDACHTEN AUS
»ISS DICH ZU LEBEN UND GESUNDHEIT«

Aus dem Englischen von
Gabriele Kohlmann

Grace today
VERLAG

Die amerikanische Originalausgabe erschien im Verlag Emanate Books unter dem Titel *The Healing Power of the Holy Communion*. Published by arrangement with Thomas Nelson, a division of HarperCollins Christian Publishing, Inc.

Die Deutsche Nationalbibliothek verzeichnet diese Publikation in der Deutschen Nationalbibliografie; detaillierte bibliografische Daten sind im Internet über https://dnb.de abrufbar.

Bibelzitate, sofern nicht anders angegeben, wurden der Schlachter Bibelübersetzung entnommen. Bibeltext der Schlachter, © 2000 Genfer Bibelgesellschaft. Alle Rechte vorbehalten. Alle Bibelübersetzungen wurden mit freundlicher Genehmigung der Verlage verwendet. Hervorhebungen einzelner Wörter oder Passagen innerhalb von Bibelzitaten wurden vom Autor vorgenommen.

ELB *Revidierte Elberfelder Bibel,* © 2008 SCM R.Brockhaus, Witten.
EÜ *Einheitsübersetzung der Heiligen Schrift,* © 2016 Kath. Bibelanstalt GmbH, Stuttgart.
GNB *Gute Nachricht Bibel,* © 2000 Deutsche Bibelgesellschaft, Stuttgart.
HFA *Hoffnung für alle,* © by Biblica, Inc.®, hrsg. von Fontis.
NEÜ *Neue evangelistische Übersetzung,* © Karl-Heinz Vanheiden.
NGÜ *Neue Genfer Übersetzung* – Neues Testament und Psalmen, © 2011 Genfer Bibelgesellschaft.
NLB *Neues Leben Bibel,* © 2017 SCM R.Brockhaus, Witten.

Zitate aus den folgenden Bibeln wurden aus dem Englischen übersetzt:
Amplified Bible (AMP), *New American Standard Bible* (NASB), *New International Version* (NIV), *New King James Version* (NKJV), *New Living Translation* (NLT)

Umschlaggestaltung und Abbildungen: © 22 Media Pte. Ltd.
Umschlagfotos: © 22 Media Pte. Ltd., Stocksy, Shutterstock und iStock
Corporate Design: spoon design, Olaf Johannson
Lektorat und Korrektorat: Thilo Niepel, Sonja Yeo
Satz: Grace today Verlag
Druck: CPI – Clausen & Bosse, Leck
Printed in Germany

2. Auflage 2021

Paperback: ISBN 978-3-95933-160-9, Bestellnummer 372160
E-Book: ISBN 978-3-95933-159-3, Bestellnummer 372159

www.gracetoday.de

INHALT

ABSCHNITT 3
KEINE SCHWACHEN, KEINE KRANKEN

ABSCHNITT 4
NICHT GEGEN DICH, SONDERN FÜR DICH

ABSCHNITT 5
KEIN PLATZ FÜR FURCHT

ABSCHNITT 6
ER HAT DIE RECHNUNG BEZAHLT

ABSCHNITT 7
OFFENBARUNG FÜHRT ZU ERGEBNISSEN

ABSCHNITT 8
ALLES ABGEDECKT UND NICHTS AUSGESCHLOSSEN

ABSCHNITT 9
GIB NICHT AUF!

ABSCHNITT 10
DER KAMPF UM RUHE

ABSCHNITT 11
DER GOTT DEINER TÄLER

ABSCHNITT 12
STREBE NACH DEM HEILER

BEVOR DU BEGINNST

Wusstest du, dass du Gott um ein langes, gutes und gesundes Leben bitten kannst? Bist du dir bewusst, dass Gott auch heute noch Menschen heilt? Und hast du dich jemals gefragt, ob geheilt zu werden Gottes Wille für dich ist? Ob du seine Heilungskraft überhaupt in Anspruch nehmen darfst?

Ich weiß nicht, wie deine Situation gerade aussieht. Vielleicht hat man bei dir oder einem Angehörigen eine schwere Krankheit festgestellt und du bist vor lauter Schock, Angst und Hilflosigkeit immer noch ganz benommen. Oder vielleicht leidest du an chronischen Beschwerden und hast dich damit abgefunden, dass dein Zustand »Gottes Wille« sei.

Mein Freund (damit meine ich natürlich immer auch alle Leserinnen), wie auch immer die Dinge für dich stehen, gib nicht auf. Nicht jetzt. Und auch zu keiner anderen Zeit.

Es spielt keine Rolle, wie düster die Lage aus ärztlicher Sicht ist – Gott kann deine Situation immer noch umkehren. Ganz gleich, welchem Riesen du heute gegenüberstehst: Gott ist größer.

Deine äußeren Umstände mögen entmutigend sein, aber weißt du was? Du kannst diese Dinge *sehen*, und das bedeutet, dass sie *zeitlich* sind. Die Bibel sagt uns, »was sichtbar ist, das ist zeitlich; was aber unsichtbar ist, das ist ewig« (2Kor 4,18).

Es gibt einen Feind, der das Sichtbare benutzt, um dich in die Falle zu locken, damit er dich durch Angst und Entmutigung tyrannisieren kann. Aber ich glaube, der Herr hat dafür gesorgt, dass du dieses Buch in die Hände bekommst, weil er will, dass du deinen Blick auf ihn gerichtet hältst – den unsichtbaren Gott, der ewig ist. Er wird dich nie aufgeben oder verlassen. Du hast einen Gott, der dich so sehr liebt, dass er am Kreuz sein eigenes Leben für dich gegeben hat.

Und doch haben die Menschen irgendwie der Lüge geglaubt, dass Kranksein manchmal Gottes Wille für uns sei. Es gibt sogar solche, die behaupten, Gott benutze Krankheit, um uns zu »züchtigen« oder uns eine Lektion zu erteilen. Diese Lügen haben seinem Volk das bluterkaufte Recht geraubt, an seiner göttlichen Gesundheit teilzuhaben. Und sie haben dazu geführt, dass viele Gläubige die Krankheit in ihrem Körper einfach akzeptieren.

Mein Freund, Gott ist *nicht* der Urheber von gesundheitlichen Problemen, Krankheit und Tod, und es war nie seine Absicht, dass der Mensch etwas davon erleiden sollte. Die zerstörerische Kraft von Krankheit und Tod wurde durch einen einzelnen Akt des Essens freigesetzt, als Adam und Eva vom Baum der Erkenntnis von Gut und Böse aßen. Adam sündigte gegen Gott, und der Lohn der Sünde ist der Tod (Röm 6,23).

Die gute Nachricht ist, dass unser wunderbarer Erlöser nicht nur für unsere Sünden gestorben ist – er hat auch den Preis für die Heilung unserer Krankheiten und Leiden mit seinem eigenen Körper bezahlt. Und dank dem, was er am Kreuz getan hat, können wir vertrauensvoll Heilung und göttliche Gesundheit erwarten. Die Bibel erklärt, dass »[uns] durch seine Striemen Heilung geworden [ist]« (Jes 53,5 ELB).

Wie können wir die für uns bereitstehende Versorgung mit Heilung und Gesundheit in Empfang nehmen? Ich glaube Folgendes: So wie Tod und Krankheit durch einen Akt des Essens kamen, hat Gott einen anderen Akt des Essens dazu bestimmt, den Fluch der Sünde umzukehren und Leben, Gesundheit und Heilung freizusetzen. Mit anderen Worten: *Du kannst dich zu Leben und Gesundheit essen.*

Wovon ich spreche? Ich spreche vom Abendmahl.

Die Gemeinde Jesu hat die Wahrheiten hinter dem Abendmahl sehr vernachlässigt. Viele sehen es nur als Ritual oder Tradition an und machen nur wenige Male im Jahr oder höchstens einmal im Monat davon Gebrauch. Doch infolge dessen, was Gott uns als Gemeinde offenbart hat, feiern wir schon seit Jahren jeden Sonntag das Abendmahl. Seit ich vor mehr als zwei Jahrzehnten angefangen habe, das Evangelium der Gnade zu predigen – und vor allem, als ich zu lehren begann, dass Gott das Abendmahl zum Kanal für Heilung, Gesundheit und Wiederherstellung bestimmt hat –, habe ich Heilungszeugnisse von Menschen aus der ganzen Welt erhalten. Ich kann es kaum erwarten, einige davon in diesem Buch mit dir zu teilen.

Interessanterweise denken viele Menschen, dass ein langes und gesundes Leben durch die richtige Ernährung und Fitnessübungen zu erreichen sei. Versteh mich nicht falsch. Natürlich solltest du dich vernünftig ernähren, Exzesse vermeiden, die deinen Körper schädigen, und ein gutes Fitnessprogramm für dich finden. Aber wir dürfen nicht unser ganzes Vertrauen auf Ernährungsstrategien, schicke Fitness-Tracker, Trainings-Apps und Superfoods setzen. Danken wir Gott für Ernährungswissenschaftler und Fitnesstrainer. Sie führen den gleichen Kampf. Doch unser Vertrauen müssen wir in die Erlösung setzen, die von Christus erkauft wurde, und nicht in die Schöpfung.

Göttliche Gesundheit und langes Leben können nur von Gott kommen. Seine Vorsorge für Leben und Gesundheit wird nicht in Flaschen und Dosen verkauft. Sie ist auch nicht in Ernährungsplänen oder Pillen zu finden. Sie wurde uns als Geschenk gegeben, kostete aber einen astronomisch hohen Preis, den der Sohn Gottes am Kreuz von Golgatha mit seinem eigenen Leben bezahlt hat.

WIE DU DAS ANDACHTSBUCH RICHTIG NUTZT

Diese Sammlung von neunzig Tagesandachten enthält Auszüge aus meinem Buch *Iss dich zu Leben und Gesundheit.* Sie sollen dir dabei helfen, durch das Abendmahl den vollen Nutzen all dessen zu empfangen, was der Herr am Kreuz für dich erworben hat. Ich möchte, dass du ohne den leisesten Zweifel weißt: Gott will, dass du heil und rundum gesund bist. Du sollst erfahren, dass es Gottes Herzenswunsch ist, dich ein langes, gesundes und erfüllendes Leben genießen zu lassen.

Die Heilkraft des Abendmahls ist in zwölf Abschnitte unterteilt. Jeder Abschnitt enthüllt glaubensstärkende Wahrheiten aus der Bibel über die heilende Kraft des Abendmahls, die dich ganz sicher aufbauen werden. Ziel ist es, dass du dir jeden Tag ein wenig Zeit zum Lesen und Nachdenken nimmst, um die Umstände in deinem Leben im Licht dessen zu betrachten, was du in den jeweiligen Andachten erfahren hast. Fülle dein Herz, dein Denken und deinen Mund mit Gottes Zusagen göttlicher Gesundheit.

Die täglichen Andachten wurden so zusammengestellt, dass sie dich praktisch anleiten, wie du dich zu Leben und Gesundheit essen kannst. Ich habe noch einige andere Elemente hinzugefügt, die dir helfen sollen, die Wahrheiten, die Gott dir vermitteln möchte, in deinem Leben anzuwenden. Jede Andacht beinhaltet:

- **Vers(e) des Tages** – Eine kraftvolle, glaubensstärkende Bibelstelle, die sich auf den Andachtstext bezieht, ihn biblisch untermauert und dein Herz in den lebenspendenden Wahrheiten über das Abendmahl verankert. Ich ermutige dich, über diese täglichen Verse ausgiebig nachzudenken. Du wirst überrascht sein, wie sehr der Heilige Geist Gottes Wort für dich öffnet, um dich an seine Liebe zu erinnern, dein Herz zu erfrischen und zu stärken sowie Heilung und Leben in deinen Körper fließen zu lassen!

- **Andacht des Tages** – Jeder dieser Auszüge aus *Iss dich zu Leben und Gesundheit* enthält eine inspirierende Wahrheit des neuen Bundes, die dir Gottes Verheißungen von Gesundheit, Wiederherstellung und einem langen, erfüllten Leben nahebringt. Außerdem wird in jeder Lesung ein bestimmter biblischer Aspekt des Abendmahls vertieft, was dir helfen wird, das Abendmahl mit größerer Offenbarung einzunehmen. Du wirst in den Andachten auch persönliche Zeugnisse von Menschen finden, die die Wahrheiten, die sie von mir über das Abendmahl gehört haben, anwandten und Gottes erstaunliche Heilungskraft erfuhren. Stellenweise sind diese Zeugnisse aus Platzgründen gekürzt, können aber in *Iss dich zu Leben und Gesundheit* in voller Länge gelesen werden.
- **Gedanke des Tages** – Einfache, kraftvolle Gedanken, die auf den täglichen Lesungen und Gottes Wort basieren. Sie helfen dir, dich darauf zu konzentrieren, diese Verheißungen von göttlicher Gesundheit in deinem Leben zu aktivieren. Diese Gedanken werden deinen Verstand vor den Einflüssen des Feindes schützen, wenn er dich mit Furcht oder Mutlosigkeit attackiert.
- **Gebet des Tages** – Ein glaubenserfülltes Gebet, mit dem du unserem Herrn Jesus sagen kannst, was du auf dem Herzen hast. Jedes dieser Gebete hilft dir, den Glauben an seine Liebe und an seine Macht, dich zu heilen, in Worte zu fassen und dem Vater dafür zu danken, dass er uns mit seinem Sohn beschenkt hat. Zögere nicht, diese Gebete an deine persönliche Situation anzupassen und mit deinem liebevollen Erlöser ganz offen zu sprechen. Möge der Heilige Geist dir während eurer gemeinsamen Zeit die Augen für dein reiches Erbe in Christus öffnen.

Von den neunzig Andachten sollte eine pro Tag gelesen werden, sodass sie dich etwa drei Monate lang begleiten und häppchenweise mit biblisch fundierter Lehre versorgen. Das baut deinen Glauben auf, wenn du vom Herrn Heilung erwartest, und gibt dir mehr Stärke und Lebensenergie. Ich bete, dass du auf deinem Weg durch die kraftvollen Offenbarungen in diesem Buch befähigt wirst, durch das Abendmahl Gottes Versorgung mit Heilung und Gesundheit zu empfangen und dadurch jeden Tag ein Stück gesünder wirst.

Unser Herr ist gestern, heute und in Ewigkeit derselbe. Ich möchte dir unvergängliche Verheißungen aus dem Wort Gottes zeigen, die auch dir gelten. Ich werde Geschichten aus der Bibel und von Menschen erzählen, die geheilt wurden, obwohl Ärzte ihnen gesagt hatten, dass ihre Krankheit unheilbar oder gar tödlich sei. Was Gott für sie getan hat, kann er auch für dich tun.

Hast du gerade mit einer schweren Erkrankung zu kämpfen? Oder ist jemand aus deiner Familie gesundheitlich herausgefordert? Ich habe Zeugnisse von Menschen zusammengestellt, die Heilung erfuhren, nachdem sie eine Offenbarung über das vollbrachte Werk Jesu und das Abendmahl empfangen hatten. Dies sind persönliche Berichte, die zu denen hinzukommen, die bereits in *Iss dich zu Leben und Gesundheit* zu lesen sind. Möge beim Lesen dein Herz ermutigt, deine Hoffnung erneuert und dein Glaube gestärkt werden, damit du die Heilung empfängst, die du dir von unserem treuen Herrn Jesus erwartest.

Mein Freund, der Durchbruch zu deiner Heilung ist schon zu dir unterwegs, und ich kann es kaum erwarten, dass du jeden einzelnen Teil des Segens, den unser Herr Jesus für dich erkauft hat, erhältst und genießt. Ich will dir zeigen, wie du dich zu Leben und Gesundheit essen kannst.

ABSCHNITT I

KOMM AN DEN TISCH

Das Folgende hat der Herr selbst gesagt, und ich gebe es euch so weiter, wie ich es empfangen habe: In der Nacht, als er verraten wurde, nahm Jesus, der Herr, einen Laib Brot, und nachdem er Dank gesagt hatte, brach er ihn und sprach: »Das ist mein Leib; euch ist er zugedacht. Tut das zur Erinnerung an mich.«
Ebenso nahm er nach dem Abendmahl den Weinkelch und sprach: »Dieser Kelch ist der neue Bund zwischen Gott und euch, besiegelt durch mein Blut. Wann immer ihr daraus trinkt, tut es zur Erinnerung an mich.«
Denn jedes Mal, wenn ihr dieses Brot esst und aus diesem Kelch trinkt, verkündet ihr den Tod des Herrn, bis er wiederkommt.

— 1. Korinther 11,23–26 NLB

TAG 1

ER HEILTE ALLE

Wie Gott Jesus von Nazareth mit Heiligem Geist und Kraft gesalbt hat, und wie dieser umherzog und Gutes tat und alle heilte, die vom Teufel überwältigt waren; denn Gott war mit ihm.
— APOSTELGESCHICHTE 10,38

Würdest du zustimmen, dass abgesehen von dem Geschenk der Errettung – Jesus als unseren Herrn und Erlöser zu empfangen und vor dem ewigen Verderben gerettet zu werden –, *Gesundheit* der größte Segen ist, den wir empfangen können? Du kannst eine wundervolle Familie haben, aber wenn du das Bett hüten musst und das Zusammensein mit ihnen nicht genießen kannst, ist es einfach nur traurig. Finanziell magst du dir vielleicht die neueste medizinische Behandlung oder die besten Chirurgen leisten können, aber kein Geld der Welt kann dir Gesundheit erkaufen.

Ich glaube fest daran, dass unser Herr Jesus, der umherzog und alle heilte, die durch Krankheit und Leiden gebunden waren, genauso möchte, dass du geheilt, gesund und voller Leben bist. Ich glaube auch, dass der Herr mir den Auftrag gegeben hat, über die gesundheitsfördernde, lebenspendende und heilende Kraft des Abendmahls zu lehren, und ich kann es kaum erwarten, dir mehr davon zu erzählen. Dies ist keine neue Offenbarung oder eine vorübergehende Modeerscheinung. Ich predige, lehre und praktiziere diese Einsichten, die der Herr mir gibt, seit nunmehr fast zwei Jahrzehnten. Jeden Sonntag, bei jedem Gottesdienst, auch bei unseren Kindergottesdiensten, nehmen wir gemeinsam als Gemeinde das Abendmahl. Ich bin von dessen Wirksamkeit völlig überzeugt und mache deshalb selbst täglich davon Gebrauch. Ich kann dir gar nicht sagen, wie sehr die Freiheit, das Abendmahl einfach empfangen zu dürfen, mich und meine Familie gesegnet hat.

Ich habe in den letzten zwanzig Jahren viele Botschaften über das Abendmahl gepredigt. Aber am 7. April 2002 habe ich eine Predigt mit dem Titel »Gesund und heil durch das Abendmahl« gehalten, die ich als Meilenstein zu diesem Thema ansehe. Die an diesem Tag enthüllten Wahrheiten führten zur Heilung und Veränderung unzähliger Leben auf der ganzen Welt und lösten eine Flut von Offenbarungen aus, deren Auswirkungen bis heute bei vielen Menschen anhalten. Mein Freund, ich will nicht, dass *dir* diese Botschaft entgeht! Deshalb möchte ich dir die damalige Predigt schenken. Sie steht dir unter dem Link JosephPrince.com/eat zur Verfügung. Ich glaube, dass es eine Nachricht ist, die der Herr mir vor vielen Jahren *für dich* aufs Herz gelegt hat. Es war schon damals eine kraftvolle Botschaft, aber sie war noch nie so wichtig wie jetzt.

Ich bete, dass dein Leben revolutioniert wird, wenn der Herr dir seine Wahrheiten offenbart. Welche Krankheit oder Schmerzen du auch hast, möge deine Heilung heute beginnen.

GEDANKE DES TAGES

Zweifle nie daran, dass unser Herr Jesus dich seinen Segen der Gesundheit genießen lassen will. Als Jesus auf der Erde lebte, ging er nicht ständig auf dem Wasser oder stillte dauernd Stürme, aber die ganze Zeit über *heilte* er. In jedem Dorf, das er betrat, überall, wohin er ging, zog er umher und tat Gutes und heilte alle, die vom Teufel bedrängt waren. Das Gleiche wird er auch für dich tun.

GEBET DES TAGES

Vater, ich danke dir, dass du mich eingeladen hast, zu dir zu kommen, damit du mir die lebenspendende, heilende Kraft des Abendmahls offenbaren kannst. Öffne die Augen meines Herzens, sodass ich Jesus sehen kann, der umherzog, Gutes tat und alle heilte, die in Not waren. Ich glaube, je mehr ich über seine Liebe erfahre und darüber, wie ich durch das Abendmahl an seinem vollbrachten Werk teilhaben kann, desto mehr werde ich deine Heilungskraft erleben. Amen.

TAG 2

VOLLKOMMENHEIT IST NICHT ERFORDERLICH

Denn er hat den, der von keiner Sünde wusste, für uns zur Sünde gemacht, damit wir in ihm [zur] Gerechtigkeit Gottes würden.
— 2. Korinther 5,21

Als junger Christ wurde ich Opfer einer fehlerhaften, gesetzlichen Lehre, die auf einer Fehlinterpretation der Lehre des Apostels Paulus über das Abendmahl in 1. Korinther 11,27–30 basierte:

> *Wer also unwürdig dieses Brot isst oder den Kelch des Herrn trinkt, der ist schuldig am Leib und Blut des Herrn. Der Mensch prüfe aber sich selbst, und so soll er von dem Brot essen und aus dem Kelch trinken; denn wer unwürdig isst und trinkt, der isst und trinkt sich selbst ein Gericht, weil er den Leib des Herrn nicht unterscheidet. Deshalb sind unter euch viele Schwache und Kranke, und eine beträchtliche Zahl sind entschlafen.*

Ich wurde davor gewarnt, so wie vielleicht auch du, an der Abendmahlfeier teilzunehmen, falls es irgendwelche Sünden in meinem Leben gebe, einschließlich solcher, von denen ich nicht wusste oder die ich vergessen hatte zu bekennen. Ich sei dadurch *unwürdig* und bringe Gericht und Krankheit über mich, und ich könne sogar vorzeitig sterben! Aber wie konnte ich jemals wissen, ob ich »würdig« genug war? Ich lebte nicht in Sünde oder etwas Ähnlichem, aber ich wusste, dass für Gott Sünde Sünde ist, und wenn jemand auch nur in einem Bereich versagt, gilt er als schuldig an allem (Jak 2,10). Infolgedessen hatte ich eine solche Angst vor dem Abendmahl, dass ich viele Jahre lang nicht daran teilnahm. Ich war schließlich kein Dummkopf. Warum sollte ich ein Risiko eingehen?

Mir wurde mein Erbe geraubt, weil durch wohlmeinendes, aber falsches Predigen ein unsichtbarer Zaun um etwas gezogen wurde, das als *Quelle* der Gesundheit und Heilung und als Segen für das Volk Gottes gedacht war. Der Zaun wurde errichtet, als es hieß: »Komm nicht näher, es sei denn, du bist würdig.«

Ich will nicht, dass du so beraubt wirst wie ich.

Folgendes sagt das Wort Gottes darüber: Das Blut Jesu ist bereits für uns vergossen worden, und als Gläubige *sind* wir die Gerechtigkeit Gottes in Christus (2Kor 5,21). Wir sind vollkommen gerecht und würdig, nicht weil wir makellos wären, sondern weil *er* makellos ist. Er hat den vollen Preis für die Vergebung unserer Sünden bezahlt, und nur das macht uns würdig. Sein Opfer am Kreuz hat uns voll dazu berechtigt, von ihm Heilung *und* Sieg über die Sünde und jede Art von Gebundenheit zu empfangen, die uns unsere Gesundheit und unser Leben rauben will.

GEDANKE DES TAGES

Obwohl Sünde zerstörerisch wirkt und wir sie definitiv ablehnen sollten, müssen wir dennoch nicht perfekt sein, um zum Tisch des Herrn zu kommen. Wenn das die Voraussetzung wäre, könnte *niemand* am Abendmahl teilnehmen! Danken wir Gott, dass wir auch dann, wenn wir versagen, »die Erlösung durch sein Blut, die Vergebung der Übertretungen nach dem Reichtum seiner Gnade« haben (Eph 1,7).

GEBET DES TAGES

Herr Jesus, ich danke dir, dass ich in dir die Gerechtigkeit Gottes bin. Danke, dass mir aufgrund der Gerechtigkeit, die du mir geschenkt hast, vollkommen vergeben ist und jede Sünde beglichen wurde. Du hast mich würdig gemacht, am Abendmahl teilzunehmen, und ich werde furchtlos und mit frohem Herzen kommen und Heilung, Leben und alles, was du sonst noch für mich hast, empfangen. Amen.

TAG 3

LASS DICH NICHT BERAUBEN

Lasst euch nicht durch irgendwelche Gedankengebäude und hochtrabenden Unsinn verwirren, die nicht von Christus kommen! Sie beruhen nur auf menschlichem Denken und entspringen den Grundelementen dieser Welt.

— KOLOSSER 2,8 NLB

Ich hoffe, die gestrige Andacht hat dir deutlich gezeigt, dass der Apostel Paulus nicht sagte, dass diejenigen, die *unwürdig* sind, nicht am Abendmahl teilnehmen können. Sieh genau hin. Paulus sprach über die *Art und Weise*, wie jemand am Abendmahl teilnimmt. Der Apostel schrieb an die Gemeinde in Korinth, die das Abendmahl respektlos behandelte. Die Leute dort aßen, um ihren Hunger zu stillen, ohne dabei an andere zu denken, und sie betranken sich sogar (1Kor 11,20–22 NLB).

Es ist ganz klar zu sehen, dass Paulus sie zurechtwies, weil sie das Abendmahl wie jede andere Mahlzeit behandelten, anstatt es in einer *Weise* zu feiern, die würdigte, was unser Herr Jesus damit beabsichtigt hatte. Sie sahen das Abendmahl als etwas Gewöhnliches, anstatt es als heilig und außergewöhnlich zu betrachten.

Was bedeutet das für uns heute? Auch wir nehmen auf unwürdige Weise am Abendmahl teil, wenn wir es der korinthischen Gemeinde gleichtun und die Elemente des Abendmahls (Brot und Wein) als *gewöhnlich, unbedeutend* und *wirkungslos* betrachten. Es bedeutet, dass wir die Elemente des Abendmahls als etwas Natürliches und Gewöhnliches behandeln. Wir sehen nur ein Stück Brot und etwas Saft oder Wein und verkennen, welch eine mächtige, heilige Kraft wir da in unseren Händen halten dürfen. Wir missachten diese Elemente und sind wie die Kinder Israels, die sich so sehr an das Manna gewöhnt hatten, mit dem Gott sie in seiner Gnade versorgte, dass sie das Brot vom Himmel als wertlos ansahen (4Mo 21,5). Gedankenlos essen wir das Brot und trinken den Wein oder Traubensaft, ohne die Bedeutung und Kraft zu schätzen, die in beidem enthalten ist.

Vielleicht hast du nie wirklich verstanden, warum Christen das Abendmahl feiern, und du hast nur teilgenommen, weil es dir so gesagt wurde. Es ist für dich ein leeres Ritual, das deine Kirche einmal im Monat oder nur zu besonderen Anlässen wie dem Karfreitag organisiert. Vielleicht nimmst du abergläubisch daran teil – du probierst es aus, nur weil du Heilungszeugnisse von anderen gehört hast, und du hoffst, dass es seine »Magie« auch für dich entfalten kann. Oder vielleicht siehst du es als einen netten Brauch oder eine althergebrachte Tradition an, die die Christen einfach an die Wurzeln ihres Glaubens erinnert.

Falls du dich darin wiedererkennst, darf ich dir sagen, dass auch *du* beraubt wurdest? Die gute Nachricht ist, dass Gott dir durch dieses Buch seine Hand reicht, um dir ein klares Verständnis davon zu vermitteln, worum es beim Abendmahl tatsächlich geht. Ich bete, dass im Laufe dieser neunzig Tage beim Lesen deine Augen geöffnet werden und dein Körper die heilende Kraft des Abendmahls in vollem Umfang empfängt!

GEDANKE DES TAGES

In der Bibel steht, dass Gottes Volk »aus Mangel an Erkenntnis« zugrunde geht (Hos 4,6). Dein Mangel an Erkenntnis darüber, worum es beim Abendmahl wirklich geht, richtet dich zugrunde, und du weißt es nicht einmal! Es ist Zeit, zurückzuholen, was der Feind gestohlen hat.

GEBET DES TAGES

Vater Gott, danke, dass du mir gezeigt hast, dass die Elemente des Abendmahls nicht gewöhnlich, unbedeutend und wirkungslos sind, sondern dass sie die Heilung bewirken können, die ich erfahren soll. Ich danke dir für dein Wort, das mein Denken in Bezug auf deine ewigen Wahrheiten über das Abendmahl erneuert. Ich erkläre, dass ich mich nicht dieser Kraft berauben lasse. Amen.

TAG 4

DER WAHRE JUNGBRUNNEN

Am ersten Tag der Woche aber, als die Jünger versammelt waren, um das Brot zu brechen …
— APOSTELGESCHICHTE 20,7

Ich sage dir, warum ich das Abendmahl für wirksamer halte als alle Medikamente, medizinischen Maßnahmen, Antibiotika und jede Chemotherapie, die zur Heilung des Körpers eingesetzt werden. Warum ich glaube, dass das Abendmahl der sprichwörtliche »Jungbrunnen« ist, nach dem die Menschheit seit Generationen sucht, und warum ich überzeugt bin, dass jedes Mal, wenn wir es nehmen, unsere Jugend erneuert wird wie bei einem Adler (Ps 103,5).

Die Erde steht unter dem göttlichen Gericht, seit Adam gesündigt hat. Altern, Krankheit und Tod sind Teil dieses göttlichen Urteils. Die Realität ist, dass wir in einer gefallenen Welt leben und dass die Konsequenzen des göttlichen Urteils sich auf unsere sterblichen Körper auswirken. Aber Gott wollte nie, dass seine Kinder etwas davon erleiden. Deshalb hat er seinen Sohn gesandt, um unsere Sünden und Krankheiten am Kreuz zu tragen. Und aus demselben Grund hat er das Abendmahl als Möglichkeit zur Verfügung gestellt, um dem göttlichen Gericht zu entkommen, das auf dieser Welt liegt, und um dessen Auswirkungen aufzuheben. Das Abendmahl ist ein übernatürlicher Kanal, durch den Jesu Heilung und Gesundheit in unseren Körper fließen können. Während die Welt immer schwächer und kränker wird, werden wir immer stärker und gesünder, wenn wir im Glauben das Abendmahl nehmen – davon bin ich fest überzeugt!

Die Kirche zur Zeit der Apostel verstand sehr genau, wie kraftvoll das Abendmahl ist. Deshalb hat man das Brot, wie die Bibel uns sagt,

»in den Häusern« gebrochen (Apg 2,46). Wenn sie sich sonntags trafen, waren nicht Predigt und Lehre der Hauptgrund dafür – die Jünger kamen zusammen, um *das Brot zu brechen* (Apg 20,7). Zwar war der Apostel Paulus an jenem Wochenende als Gastredner anwesend, doch in erster Linie hatten sie sich versammelt, um das Brot zu brechen.

Wenn den Menschen heute nur das Ausmaß der Kraft bewusst wäre, die im Abendmahl enthalten ist, wären sie wie die Kirche der damaligen Zeit. Sie würden das Abendmahl so oft wie möglich nehmen und dadurch so viele der Wohltaten Gottes in Anspruch nehmen wie nur möglich. Wir wurden beraubt, Leute! Es ist Zeit, aufzuwachen!

GEDANKE DES TAGES

Wir sollten das Abendmahl immer in *würdiger Weise* nehmen, mit einer Offenbarung über Jesu vollbrachtes Werk. Wenn wir das Brot essen, sollten wir uns immer bewusst sein, dass wir damit an Jesu Körper teilhaben, der gebrochen bzw. zerschlagen wurde, damit unser Körper heil sein kann (1Kor 11,24; Jes 53,5). Und wenn wir den Wein oder Saft trinken, sollte uns bewusst sein, dass wir sein Blut empfangen, das zur Versöhnung und zur Vergebung *all* unserer Sünden vergossen wurde (Mt 26,28; Kol 2,13).

GEBET DES TAGES

Himmlischer Vater, hilf mir, wie die Kirche zur Zeit der Apostel zu sein, und zu verstehen, welch mächtige Wirkkraft das Abendmahl hat. Hilf mir, wann immer ich es nehme, das Brot als den Leib Jesu zu sehen, der um meiner Heilung willen gebrochen wurde, und den Kelch als sein Blut, das für die Vergebung aller meiner Sünden vergossen wurde. Ich setze meinen Glauben frei, um all seine Segnungen und Wohltaten zu empfangen. Amen.

TAG 5

EIN ÜBERAUS BEWÄHRTER HELFER

Gott ist unsere Zuflucht und Stärke, ein bewährter Helfer in Zeiten der Not.
— PSALM 46,2 HFA

Wenn Gott will, dass wir gesund sind, und der Körper Jesu um unseretwillen zerschlagen wurde, warum gibt es dann Christen, die krank sind? Ich persönlich kenne Gläubige, und du sicherlich auch, die gegen schwere Krankheiten ankämpfen. Vielleicht bist du ja selbst gerade von einer gesundheitlichen Krise betroffen oder hast einen Angehörigen, der schwer erkrankt ist.

Wenn du gegen eine Krankheit kämpfst, musst du unbedingt wissen, dass es in Ordnung ist, wenn du Zweifel und Fragen hast. Der Herr versteht die Verwirrung und den Schmerz, die du empfindest, und er will dich wissen lassen, dass er in all dem bei dir ist. Ich weiß, dass es schwer sein kann, ihm zu vertrauen, wenn man gewissermaßen durchs Feuer geht. Aber vertraue ihm weiterhin, mein Freund. Er *ist* jetzt, in diesem Moment, dein *überaus* bewährter Helfer (Ps 46,2). Halte deine Augen auf ihn gerichtet. Er ist treu, und er wird dich nie aufgeben oder verlassen (5Mo 31,6).

In Daniel 3 steht die Geschichte von drei Freunden (Schadrach, Meschach und Abed-Nego), die gefesselt in einen Feuerofen geworfen wurden, als sie sich nicht vor König Nebukadnezars goldenem Standbild niederwerfen wollten und sich weigerten, es anzubeten. Der Ofen war so glühend heiß, dass die Männer, von denen die drei dort hineingeworfen wurden, durch die Hitze umkamen. Doch der König sah die drei Freunde mitten im Feuer umhergehen, und er entdeckte bei ihnen einen vierten Mann, der »wie der Sohn Gottes« war (V. 25). Fassungslos rief der König sie heraus, und er und alle seine Bediensteten sahen, dass das Feuer keine Macht über sie hatte. Kein einziges Haar an ihnen war versengt, ihre Kleidung wies keinerlei Brandflecken oder andere Beschädigungen auf und sie rochen noch nicht einmal nach Rauch. Warum? Weil der Herr bei ihnen war, sie beschützte und schließlich befreite. Infolgedessen erkannte der König an, dass es keinen anderen Gott gab, der ein so mächtiger Retter war wie ihr Gott, und die drei Freunde wurden nicht nur freigelassen, sondern auch befördert.

GEDANKE DES TAGES

Wenn du in widrige Umstände gerätst, wird er dich daraus befreien. So wie er bei Daniels drei Freunden im Feuer war, ist er auch *bei dir.* Ich bete im Namen Jesu, dass du aus dieser Bedrängnis sehr viel stärker hervorgehen wirst, als du es vorher warst. Ich erkläre, dass diese Krankheit *keine* Macht über dich haben soll und dass der Herr dich so vollständig davon befreien wird, dass du aus dem Ganzen ohne einen Hauch von Brandgeruch herauskommen wirst!

GEBET DES TAGES

Herr Jesus, es gibt wirklich keinen anderen Gott, der so wie du rettet und befreit. Danke, dass du mir zeigst, dass ich mich auch dann nicht zu fürchten brauche, wenn ich in der heißen Glut der Bedrängnis stehe, denn du bist bei mir und wirst mit mir durchs Feuer gehen und mich beschützen. Ich glaube, dass mir nichts etwas anhaben kann und dass du mich gerade jetzt von meinen körperlichen Beschwerden befreist. Ich danke dir, Herr. Amen.

TAG 6

VERGEBEN UND GEHEILT

Lobe den Herrn, meine Seele,
und vergiss all das Gute nicht, das er für dich tut.
Er vergibt dir alle deine Sünden und heilt alle deine Krankheiten.
— Psalm 103,2–3 NLB

Der Apostel Paulus weist uns interessanterweise auf den Grund hin, warum viele Christen schwach und krank sind und sogar vorzeitig sterben. Ich sage nicht, dass die Krankheit eines jeden Gläubigen darauf zurückzuführen ist, aber Gottes Wort hebt diesen Grund hervor. Das ist eine gute Nachricht, denn es bedeutet, dass wir diesen Grund, sobald wir ihn kennen, vermeiden können. »Denn wer unwürdig isst und trinkt, der isst und trinkt sich selbst ein Gericht, weil er *den Leib des Herrn nicht unterscheidet.* Deshalb sind unter euch viele Schwache und Kranke, und eine beträchtliche Zahl sind entschlafen« (1Kor 11,29–30).

Der von Paulus hervorgehobene »Grund« ist »den Leib des Herrn nicht zu unterscheiden«. Das Wort »unterscheiden« ist die Übersetzung des griechischen Wortes *diakrino*, das »einen Unterschied machen« bedeutet.[1] Es gibt Leute, die erkennen, dass Jesu Blut zur Vergebung unserer Sünden vergossen wurde. Sie erkennen jedoch nicht, dass sein Körper deshalb zerschlagen wurde, damit unser Körper gesund sein kann. Es gibt aber auch diejenigen, die ohne Unterschied beides in einen Topf werfen und sowohl das Brot als auch den Wein als Zeichen der Sündenvergebung sehen. Derselbe Jesus, der die Vergebung *aller* unserer Sünden erkauft hat, hat auch *alle* unsere Krankheiten weggenommen. Hier keinen Unterschied zu machen und nicht zu erkennen, dass der Körper des Herrn zerschlagen wurde, damit unsere Krankheiten geheilt werden könnten, führt dazu, dass viele krank und schwach sind.

Wenn viele krank und schwach sind, weil sie den Körper des Herrn nicht richtig erkannt haben, dann ist davon auszugehen, dass auch das Gegenteil stimmt: Wer erkennt, dass Jesu Körper um unserer Gesundheit willen zerschlagen wurde, wird gesund und stark sein und ein langes, gutes Leben führen! Im Abendmahl steckt eine solch enorme Heilkraft, aber sehr vielen Menschen wurde dieses Geschenk geraubt, weil sie entweder nichts davon wissen oder weil ihnen etwas Falsches darüber beigebracht wurde, zu welchem Zweck Gott das Abendmahl bestimmt hat. Ich glaube, dass du ein immer größeres Maß an Heilung und göttlichem Leben erhalten wirst, je mehr deine Offenbarung darüber wächst, dass sein Körper zerbrochen wurde, damit deiner heil sein kann!

GEDANKE DES TAGES

Jedes Mal, wenn wir am Körper des Herrn teilhaben, nehmen wir Gesundheit, Vitalität, Kraft und langes Leben in uns auf. Falls in unserem Körper Krankheit vorhanden ist, wird die Krankheit auf übernatürliche Weise vertrieben. Bei Altersschwäche und Gebrechlichkeit wird der Verfall rückgängig gemacht. Und wenn Schmerzen vorhanden sind, werden diese beseitigt. Die Resultate sind vielleicht nicht spektakulär und sofort sichtbar, aber sie sind gewiss und werden ganz sicher kommen. Und ich bete, dass du diese Erfahrung am eigenen Leib machen wirst.

GEBET DES TAGES

Herr Jesus, ich danke dir, dass du mir gezeigt hast, wie ich deinen Leib richtig unterscheiden kann, wenn ich das Abendmahl nehme. Danke, dass du mich so sehr liebst, dass du deinen Körper hast zerschlagen lassen, damit meiner heil sein kann. Du hast gelitten, damit ich die Symptome und Schmerzen in meinem Körper nicht ertragen muss. Ich glaube, dass du gerade jetzt die Krankheit vertreibst und alle meine Schmerzen beseitigst. Ich vertraue darauf, dass ich durch das Abendmahl immer mehr von deiner Gesundheit, Vitalität, Kraft und deinem langen Leben empfange. Amen.

TAG 7

KOMM FURCHTLOS AN DEN TISCH

»Bei Gott sind alle Dinge möglich.«
— Matthäus 19,26

Vor einigen Jahren fanden Ärzte im Hals meines Onkels einen riesigen Tumor. Eine Biopsie zeigte, dass es Krebs war. Er wurde dann zu einem weiteren, detaillierteren Scan geschickt und der Pathologe sagte ihm, dass sich der Krebs aggressiv in seinem ganzen Hals und hinter seiner Zunge ausgebreitet habe. Mein Onkel erzählte mir, dass er in dem Moment, als er hörte, was der Pathologe ihm sagte, die Hoffnung auf ein Überleben aufgab. Aber vor seiner Operation, bei der dieser Tumor entfernt werden sollte, besuchten ihn seine Töchter und sagten zu ihm: »Lass uns gemeinsam das Abendmahl nehmen, Papa. Lass uns beten und Gott glauben.«

Er erzählte später, dass er, als sie das Abendmahl nahmen, zum ersten Mal Hoffnung in seinem Herzen aufsteigen spürte. Er nahm das Abendmahl und glaubte, dass Jesus sein Heiler war, und vertraute darauf, dass der Körper Jesu in seinem eigenen Körper etwas bewirken würde – direkt dort auf der Krankenstation. Nachdem der Tumor entfernt worden war, fand man bei der Gewebeuntersuchung erstaunlicherweise keine Spur von Krebs, obwohl mehrere Scans vor der Operation bestätigt hatten, dass das Gewächs krebsartig und höchst aggressiv war. Irgendwie hatte der Herr den Krebs auf übernatürliche Weise verschwinden lassen, und ich glaube, es geschah, als mein Onkel und seine Familie das Abendmahl nahmen.

Deshalb, wenn deine Ärzte dir eine negative Prognose gestellt haben, hab keine Angst und verzweifle nicht. Lebe nicht so, als hättest du keinen Retter. Wir wissen vielleicht nicht, wie unsere Heilung zustande kommen soll, aber lass uns auf das vollbrachte Werk Jesu vertrauen. Er hat dafür bezahlt, dass du gesund sein kannst. Und er hat es dir leicht gemacht, nicht nur seine Liebe und Vergebung, sondern auch seine Heilungskraft zu empfangen.

Ich bete, dass dieser Abschnitt dazu beigetragen hat, einige deiner Fragen über das Abendmahl zu beantworten, und dass du nun schon gespannt darauf wartest, die Segnungen des Abendmahls reichlich zu empfangen. Ich möchte dich an den Tisch des Herrn einladen. Der Tisch wurde nicht von menschlichen Händen gedeckt, die zaudern und versagen können, sondern von dem Einen, der vollkommen ist und dessen Hände für dich ans Kreuz genagelt wurden. lädt dich ein, an seinem für dich zerschlagenen Körper und seinem für dich vergossenen Blut teilzuhaben. Komm furchtlos an den Tisch und nimm alles im Glauben an und empfange deine Heilung.

GEDANKE DES TAGES

Wenn du Jesus als deinen Herrn und Retter empfangen hast, bist du durch das Blut des Lammes würdig gemacht worden. Du wurdest von all deinen Sünden reingewaschen. Erlaube dem Feind nicht, dich noch länger zu berauben. Nimm das Abendmahl mit Danksagung und sei dir bewusst, dass du mit jeder Einnahme gesünder und stärker wirst!

GEBET DES TAGES

Vater, ich danke dir, dass mit dir an meiner Seite alle Dinge möglich sind. Ich danke dir, dass dein Sohn, der Vollkommene, dessen Hände für mich ans Kreuz genagelt wurden, den Tisch für mich gedeckt hat. Ich werde ohne Scheu an den Tisch kommen, im Glauben das Abendmahl nehmen und meine Heilung empfangen. Amen.

ABSCHNITT 2

NICHT SCHON WIEDER EINE NEUE DIÄT

»Ich bin das lebendige Brot, das vom Himmel herabgekommen ist. Wer dieses Brot isst, wird ewig leben; dieses Brot ist mein Fleisch, ich gebe es, damit die Welt leben kann.« … Deshalb sagte Jesus noch einmal: »Ich sage euch: Wenn ihr das Fleisch des Menschensohnes nicht esst und sein Blut nicht trinkt, könnt ihr das ewige Leben nicht in euch haben. Wer aber mein Fleisch isst und mein Blut trinkt, hat das ewige Leben, und ich werde ihn am letzten Tag auferwecken. Denn mein Fleisch ist die wahre Nahrung und mein Blut der wahre Trank. Wer mein Fleisch isst und mein Blut trinkt, bleibt in mir und ich in ihm.

— Johannes 6,51.53–56 NLB

TAG 8

DIE ANTWORT LIEGT IN DER ERLÖSUNG

Es ist gut, dass durch Gnade das Herz gefestigt wird und nicht durch Speisevorschriften, die denen, die sich daran hielten, keinen Nutzen brachten.
— HEBRÄER 13,9 EÜ

Vielleicht hat dich mein Buch *Iss dich zu Leben und Gesundheit* angesprochen, weil du dachtest, dass ich mich darin für eine neue Art von Ernährung stark mache. Die Wahrheit ist, das tue ich tatsächlich! Aber das Essen und Trinken, von dem ich spreche, hat nichts mit natürlichem Essen und Trinken zu tun. In diesem Abschnitt möchte ich dir mehr von diesem *übernatürlichen* Essen und Trinken erzählen und über den Schlüssel zu einem langen, gesunden Leben nach *Gottes Art.*

Viele Menschen sehen bestimmte Lebensmittel und Ernährungsweisen als Schlüssel zur Gesundheit. Ich persönlich achte auf eine gesunde Ernährung, und ich treibe auch regelmäßig Sport und gehe viel spazieren. Aber darf ich dir sagen, dass die richtige Ernährung keine Garantie für gute Gesundheit ist? Ich stimme zum Beispiel mit denen überein, die dafür eintreten, dass die mediterrane Ernährung, wie sie wohl auch unser Herr Jesus zu sich nahm, gut ist. Doch jeder einzelne Mensch, den Jesus geheilt hat, ernährte sich auf diese Weise und wurde trotzdem krank. Es ist möglich, dass ein Mensch ausschließlich das beste Bio-Superfood isst und phänomenal diszipliniert sein tägliches Bewegungsprogramm absolviert, aber trotzdem unheilbar krank wird und sein Leben durch Krankheit verkürzt sieht. Warum ist das so? Die Schöpfung ist gefallen. Die Antwort liegt nicht in der *Schöpfung*; sie liegt in der *Erlösung*!

Wenn du dich an einen gewissen Ernährungsplan hältst und er dir gut bekommt, dann preise den Herrn! Ich sage nur, dass wir uns nicht auf das verlassen können, was wir essen. Wir können nicht darauf vertrauen, dass bestimmte Lebensmittel uns gesund machen oder ein langes Leben ermöglichen. Es liegt keine Hoffnung in der Schöpfung. Die ganze Schöpfung seufzt und ist dem Tod und der Vergänglichkeit unterworfen (Röm 8,21–22). Hebräer 13,9 sagt uns sogar, dass wir unsere Herzen einzig und allein auf *Gnade* gründen sollten, nicht auf Nahrung, und die Gnade ist unser Herr Jesus höchstpersönlich. Die einzige Garantie ist das vollbrachte Werk unseres Herrn Jesus Christus.

Gott spricht nur in einem einzigen Kapitel der gesamten Bibel über die Schöpfung. Was jedoch die Erlösung betrifft, sprach Gott im zweiten Buch Mose mehr als zehn Kapitel lang allein nur über die Blutopfer, Opfergaben und die Stiftshütte von Mose, denn bei all dem geht es um die Schönheit und die herrlichen Ruhmestaten seines Sohnes und um das Erlösungswerk, das er vollbringen würde.

Um etwas zu erschaffen, musste Gott nur sprechen. Aber um uns erlösen zu können, musste Gott *bluten*. Wenn wir glauben, wir könnten den Segen der Gesundheit durch unsere Disziplin und guten Werke erreichen, sagen wir im Grunde damit aus, dass das Kreuz nutzlos war und die Leiden Jesu vergebens waren. Aber das, mein Freund, stimmt nicht. Es gibt keine Hoffnung in der Schöpfung; nur im Kreuz liegt Hoffnung!

GEDANKE DES TAGES

Unser Herr Jesus hat etwas Besonderes für sein Volk vorgesehen, und zwar das Geschenk seiner göttlichen Gesundheit. Er gibt übernatürliche Gesundheit, die auf dem übernatürlichen Erlösungswerk beruht. Auch wenn wir uns gesund ernähren und uns regelmäßig bewegen, sollten wir, wenn wir in übernatürlicher Gesundheit leben wollen, auf einen übernatürlichen Gott und die übernatürliche Nahrung vertrauen, die er uns durch das Abendmahl zur Verfügung gestellt hat.

GEBET DES TAGES

Vater Gott, ich danke dir, dass dein Wort das übernatürliche Erlösungswerk verkündet, das unser Herr Jesus am Kreuz vollbracht hat. Ich setze heute meine Hoffnung allein auf sein vollendetes Werk. Wenn ich die übernatürliche Nahrung zu mir nehme, die du mir gegeben hast, wirst du mich in deiner übernatürlichen Gesundheit leben lassen, daran glaube ich. Alle Ehre sei Jesus! Amen.

TAG 9

DER VON GOTT BESTIMMTE WEG

Ich bin das lebendige Brot, das aus dem Himmel herabgekommen ist. Wenn jemand von diesem Brot isst, so wird er leben in Ewigkeit. Das Brot aber, das ich geben werde, ist mein Fleisch, das ich geben werde für das Leben der Welt.

— JOHANNES 6,51

Ich möchte dir mehr über diese übernatürliche Speise und dieses übernatürliche Getränk erzählen, die wir zu uns nehmen dürfen. Es sind die einzigen Nahrungsmittel, die nicht auf die gefallene Schöpfung bauen und auch nicht von den Bemühungen des gefallenen Menschen abhängen. Wenn wir diese übernatürliche Nahrung essen und trinken, haben wir am Werk der Erlösung teil und nicht an der Schöpfung.

Das Wort »Leben« im heutigen Leitvers, in dem Jesus sich als lebendiges Brot bezeichnet, ist im Griechischen das Wort *zoe;* das gleiche Wort wird in der griechischen Übersetzung des Alten Testaments verwendet, wenn beschrieben wird, wie Gott Leben in Adam hineinhauchte (1Mo 2,7). Einerseits geht es bei *zoe* um das Leben, das in Gott ist, andererseits aber auch um das physische Leben, um Gesundheit, Vitalität und Wohlbefinden.[2] Die Nahrung, die Gott uns zum Essen gegeben hat, ist keine verderbliche Nahrung, sondern *lebendiges* Brot: Jesus, der vom Himmel kam und uns gegeben wurde, damit wir Leben haben.

Es gibt einige, die denken, dass Jesus nur vom Glauben an ihn sprach. Aber dann sagte unser Herr Jesus noch etwas anderes: »Denn mein Fleisch ist wahre Speise, und mein Blut ist wahrer Trank. Wer mein Fleisch *isst* und mein Blut trinkt, bleibt in mir und ich in ihm« (Joh 6,55–56 ELB).

Wusstest du, dass hier zwei verschiedene griechische Wörter für das Wort »isst« verwendet werden? Als Jesus sagte: »Wenn jemand von diesem Brot *isst*, so wird er leben in Ewigkeit« (Joh 6,51), wurde im Griechischen das Wort *phago* verwendet, der Oberbegriff für »essen«. *Phago* kann in physischem, aber auch in geistlichem Sinne verwendet werden, wenn es beispielsweise darum geht, sich von Christus zu nähren.[3] Als Jesus aber sagte: »Wer mein Fleisch *isst* und mein Blut trinkt, der bleibt in mir und ich in ihm« (V. 56), lautet das griechische Wort für »isst« *trogo* und bedeutet »kauen« oder »zerkauen«,[4] wie beim Essen von Nüssen. Ein Kaugeräusch ist unmöglich zu vergeistigen. Jesus sprach hier nicht von geistlichem Essen oder Sich-Nähren. Er sprach von dem körperlichen Vorgang des Essens, vom Zerkauen mit den dazugehörenden Kaugeräuschen!

Um besser zu verstehen, worauf sich unser Herr bezog, überleg mal, wovon er in der Nacht, in der er verraten wurde, sprach, als er das Brot brach, es seinen Jüngern gab und sagte: »Nehmt, esst! Das ist mein Leib.« Und worauf bezog er sich, als er ihnen den Kelch gab und sagte: »Trinkt alle daraus! Denn das ist mein Blut, das des neuen Bundes, das für viele vergossen wird zur Vergebung der Sünden« (Mt 26,26–28)? Ja, sicher sprach er von seiner Kreuzigung, aber gleichzeitig führte er das Abendmahl, etwas physisch Greifbares ein.

Das Abendmahl ist die von Gott vorgegebene Methode oder Verabreichungsform, wie wir das endlose, heilige, jugendfrische, überwindende und dauerhaft gesunde Leben Jesu empfangen können, wenn wir »sein Fleisch essen und sein Blut trinken«. Und du brauchst nichts weiter zu tun, als furchtlos zu kommen und daran teilzuhaben – in der Gewissheit, dass sein vollbrachtes Werk dir Anrecht auf jede Art von Heilung gibt, die du brauchst!

GEDANKE DES TAGES

Die Bibel sagt uns, »die ganze Volksmenge suchte ihn anzurühren, denn Kraft ging von ihm aus und heilte alle« (Lk 6,19). Der Körper unseres Herrn Jesus strahlte solch göttliche Gesundheit, Kraft und Leben aus, dass das bloße Berühren des Saums seines Gewandes viele heilte (Mk 6,56). Kannst du dir vorstellen, welche Kraft wir einnehmen, wenn wir das Brot zu uns nehmen und den Wein trinken – seinen gebrochenen Körper und sein vergossenes Blut?

GEBET DES TAGES

Herr Jesus, ich glaube, dass du das lebendige Brot bist, das vom Himmel kam, und dass du dein Leben gabst, damit ich Leben habe. Danke, dass du das Abendmahl als Methode bestimmt hast, durch die ich dein endloses, heiliges, jugendfrisches, überwindendes und dauerhaft gesundes Leben empfangen kann. Danke, dass du mich mit göttlicher Gesundheit, Kraft und Leben durchdringst, wenn ich das Brot und den Wein zu mir nehme. Amen.

TAG 10

GESTREIFT, DURCHBOHRT UND VERBRANNT

Denn ich habe von dem Herrn empfangen, was ich auch euch überliefert habe, nämlich dass der Herr Jesus in der Nacht, als er verraten wurde, Brot nahm, und dankte, es brach und sprach: Nehmt, esst! Das ist mein Leib, der für euch gebrochen wird; dies tut zu meinem Gedächtnis!

— 1. KORINTHER 11,23–24

Warum hat unser Herr Jesus das Brot und den Wein als die Elemente gewählt, die wir »zur Erinnerung« an ihn zu uns nehmen sollen? Ich glaube, weil sie praktisch und visuell daran erinnern, was mit ihm geschehen ist, als er ans Kreuz ging. Betrachten wir zuerst das Brot.

Das Brot, das unser Herr Jesus in der Nacht des Passahfestes brach, war ungesäuertes jüdisches Matzenbrot, ein flaches, knuspriges Gebäck, das speziell für das Passahfest hergestellt wurde. Ich möchte das hervorheben, denn heute denken die meisten von uns an eine weiche, lockere Krume, wenn wir von Brot sprechen. Aber das ist nicht die Art von Brot, von der Jesus sprach.

Als unsere Gemeinde noch kleiner war, kauften wir Matzenbrot und brachen es für das wöchentliche Abendmahl in kleine Stücke. Während wir das Brot aßen, konnten wir die knackenden Kaugeräusche der anderen um uns herum hören, und ich glaube, damit hörten wir die Erfüllung dessen, was Johannes 6,56 beschreibt – wir hörten das Geräusch von *trogo*, dem »Zerkauen«!

Jüdische Leiter, die gar nicht an Jesus glaubten, haben im Laufe der Jahrhunderte die Anweisungen zur Herstellung des Matzenbrotes weitergegeben. Wenn du dir die folgende Darstellung von Matzenbrot ansiehst, wirst du feststellen, dass es Streifen hat und durchbohrt und verbzw. angebrannt ist.

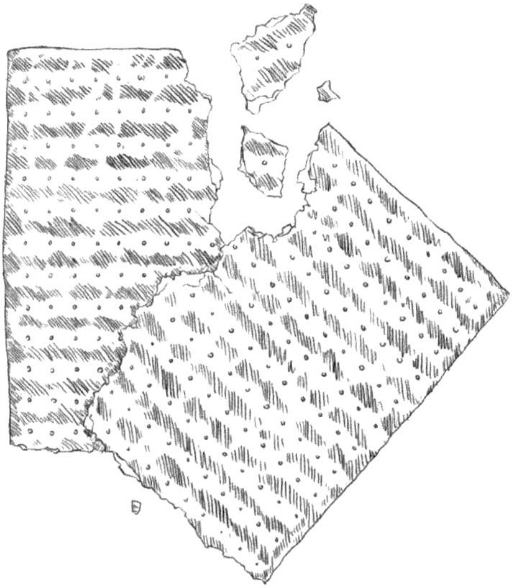

Das Matzenbrot ist eine praktische, visuelle Erinnerung daran, was Jesus für unsere Heilung erlitten hat.

Weißt du, warum das Matzenbrot so zubereitet wird? Ich glaube, der Herr hat es so angeordnet. Es sollte Streifen bekommen und durchbohrt und verbrannt werden, damit wir jedes Mal, wenn wir das Abendmahl nehmen, erneut daran erinnert werden, was Jesus für uns getan hat:

- *Gestreift* – weil wir durch seine Striemen geheilt sind, die er sich zufügen ließ, als die Soldaten ihn auspeitschten (Jes 53,5).
- *Durchbohrt* – weil seine Hände und Füße von den Nägeln, seine Seite vom Speer des Soldaten (Joh 19,34) und seine Stirn von der Dornenkrone durchbohrt wurden (Joh 19,2).
- *Verbrannt* – weil das Feuer von Gottes Gericht auf ihn fiel, als er unsere Sünden trug (Jes 53,4).

Beim Abendmahl geht es in Wirklichkeit darum, deinen Glauben freizusetzen und, während du das Brot zu dir nimmst, seinen Körper zu sehen, der um deiner Heilung und Wiederherstellung willen zerschlagen und mit Striemen übersät wurde. Es geht darum, seine Liebe zu empfangen, zu wissen, dass er für dich gelitten hat, damit du die Heilung empfangen kannst, die er dir geben will.

GEDANKE DES TAGES

Weil der Körper Jesu ausgepeitscht, durchbohrt und am Kreuz verbrannt wurde, können wir sicher sein, dass Krankheit und Leiden kein Recht haben, in unserem Körper zu sein. Unser Herr Jesus hat bereits jede Krankheit an seinem eigenen Körper getragen und jeden Fluch durch seinen Tod aufgehoben. Heute können wir all das, was Jesus am Kreuz getan hat, empfangen, indem wir das Abendmahl nehmen – durch den einfachen Akt des Essens.

GEBET DES TAGES

Vater im Himmel, danke für diese wirkungsvolle visuelle Erinnerung daran, dass unser Herr Jesus um unserer Heilung willen ausgepeitscht, durchbohrt und verbrannt wurde. Ich danke dir, dass ich all das, was Jesus am Kreuz für mich getan hat, durch den einfachen Akt des Essens empfangen kann, wenn ich im Glauben das Abendmahl empfange. Ich erkläre, dass Krankheit und Leiden kein Recht haben, in meinem Körper zu sein. In Jesu Namen, amen.

TAG 11

WAS DER RETTER ERTRAGEN HAT

So entstellt sah er aus, nicht mehr wie ein Mensch und seine Gestalt nicht wie die der Menschenkinder.

— JESAJA 52,14 ELB

Unser Herr Jesus hat Brot und Wein als die Elemente des Abendmahls gewählt, weil sie praktisch und visuell daran erinnern, was mit ihm geschehen ist, als er ans Kreuz ging. Sowohl Getreide als auch Trauben müssen einen Prozess der Zerkleinerung durchlaufen, bevor sie zu Brot oder Wein werden können.

Wer Wein trinken will, kann nicht einfach Trauben essen. Die Trauben müssen zuerst vollständig zerquetscht werden. Anschließend müssen sie an einem dunklen Ort fermentieren. Genau das ist auch mit unserem Herrn Jesus passiert.

Es ist wichtig, dass wir verstehen, welche Bedeutung der Körper des Herrn für unsere Gesundheit hat. Wenn du an seinem gebrochenen Körper teilhast, indem du das Brot isst, dann tu es nie hastig. Nimm es und sei dir dabei bewusst, was er für dich getan hat. Denke über den Prozess nach, den das Brot durchlaufen musste. Um zu der Zeit Jesu Brot herstellen zu können, mussten zuerst die Getreidehalme gedroschen werden. Dies geschah entweder durch Schlagen (Ri 6,11) oder mithilfe eines Dreschwagens (Jes 41,15). Es war ein gewaltsamer Vorgang, bei dem der Weizen geschlagen, gequetscht und zerschnitten wurde, um das Getreide von den Halmen zu trennen. Dann musste das Korn von einem Mühlstein zermahlen oder in einem Mörser zerstoßen werden, um Mehl zu erhalten. Danach musste das Mehl mit Wasser vermengt und zu Teig geknetet werden, bevor es schließlich über dem Feuer gebacken wurde.

All dies ist ein Bild dafür, was mit unserem Herrn Jesus passiert ist. Er wurde brutal geschlagen, wieder und wieder wurde auf ihn eingedroschen. Als er von dem Hohenpriester und dem Sanhedrin verurteilt wurde, verspotteten sie ihn, sie spuckten ihn an und schlugen ihn. Sie verbanden ihm die Augen und schlugen ihm ins Gesicht (Lk 22,63–64; Mk 14,65). Danach wurde er zu Pontius Pilatus geschickt, der ihn von römischen Soldaten brutal geißeln ließ (Mt 27,26). Dann legten sie ihm ein scharlachrotes Gewand um seinen zerschlagenen Körper. Sie flochten eine Dornenkrone und rammten sie ihm auf den Kopf. Sie drückten ihm einen Stab in seine rechte Hand, verbeugten sich vor ihm und verspotteten ihn. Sie bespuckten ihn und nahmen den Stab und schlugen ihm damit immer wieder auf den Kopf, dabei trieben sie die Dornen mit jedem Schlag tiefer in sein Fleisch. Als sie es endlich satthatten, ihn zu verspotten, führten sie ihn weg, um ihn zu kreuzigen (Mt 27,27–31).

All das geschah, bevor sein Körper ans Kreuz geschlagen wurde. Wir werden uns nie ganz vorstellen oder wirklich verstehen können, welche schreckliche Folter, wie viel herabwürdigende Beschämung und qualvolle Schmerzen unser Retter um unseretwillen erlitten hat. Er hat gelitten, damit du und ich nicht die Geißel der Krankheit in unserem Körper ertragen müssen. Durch die Geißelung, die er ertrug, sind wir geheilt! Halleluja!

GEDANKE DES TAGES

Wusstest du, dass unser Herr Jesus die Macht gehabt hätte, seine Tortur zu beenden und seine Peiniger jederzeit zu überwältigen? Als die Truppen kamen, um ihn zu verhaften, sagten sie: »Wir suchen Jesus von Nazareth.« Die Bibel sagt uns, dass er vortrat und den großartigen Namen Gottes aussprach, der Mose offenbart worden war – ICH BIN (2Mo 3,14). Die Soldaten wichen daraufhin zurück und fielen zu Boden (Joh 18,5–6). Das ist Macht. Aber er *entschied* sich, sein Leben niederzulegen und all den Schmerz zu ertragen – für deine und meine Heilung. Das ist Liebe!

GEBET DES TAGES

Geliebter Herr Jesus, als dir der Prozess gemacht wurde und du am Kreuz hingst, hast du für mich unvorstellbare Folter, Erniedrigung und Schmerz ertragen – dafür danke ich dir. Danke, dass du mich so sehr liebst, dass du bereit warst, zu leiden und dein Leben für mich hinzugeben. Hilf mir, wenn ich das Abendmahl nehme, darin immer deinen Körper zu erkennen und eine neue Offenbarung darüber zu bekommen, was du getan hast, um meine Heilung und Gesundheit zu sichern. Amen.

TAG 12

DURCH SEINE STRIEMEN

[Christus] der unsere Sünden an seinem Leib selbst an das Holz hinaufgetragen hat, damit wir, den Sünden abgestorben, der Gerechtigkeit leben; durch dessen Striemen ihr geheilt worden seid.
— 1. PETRUS 2,24 ELB

Unser Erlöser wollte nicht nur, dass du von deinen Sünden gerettet wirst. Wenn er nur das hätte erreichen wollen, dann hätte allein das Vergießen seines vollkommenen, sühnenden Blutes schon gereicht. Im Alten Testament, wenn die Kinder Israels ihre Opfertiere als Sühne für ihre Sünden zu den Priestern brachten, litten die Tiere nie. Sie wurden mit einer heute als Schechita bekannten Methode getötet, die sicherstellte, dass sie schnell und möglichst schmerzlos starben.[5]

Unser Herr Jesus hingegen ist keinen schnellen, schmerzlosen Tod gestorben. Er litt wie kein anderer und ertrug Stunde um Stunde unvorstellbare Folterungen, bevor er schließlich starb. T. J. McCrossan, ein Gelehrter der griechischen Sprache, hob hervor, dass 1. Petrus 2,24 im griechischen Grundtext in Wirklichkeit so formuliert ist: »durch dessen Strieme ihr geheilt worden seid.« Er erklärte, dass für das Wort »Strieme« nicht der Plural, sondern der Singular benutzt wurde, weil Jesus ausgepeitscht wurde, bis kein einziges Stück Haut mehr auf seinem Rücken vorhanden war. Sein Rücken war eine einzige blutige Strieme, eine einzige riesige, klaffende Fleischwunde.[6] Nach einigen Berichten konnte die Geißelung so brutal sein, dass sogar die inneren Organe der Opfer sichtbar wurden.[7]

Die Bibel sagt uns, dass unser Herr Jesus so schwer verunstaltet war, dass er nicht einmal mehr wie ein Mensch aussah (Jes 52,14). Ich glaube, die Anwesenden mussten wegschauen und ihr Gesicht verbergen, weil sie es nicht ertragen konnten, seine grotesk anmutende, zitternde Gestalt zu sehen (Jes 53,3).

Mein Freund, er liebt dich so sehr. Er ertrug all diese Folterungen, weil es ohne eine Bestrafung kein Wohlergehen und keine Gesundheit für dich geben konnte. Und er ließ zu, dass die erforderliche Bestrafung auf ihn selbst fiel (Jes 53,5). Er hat alles erduldet – den unvorstellbaren Schmerz, die völlige Erniedrigung. Und die Bibel sagt uns, warum: Es war »um der vor ihm liegenden Freude willen« (Hebr 12,2).

Freude? Worum ging es bei dieser vor ihm liegenden Freude, die ihm die Kraft gab, das Kreuz zu ertragen? Es war seine Liebe zu dir! Es war die Freude, dich wohlauf zu sehen, dich vom Bauchspeicheldrüsenkrebs befreit zu sehen, dich befreit von Leukämie, von Gelenkrheumatismus, von ALS zu sehen. Ganz gleich, unter welcher Krankheit du oder ein Angehöriger leidet, Jesus hat alles auf sich genommen. Er möchte, dass du weißt, wie viel du ihm bedeutest und wie geliebt du heute bist.

GEDANKE DES TAGES

Ich glaube, dass die Heilung in deinem Körper schon begonnen hat, allein, weil du das hier gerade in dich aufnimmst und dir dabei bewusst ist, was Jesus für dich getan hat. Welche Krankheit auch immer bei dir festgestellt wurde, er trug sie auf seinem eigenen Körper, damit du sie nicht erleiden musst. Wenn du gerade krank bist und vielleicht sogar in einem Krankenhausbett liegst, sag jetzt einfach: »Danke, Herr Jesus, du hast all das *für mich* durchgemacht.«

GEBET DES TAGES

Herr Jesus, ich danke dir, dass du mich dein von Liebe erfülltes Herz sehen lässt, das sich durch das unvorstellbare Leid und den Tod enthüllt, die du um meinetwillen erduldet hast. Danke, dass du die volle Strafe des Kreuzes auf dich genommen hast, dass du all diese Schmerzen und Qualen aus Freude über die Sicherung meines Wohlergehens und meiner Gesundheit ertragen hast. Ich glaube und erkläre, dass ich durch die Striemen, die du an deinem Körper getragen hast, geheilt bin. Amen.

TAG 13

DIE KRAFT, KRANKHEITEN RESTLOS ZU ZERSTÖREN

Das Törichte der Welt hat Gott auserwählt, damit er die Weisen zuschanden mache … dass sich vor Gott kein Fleisch rühme.

— 1. Korinther 1,27.29 ELB

Leider ist es gerade die Einfachheit des Abendmahls, die es vielen Menschen so schwer macht, an dessen Wirksamkeit zu glauben. Alles, was sie sehen, ist ein kleines Stück Brot und ein kleiner Becher Wein oder Saft. Sie können sich nicht vorstellen, wie etwas scheinbar so Unbedeutendes, Kleines und Schwaches Krankheiten vertreiben oder ein langes Leben ermöglichen kann.

Wenn wir die Elemente des Abendmahls aus diesen Gründen abtun, vergessen wir, wie Gott vorgeht. Die Bibel sagt, dass Gott die nach dem Urteil der Welt schwachen Dinge erwählt, um die Stärke der Starken zunichte zu machen. Immer wieder sehen wir, wie Gott die Feinde der Kinder Israels nicht durch militärische Gewalt, sondern durch scheinbar unbedeutende Dinge besiegt hat.

Gott benutzte Schleuder und Stein in der Hand eines Hirtenjungen, um Goliat, den mächtigen Superkrieger aus dem Heer der Philister, zu Fall zu bringen (1Sam 17,38–51). Er benutzte Hammer und Zeltpflock in den Händen einer wehrlosen Frau, um Sisera zu vernichten, den rücksichtslosen kanaanitischen Feldherrn, der die Kinder Israels zwanzig Jahre lang unterdrückt hatte (Ri 4,3–22). Er benutzte den Kieferknochen eines Esels in der Hand von Simson – einem einzelnen Mann –, um tausend Philister zu töten (Ri 15,15–16).

Als eine heidnische Frau zum Herrn Jesus kam, um Heilung für ihre stark dämonisierte Tochter zu erbitten, bezeichnete er Heilung interessanterweise als »das Brot der Kinder«. Weißt du, was die Frau zu ihm sagte? »Du hast recht, Herr, aber selbst Hunde dürfen die Krümel fressen, die vom Tisch ihres Herrn fallen.« Da sagte Jesus zu ihr: »Frau, dein Glaube ist groß. Deine Bitte soll erfüllt werden.« Und im gleichen Augenblick war ihre Tochter gesund (Mt 15,22–28 NLB).

Was glaubst du: Worauf weist das Brot der Kinder, das auf dem »Tisch des Herrn« bereitsteht, als Schattenbild hin? Auf das Abendmahl! Du und ich sitzen am Tisch des Herrn, weil wir Söhne und Töchter des allerhöchsten Gottes sind, und wir dürfen uns am Abendmahl frei bedienen. Wenn selbst die »Krümel«, die vom Tisch fielen, das Kind dieser Frau heilen konnten, wie viel mehr Heilung und Leben werden wir empfangen, wenn wir mit Jesus, der das Brot des Lebens ist, die volle Substanz haben.

GEDANKE DES TAGES

Die Elemente des Abendmahls, wenn du sie in deinen Händen hältst, mögen unbedeutend und wirkungslos erscheinen. Dein Fleisch wird dir vielleicht sagen: »Das ist albern. Was kann dieses kleine Stück Brot schon ausrichten?« oder »Es ist sinnlos, sich Hoffnungen zu machen. Dir kann nichts helfen.« Aber höre nicht auf diese Lügen. Begehe nicht den Fehler, Brot und Wein zu verachten, denn Gott kann das, was so unbedeutend erscheint, benutzen, um Krankheiten, für die die Welt keine Heilung kennt, restlos zu zerstören.

GEBET DES TAGES

Vater, danke, dass ich als dein Kind zu dir, dem allmächtigen Gott, kommen kann und an deinem Tisch sitzen und mich am Abendmahl frei bedienen darf. Danke für die Art und Weise, wie du die schwachen Dinge der Welt nimmst, um die Dinge, die mächtig scheinen, zu Fall zu bringen. Ich glaube, dass ich heute, wenn ich diese kleinen und scheinbar unbedeutenden Elemente des Abendmahls zu mir nehme, deine Kraft freisetze, die die Macht hat, jede Krankheit in meinem Körper restlos zu zerstören. Amen.

TAG 14

UNSERE EINZIGE SICHERHEIT

Da schrien sie zum HERRN in ihrer Not,
und er rettete sie aus ihren Ängsten.
Er führte sie heraus aus Finsternis und Todesschatten
und zerriss ihre Fesseln.
— PSALM 107,13–14

Da wir darüber sprechen, wie wir uns zu Leben und Gesundheit essen können, möchte ich ein Zeugnis von Zach weitergeben, der in Singapur lebt. Er ist jemand, der fast täglich Sport treibt und nach eigenen Worten »auf seine Ernährung achtet«.

Eines Tages, während ich mich für die Arbeit fertigmachte, verlor ich plötzlich die Kraft in meinem linken Bein und linken Arm. Ich rief nach meiner Frau und sagte ihr, dass ich mich unwohl fühle. Ich begann im Geist zu beten und rief zu Jesus um Hilfe. Auch meine Frau betete und erklärte, dass ich durch die Striemen Jesu geheilt bin!

Etwa fünf Minuten später kehrte die Kraft sowohl in mein Bein als auch in meinen Arm zurück. Ich konnte wieder aufstehen, aber mit meiner Motorik stimmte etwas nicht. Meine Familie brachte mich ins Krankenhaus, wo ein MRT-Scan zeigte, dass ich einen leichten Schlaganfall gehabt hatte. Ich verstand die Welt nicht mehr. Ich fragte mich: ***Wie kann das sein? Ich treibe fast täglich Sport und achte auf meine Ernährung.*** *Ich wurde im Krankenhaus aufgenommen und auf die Station gebracht. Über der Tür meines Zimmers hing ein Kreuz. Ich blickte zum Kreuz* *und nahm das vollbrachte Werk Christi für mich in Anspruch und erklärte meinen Körper dank seines vollkommenen Werkes für gesund. Ich sprach meinen Anspruch auf das vollbrachte Werk Christi immer wieder aus. Gemeinsam als Familie nahmen wir auch das Abendmahl, und ich salbte mich mit Öl. Ich betete und beanspruchte Gottes Verheißungen aus Psalm 23,4–6.*

Während der nächsten drei Tage bestätigten die ärztlichen Untersuchungen, dass meine Kraft zu etwa 80 bis 85 Prozent und schließlich zu 95 Prozent zurückgekehrt war, sodass ich entlassen werden konnte. Bei meiner Nachuntersuchung wurde mir gesagt, ich könne zu meiner regelmäßigen Trainingsroutine zurückkehren. Nicht lange danach nahm ich an einem 18-Kilometer-Lauf teil und beendete ihn in etwas mehr als zwei Stunden.

Ich gebe Jesus alle Ehre! Amen.

Ein Schlaganfall kann zu dauerhaften Schäden im Körper führen. Ich glaube fest daran, dass Zachs schnelle Genesung dem Schutz und der Heilungskraft des Herrn zu verdanken war. Ich möchte aber, dass du hier etwas Bestimmtes siehst: Zach war völlig perplex, dass er einen Schlaganfall erleiden konnte, obwohl er fast täglich Sport trieb und auf seine Ernährung achtete. Letztendlich konnte sich Zach nicht auf seine Ernährung und Bewegung verlassen. Er konnte nur zum Kreuz schauen und sich auf das vollbrachte Werk Christi verlassen. Wenn du auf deinen Retter schaust und siehst, dass sein vollkommenes Werk heute für dich wirksam ist, wirst du erleben, wie er dich aus all deinen Nöten rettet!

GEDANKE DES TAGES

Wenn du dich gerade mit einer Krankheit konfrontiert siehst, darf ich dich ermutigen, das Gleiche zu tun, was Zach getan hat? Wie unverändert düster deine Prognose auch sein mag, erkläre deinen Körper auf Grundlage von Jesu vollkommenem Werk trotzdem für gesund. Bleib auf dem vollbrachten Werk Christi stehen, sprich weiterhin sein Wort über dich aus und danke dem Herrn für seine Verheißungen.

GEBET DES TAGES

Vater, es gibt keinen anderen Gott, der so ist wie du. Ich danke dir, dass dir nichts zu schwer ist. Jesu Werk ist vollkommen und deshalb gibt es keinen Krankheitszustand, der für eine Befreiung und vollständige Heilung durch dich schon zu weit fortgeschritten wäre. Auch wenn ich Symptome in meinem Körper wahrnehme, entscheide ich mich dafür, dein Wort und deine Verheißungen auszusprechen. Und während ich heute das Abendmahl nehme, sehe ich mich dank dessen, was Jesus für mich getan hat, als geheilt und gesund. Amen.

TAG 15

HAB KEINE ANGST

Auch wenn ich durch das dunkle Tal des Todes gehe, fürchte ich mich nicht, denn du bist an meiner Seite. Dein Stecken und Stab schützen und trösten mich. Du deckst mir einen Tisch vor den Augen meiner Feinde. Du nimmst mich als Gast auf und salbst mein Haupt mit Öl. Du überschüttest mich mit Segen. Deine Güte und Gnade begleiten mich alle Tage meines Lebens, und ich werde für immer im Hause des Herrn wohnen.

— PSALM 23,4–6 NLB

Wie in dem gestrigen Zeugnis zu lesen war, machte Zach die schreckliche Erfahrung, über eine Hälfte seines Körpers plötzlich die Kontrolle zu verlieren. Doch er sprach die Verheißungen aus Psalm 23,4–6 immer wieder über sich aus. Tu, was Zach tat, und sei dir gewiss, dass du selbst dann, wenn du durch ein dunkles Tal gehst und der Schatten des Todes über dir schwebt, keine Angst haben musst, denn der Herr ist *bei dir.*

Beachte, dass der Herr dir den Tisch *in Anwesenheit* – nicht in Abwesenheit – deiner Feinde deckt. Der Apostel Paulus bezeichnete das Abendmahl als »Tisch des Herrn« (1Kor 10,21). Das heißt, selbst wenn die Symptome in deinem Körper und auch die Schmerzen noch da sind, will der Herr, dass du an seinen Tisch kommst und isst. Iss von allem, was unser Herr Jesus am Kreuz für dich getan hat, indem du das Abendmahl nimmst. Sein Körper wurde zerschlagen, damit deiner heil sein kann.

Es liegt in der menschlichen Natur, *erst dann* ein Festessen zu bereiten und zu feiern, wenn wir sehen, dass unsere Probleme gelöst und unsere Feinde beseitigt sind. Aber Gott will, dass du es anders machst.

Er liebt dich so sehr, und im Moment sagt er zu dir: »Ruh dich aus. Setz dich hin. Iss. Denn ich werde deine Schlacht schlagen. Ich werde deine Feinde besiegen!« Sieh mit jedem Bissen, den du isst, wie du übernatürlich kräftiger wirst. Sieh, wie der Tumor schrumpft und verschwindet. Sieh, wie seine Gesundheit in deinen Körper hineinfließt.

Hab keine Angst vor deinen Feinden. Sie mögen dich umzingeln, aber du kannst mit Freude vom Tisch des Herrn essen, in dem Wissen, dass dir seine Güte und Barmherzigkeit und seine unfehlbare Liebe alle Tage deines Lebens *folgen* werden! Wenn du das hebräische Wort für »begleiten« oder »folgen« in Psalm 23,6 nachschaust, wirst du sehen, dass es *radaf* lautet, und *radaf* bedeutet »nachjagen, verfolgen, nachgehen«.[8] Sieh, wie die Güte und Liebe deines Papa-Gottes dich verfolgen, wohin du auch gehst. Auch wenn du dich einer Operation, Chemotherapie oder einer Organtransplantation unterziehen musst, ist er immer für dich da. Im Operationssaal ist er da. Auf der Intensivstation ist er da. Hab keine Angst – er ist bei dir und deine Feinde haben *keine Macht* über dich!

GEDANKE DES TAGES

Wenn dein Arzt dir Medikamente verschrieben hat, nimm sie bitte weiterhin – zusammen mit dem Abendmahl – ein. Auch wenn du sie nimmst oder dich behandeln lässt, kannst du trotzdem deinem Herrn Jesus vertrauen und erwarten, dass er dich heilt. Medikamente werden von Menschen hergestellt und enthalten Beipackzettel, die alle möglichen Nebenwirkungen warnend auflisten. Aber das Abendmahl wurde von Gott selbst gegeben, und die einzigen Nebenwirkungen sind die, dass du mit jeder Einnahme jünger und kräftiger wirst!

GEBET DES TAGES

Herr Jesus, danke, dass du mir den Tisch in Gegenwart meiner Feinde gedeckt hast, jetzt, während ich die Symptome und Schmerzen in meinem Körper spüre. Ich komme gerne an den Tisch und empfange deine Güte und die Heilung, die ich brauche. Danke, dass deine Güte und Liebe mir nachjagen, wohin ich auch gehe, auch bei Behandlungen und Operationen. Im Glauben sehe ich deine Gesundheit in meinen Körper fließen, und ich werde keine Angst haben. Amen.

ABSCHNITT 3

KEINE SCHWACHEN, KEINE KRANKEN

Und Mose rief alle Ältesten in Israel zu sich und sprach zu ihnen: Macht euch auf und nehmt euch Lämmer für eure Familien und schächtet das Passah! Und nehmt ein Büschel Ysop und taucht es in das Blut im Becken und bestreicht mit diesem Blut im Becken die Oberschwelle und die zwei Türpfosten; und kein Mensch von euch soll zu seiner Haustür hinausgehen bis zum Morgen! Denn der HERR wird umhergehen und die Ägypter schlagen. Und wenn er das Blut sehen wird an der Oberschwelle und an den beiden Türpfosten, so wird er, der HERR, an der Tür verschonend vorübergehen und den Verderber nicht in eure Häuser kommen lassen, um zu schlagen.

— 2. Mose 12,21–23

TAG 16

»WARUM IST DIESE NACHT ANDERS?«

Und wenn dann eure Kinder zu euch sagen: Was habt ihr da für einen Dienst?, so sollt ihr sagen: Es ist das Passah-Opfer des HERRN, der an den Häusern der Kinder Israels verschonend vorüberging in Ägypten, als er die Ägypter schlug und unsere Häuser errettete!

— 2. Mose 12,26–27

Ich bin überzeugt, je mehr du in diesem Abschnitt über die wunderbaren und kraftvollen Wahrheiten des Passahmahls erfährst, das die Kinder Israels in Ägypten aßen, desto stärker wird dein Glaube und dein Wunsch, alles zu empfangen, was der Herr für dich hat. Mit wachsender Offenbarung kommt auch der Glaube. Der Glaube ist kein Kampf. Je mehr du Jesus und all das, was er für dich am Kreuz getan hat, erkennst, desto mehr Glauben wirst du haben. Vielleicht wirst du erstaunt sein, wenn du entdeckst, dass das Passahmahl, das die Kinder Israels in Ägypten aßen, unsere heutige Abendmahlsfeier bildlich vorwegnahm – und dass beide auf das am Kreuz vollbrachte Werk hinweisen!

Vor Jahren hatte ich während eines Aufenthalts in Israel das Privileg, das jüdische Passahfest mit einer Familie von messianischen Gläubigen zu feiern, die durch das Evangelium der Gnade völlig verändert worden waren. Was mir bei diesem Passahmahl besonders auffiel, war die Frage, die die Kinder am Tisch den Erwachsenen stellten: »Warum ist diese Nacht anders als alle anderen Nächte?« Sie folgten damit einer Tradition des jüdischen Volkes, mündlich überliefertes Wissen von Generation zu Generation weiterzugeben. Wichtiger noch, diese Frage bot den Älteren die Gelegenheit, der nächsten Generation zu erzählen, wie der Herr die Kinder Israels aus der Sklaverei und Gefangenschaft befreit hatte (2Mo 7–11). Im Verlauf der Geschichte, die die Erwachsenen erzählten, hörten die Kinder, wie das Blut des makellosen Lammes die Israeliten vor dem Engel des Todes bewahrte, der jeden erstgeborenen Sohn in Ägypten tötete, was den Pharao dazu brachte, die Israeliten endlich ziehen zu lassen.

Kannst du sehen, wie Gott schon damals in die Zukunft blickte und den Tod seines Sohnes sah, der sein Blut vergießen würde, um dich und mich aus der Finsternis und Sklaverei der Sünde und Krankheit zu erlösen?

Wenn du das Abendmahl nimmst, möchte ich, dass du dir die gleiche Frage stellst wie die Kinder Israels: »Warum ist diese Nacht anders als alle anderen Nächte?« Es mag vielleicht nicht Nacht sein, wenn du das Abendmahl nimmst. Aber wenn du es mit diesem Gedanken nimmst, erinnerst du dich daran, was passierte, als unser Herr Jesus ans Kreuz genagelt zwischen Himmel und Erde hing, abgelehnt von Menschen und verworfen von Gott. Als Jesus geboren wurde, wurde die Mitternacht zum hellen Mittag, als Engel den Himmel erfüllten und die Herrlichkeit Gottes überall leuchtete (Lk 2,8–11). Doch als Jesus für dich und mich am Kreuz hing, wurde der Mittag zur Mitternacht, weil Dunkelheit das Land bedeckte (Mt 27,45).

Mein Freund, wenn du gerade eine dunkle Zeit durchmachst, sei unbesorgt. Dein Retter ging durch die Dunkelheit, damit du immer in seinem wunderbaren Licht stehen (1Petr 2,9) und sehen kannst, wie die Sonne der Gerechtigkeit aufgeht mit Heilung unter seinen Flügeln (Mal 4,2 NKJV).

GEDANKE DES TAGES

Aufgrund dessen, was an diesem Tag am Kreuz geschah, kannst du Gott vertrauen, dass er dich von der Krankheit befreit, die dich gefesselt hält. Du kannst ungehindert den Segen eines Lebens in Fülle, Gesundheit und Kraft empfangen. Du kannst in dem Wissen ruhen, dass du mit seinem schützenden Blut gekennzeichnet und bedeckt bist und dass sich deiner Behausung keine Plage nähern darf. Du kannst das Vertrauen haben, dass derselbe Gott, der eine ganze Nation von Unterdrückung befreit hat, für dich kämpft. Und wenn Gott für dich ist, können sich keine Krankheit, kein Virus und kein medizinisches Problem gegen dich behaupten (Röm 8,31)!

GEBET DES TAGES

Vater, ich danke dir, dass du mich daran erinnerst, wie Jesus am Kreuz durch schreckliche Finsternis ging, damit ich immer im Licht seiner Heilung und seines Schutzes stehen kann. Ich erkläre, dass sein Blut mich heute bedeckt. Dank seines Blutes bist du heute für mich, und deshalb können sich keine Krankheit, kein Virus und kein medizinisches Problem gegen mich behaupten. Halleluja! Danke, Vater. Amen.

TAG 17

SCHATTENBILD GEGENÜBER GREIFBARER SUBSTANZ

Dieses Lamm aber soll makellos sein, männlich und einjährig. Von den Schafen oder Ziegen sollt ihr es nehmen ... Und sie sollen von dem Blut nehmen und damit beide Türpfosten und die Oberschwellen der Häuser bestreichen, in denen sie essen.

— 2. MOSE 12,5.7

Während des Passahmahls, das ich mit der messianischen Familie in Israel feierte, erzählten die Erwachsenen den Kindern, wie der Herr die Israeliten angewiesen hatte, für jeden Haushalt ein makelloses Lamm auszuwählen. Der *Körper* des Lammes sollte gebraten und mit ungesäuertem Brot und bitteren Kräutern gegessen werden. Das *Blut* dieses Lammes sollte auf den Sturz und die beiden Türpfosten am Eingang ihrer Häuser gestrichen werden (2Mo 12,22).

Kannst du auf der nachfolgenden Abbildung erkennen, dass das Blut, wenn es so aufgetragen wurde, ein Bild vom Kreuz ergab?

Das Auftragen des Lammblutes auf den Sturz und die zwei Türpfosten (obere Abbildung) ließ ein Bild des Kreuzes entstehen (untere Abbildung).

Die Älteren erzählten, wie der Todesengel um Mitternacht durch Ägypten ging und wie die Schreie der ägyptischen Unterdrücker überall im ganzen Land zu hören waren, als jeder erstgeborene Sohn – auch der des mächtigen Pharaos – getötet wurde.

Die Kinder hörten, wie sich ihre Vorfahren in ihren Häusern zusammenkauerten, während dies geschah. Einige von ihnen freuten sich und waren voller Erwartung, weil sie wussten, dass dies die Nacht war, in der sie endlich von jahrelanger erdrückender Sklaverei befreit würden. Andere wiederum hatten Angst, dass der Zerstörer auch ihre

Häuser heimsuchen würde. Doch wie ihre Gemütsverfassung auch aussah, der Tod *ging* an ihren Häusern *vorbei*, sofern das Blut des Lammes auf ihren Türpfosten und Stürzen war. Noch in derselben Nacht gab der Pharao seinen starrsinnigen Widerstand auf und ließ die Kinder Israels endlich gehen. Und so begann ihr Auszug aus dem Land Ägypten. Sie waren frei.

Jedes Jahr feiern Juden auf der ganzen Welt die Ereignisse in jener Nacht des ersten Passahfestes, als der Herr sie auf so mächtige Weise rettete. Dazu gehören ein sorgfältig zubereitetes Festmahl im Familienkreis und die Einhaltung bestimmter Traditionen. Aber weißt du was? Das Passahfest war nur ein *Bild* dessen, was unser Herr Jesus am Kreuz noch vollbringen sollte, wenn er die Menschheit aus der Sklaverei eines mächtigeren Pharaos – Satan – befreien würde! Heute haben wir das wahre Lamm Gottes, das bereits sein Blut für uns vergossen hat. Wir können zuversichtlich unsere Befreiung von jeglicher Sklaverei und Unterdrückung erwarten, unter die der Feind uns zu bringen versucht, einschließlich Krankheit und körperliche Leiden!

GEDANKE DES TAGES

Was die Kinder Israels hatten, war nur der Schatten. Was wir unter dem neuen Bund haben, der durch sein vergossenes Blut eingeführt wurde, ist die Substanz. Es war kein Zufall, dass unser Herr Jesus das Abendmahl in der Nacht einführte, in der er das Passahfest feierte (Mt 26,17–29; Mk 14,12–25; Lk 22,7–20). Der Apostel Paulus bezeichnete ihn als »unser Passahlamm, Christus« (1Kor 5,7 ELB), weil sein Opfer am Kreuz die Erfüllung und die Fülle des Passahfestes war, das die Kinder Israels schon seit Generationen feierten.

GEBET DES TAGES

Herr Jesus, danke, dass du mir zeigst, dass das vergossene Blut und der makellose Körper des Lammes beim Passahmahl nur ein Schattenbild dessen ist, was du am Kreuz vollbracht hast, um mich aus der Sklaverei der Sünde und von Satan selbst zu befreien. Danke, dass du für mich zum wahren Lamm Gottes geworden bist und mich von aller Sünde, Gebundenheit und Krankheit befreit hast. Amen.

TAG 18

KEINE SCHWACHEN ODER KRANKEN

Sein Volk aber führte er sicher aus Ägypten heraus, mit Silber und Gold beladen; nicht einmal Schwache oder Kranke gab es unter ihnen.

— Psalm 105,37 NLB

Weißt du, was geschah, als die Kinder Israels das Passahlamm aßen? Gott befreite die Israeliten von massiver Unterdrückung und holte sie aus ihrer Gefangenschaft. Aber das war noch nicht alles. In der Bibel steht auch, dass unter den sechshunderttausend Männern, die in der Nacht des Auszugs Ägypten verließen (2Mo 12,37), kein *Schwacher* oder *Kranker* war. Rechnet man noch die Frauen und Kinder dazu, wurden in dieser Nacht nach Schätzung von Gelehrten etwa zwei bis drei Millionen Israeliten freigelassen.[9]

Keiner von ihnen - nicht ein einziger - kam schwach oder krank aus der Gefangenschaft heraus! Denk nur an die Knochenarbeit, zu der die Israeliten gezwungen worden waren, und an die Schläge und Peitschenhiebe, die sie unter ihren Sklavenherren hatten erleiden müssen (2Mo 1,13–14). Ganz zu schweigen von der Mangelernährung durch das armselige Essen, das sie sich vermutlich irgendwie zusammenkratzen mussten. Dazu noch die erbärmlichen Lebensbedingungen, denen sie ausgesetzt gewesen sein müssen. Trotz all der jahrelangen harten und schweren Arbeit, die sie ertragen hatten, kam keiner krank heraus. Es war keiner dabei, dem es an Kraft fehlte oder der seine Beweglichkeit eingebüßt hätte.

Glaubst du, dass es in einem solchen Volk von Sklaven auf natürliche Weise möglich gewesen wäre, dass alle stark und völlig gesund waren? Natürlich nicht. Und da es so viele waren, muss es auch ältere Sklaven gegeben haben. Wie ist es also möglich, dass die Bibel verzeichnen konnte, dass es »keine Kranken oder Schwachen« gab?

Ich gehe davon aus, dass in der Nacht des Passahfestes, als sie das gebratene Lamm aßen, etwas mit ihren Körpern passierte. Ich glaube, dass viele von ihnen vor dieser Nacht schwach und kränklich *waren.* Aber dann *geschah etwas*, das alle Folgen der dauerhaften Überlastung des Bewegungsapparates, der Verletzungen durch Arbeitsunfälle sowie die Auswirkungen altersbedingter Beschwerden und diverser umständebedingter Infektionskrankheiten umkehrte. In dieser Nacht *geschah etwas*, das sie auf übernatürliche Weise gesund werden ließ. Die Kinder Israels wurden mit göttlicher Kraft für den vor ihnen liegenden Weg erfüllt, von dem Gott wusste, dass er lang sein würde. Und ich glaube, dass ihre Jugend erneuert wurde wie bei einem Adler (Ps 103,5; Jes 40,31).

Wenn das mit den Kindern Israels geschehen konnte, obwohl sie nur ein natürliches Lamm hatten (das Schattenbild des wahren Lammes Gottes, das du und ich haben), *wie viel mehr* noch sollten wir erleben, dass unsere Körper geheilt, unsere Kraft verjüngt und jede Schwäche umgekehrt wird, wenn wir das Abendmahl nehmen? Wir haben das *wahre* Lamm Gottes, die *Substanz* und die *Realität* dieses Schattenbildes, an das die Israeliten glaubten. Für uns sollte daher *noch viel mehr* gelten, dass wir keine Schwachen und Kranken unter uns haben!

GEDANKE DES TAGES

Wusstest du schon, dass man nicht krank sein muss, um die Vorzüge des Abendmahls zu genießen? Selbst wenn dir körperlich nichts fehlt, kannst du vertrauensvoll ein größeres Maß an Gesundheit erwarten. Ob du das Abendmahl nun zur Heilung deines Körpers nimmst oder einfach nur allgemein zur Stärkung – eines solltest du erkennen: Du kannst im Glauben übernatürliche Gesundheit erwarten, wie sie die Kinder Israels erfuhren, als sie vom Passahlamm aßen. Diejenigen, die krank waren, kamen geheilt heraus. Diejenigen, die schwach waren, kamen gestärkt heraus. Und diejenigen, die schon kräftig waren, gewannen noch an Kraft hinzu!

GEBET DES TAGES

Vater im Himmel, danke, dass du ein wunderwirkender Gott bist, der uns für jegliche vor uns liegende Reise mit göttlicher Kraft erfüllt. Ich danke dir für das wahre Lamm Gottes, das heilt, stärkt und alle Schwäche rückgängig macht, während ich das Abendmahl nehme. Ich erkläre, dass Gesundheit, Heilung, langes Leben und Wiederherstellung mir gehören und dass meine Jugend wie die des Adlers erneuert wird. Durch die Einnahme wirkst du in meinem Körper und machst mich von Tag zu Tag stärker und gesünder. Amen.

TAG 19

CHRISTUS, UNSER PASSAHLAMM

Christus, unser Passahlamm, ist für uns geopfert worden.
— 1. KORINTHER 5,7 NLB

Es mag heute keine physischen Ketten geben, die dir deine Freiheit nehmen, und auch keine brutalen Sklavenhalter, die dich mit der Peitsche antreiben. Aber vielleicht hält dich seit Jahren eine chronische Krankheit gefangen. Vielleicht quälen dich wiederkehrende Symptome und bereiten dir anhaltende Schmerzen. Wenn du das Abendmahl nimmst, dann sieh dich selbst, wie du Jesus, das wahre Passahlamm, zu dir nimmst. Auch wenn du keine unmittelbaren Erfolge siehst, nimm es weiterhin. Nimm es in dem Bewusstsein, dass deine Freiheit in greifbare Nähe rückt. Und während du es nimmst, halte dir vor Augen, dass du dabei immer stärker und gesünder wirst.

Dalene aus Pennsylvania erlebte die Heilkraft des wahren Lammes Gottes, als sie das Abendmahl nahm. Ich bete, dass dich ihr Zeugnis ermutigt:

Am Mittwoch bei der Arbeit bekam ich heftige Schmerzen im Rücken und mir wurde übel. Ich ging nach Hause und schlief den Rest des Nachmittags und die ganze Nacht hindurch bis spät am nächsten Morgen. Als ich aufwachte, tat mein Rücken noch immer sehr weh, weshalb ich mir Ihr Predigtvideo über das Abendmahl ansah. Das baute meinen Glauben auf, sodass ich glauben konnte, dass diese Quälerei und die Schmerzen bereits von Jesus in seinem eigenen Körper getragen wurden.

Als ich das Abendmahl nahm, sah ich, wie Jesus mir das Brot gab und zu mir sagte: »Dies ist mein Körper.« Ich aß und stellte mir die Veränderungen in meinem Körper vor, während ich seine Heilung empfing. Ich sagte mir, wenn Israel durch ein gebratenes Lamm gestärkt und belebt werden konnte, wie viel sicherer war es dann, dass das Lamm Gottes eine Tochter Gottes heilen würde. Mein Rücken wurde sofort geheilt, der Druck wich von mir und mir ging es wieder gut. Ehre sei Gott!

Die Gnadenbotschaft hat mein Leben in praktisch jedem Bereich verändert. Vielen Dank, dass Sie Gottes Botschaft predigen.

Darf ich deine Aufmerksamkeit darauf lenken, dass Dalene sich ein Video mit einer Lehrbotschaft über das Abendmahl ansah, *bevor* sie es selbst nahm? Wenn du dir von Gott Heilung erwartest, möchte ich dich ermutigen, es wie Dalene zu machen und dir erst eine Lehrbotschaft über das Abendmahl anzusehen, bevor du es nimmst. Möge dein Glaube beim Zuhören oder Zuschauen so sehr aufgebaut werden, dass du *alles* empfangen kannst, was der Herr für dich getan hat. Und ich wünsche dir, dass du Heilung und Freiheit von jeglicher Bedrängnis erfährst.

GEDANKE DES TAGES

Wenn das Blut eines Tieres die Kinder Israels vor der Plage schützen konnte, *wie viel mehr* wird das heilige, sündlose Blut des Sohnes Gottes dich vor der Vernichtung bewahren und dich vor jeder Krankheit schützen? Ich sage damit nicht, dass du als Gläubiger nie krank werden wirst. Leider leben wir in einer gefallenen Welt. Aber wenn du krank wirst, hast du das bluterkaufte Recht, zu erklären, dass du durch die Striemen, die dein Retter ertragen hat, geheilt bist. Du hast das bluterkaufte Recht, Gesundheit und Wohlbefinden als dein Erbteil einzufordern.

GEBET DES TAGES

Herr Jesus, mein wahres Passahlamm, danke für dein heiliges, sündloses Blut, das mein Schutzschild vor Zerstörung und jeglicher Krankheit ist. Ich glaube, dass ich, während ich das Abendmahl nehme und von deinem zerbrochenen Körper esse, Heilung und göttliche Gesundheit empfange, die als Kind Gottes mein Erbteil sind. Ich erkläre mein bluterkauftes Recht, die Heilung zu empfangen, die du für mich erworben hast. Amen.

TAG 20

DIE KRAFT DES BLUTES

Und wenn ich das Blut sehe, dann werde ich verschonend an euch vorübergehen; und es wird euch keine Plage zu eurem Verderben treffen, wenn ich das Land Ägypten schlagen werde.
— 2. Mose 12,13

Ist dir aufgefallen, dass Gott vor dem Passahmahl den Israeliten versprach, er würde sie verschonen, wenn er das Blut der Lämmer an ihren Türpfosten sähe? Unter den Kindern Israels hatten diejenigen, die in ihren Häusern zitterten, als der Todesengel durch das Land zog, unnötig Angst. Sie wurden nicht deshalb vor der Vernichtung bewahrt, weil sie Israeliten waren oder weil sie sich besonders gut verhalten oder etwas Bestimmtes getan hatten. Sie wurden nur dank einer Sache gerettet – dank dem Blut des Lammes.

Vielleicht bist du beunruhigt, weil Ärzte bei deinem letzten Gesundheitscheck etwas Auffälliges festgestellt haben. Oder vielleicht sind einige deiner Verwandten einer bestimmten Krankheit erlegen und du hast Angst, dass du der Nächste sein könntest. Mein Freund, du sollst eines wissen: *Du brauchst keine Angst zu haben*, denn auch *du* wurdest durch das Blut des Lammes gerettet, das die Sünden der Welt wegnimmt (Joh 1,29). Wenn du gläubig bist, kannst du zuversichtlich auf das königliche Blut vertrauen, das durch Immanuels Adern fließt und an den Türpfosten deines Lebens ist. Das Kreuz überdauert die Zeit, und an jenem Tag hat sein Blut dich von jeder Sünde befreit – vergangene, gegenwärtige und zukünftige. Nicht wegen deiner guten Taten, sondern wegen seines Blutes ist dir vollkommen vergeben (Eph 1,7). Finde deine Ruhe im Lamm, das auf Golgatha für dich gestorben ist!

Hör auf, dich wegen der Fehler und Versäumnisse in deinem Leben von seiner Heilung auszuschließen. Hör auf, den Lügen des Feindes zu glauben, du hättest es nicht verdient, geheilt zu werden, weil du so viel falsch gemacht hast oder weil du nicht oft genug in die Kirche gegangen bist. Wenn Gott dich ansieht, sieht er dich nicht in deinen Fehlern und Schwächen. Er sieht dich in seinem Sohn, weil du *in Christus* bist. Und weil du in Christus bist, bist du in dem Geliebten vollkommen angenommen (Eph 1,6), und *du bist bereits* mit jedem geistlichen Segen gesegnet (Eph 1,3). Das bedeutet, dass Gott dich selbst dann, wenn es in deinem Körper noch Symptome gibt, bereits als geheilt betrachtet. Wenn du das Abendmahl nimmst, fang an, dich so zu sehen, wie Gott dich sieht. Sieh dich selbst als geheilt, gesund und mit göttlicher Kraft und Leben erfüllt.

Jedes Mal, wenn du den Kelch des neuen Bundes nimmst, der in seinem Blut geschlossen wurde (1Kor 11,25), sei dir bewusst, dass das Blut Jesu unter dem neuen Bund »Besseres redet als das Blut Abels« (Hebr 12,24). Abels Blut rief nach Rache (1Mo 4,10). Das Blut Jesu ruft deine Erlösung (Eph 1,7; 1Petr 1,18–19), deine Rechtfertigung (Röm 5,9), deinen Sieg über den Feind (Offb 12,11) und noch so viel mehr aus!

GEDANKE DES TAGES

Jesu Blut ist der Grund, weshalb Gott dir, als du Jesus als deinen Herrn und Retter annahmst, augenblicklich seine Gerechtigkeit zuerkannte. Es gibt zwischen dir und Gott keine Barriere mehr (Eph 2,13). Du kannst zuversichtlich zu Gott kommen. Du kannst dich ihm nähern, um Hilfe zu bekommen, wenn du sie brauchst (Hebr 4,16; 10,19–22). Egal, welche Herausforderungen du zu meistern hast, ob es deine Gesundheit, deine Emotionen, deine Finanzen oder deine Beziehungen sind, du musst sie nicht allein bewältigen. Der Schöpfer des ganzen Himmels und der Erde nennt dich sein eigenes kostbares Kind (Joh 1,12; 1Joh 3,1). Lauf zu ihm!

GEBET DES TAGES

Vater Gott, ich danke dir, dass du das vergossene Blut des Lammes Gottes siehst, das an den Türpfosten meines Lebens ist. Danke, dass ich in deinem geliebten Sohn vollkommen angenommen und gerecht gemacht bin. Aus diesem Grund kann ich immer zu dir laufen, wenn ich in Not bin. Heute, wenn ich das Abendmahl nehme, erkläre ich, dass ich so bin, wie du mich siehst – geheilt, wiederhergestellt und erfüllt mit göttlicher Kraft und göttlichem Leben. Amen.

TAG 21

ISS IN DER RICHTIGEN WEISE

Und sie sollen das Fleisch in derselben Nacht essen: am Feuer gebraten, mit ungesäuertem Brot; mit bitteren Kräutern sollen sie es essen. Ihr sollt nichts davon roh essen, auch nicht im Wasser gekocht, sondern am Feuer gebraten, sein Haupt samt seinen Schenkeln und den inneren Teilen.

— 2. Mose 12,8–9

Blättere nicht achtlos durch das zweite Buch Mose, weil du es bloß als historische Aufzeichnung betrachtest. Ich selbst freue mich über die kleinen Details, die der Heilige Geist festgehalten hat. Dementsprechend glaube ich, wenn du dir die Zeit nimmst, die Bibel zu erkunden, werden die Augen deines Verständnisses geöffnet und du wirst Offenbarungen von Jesus entdecken, die du noch nie zuvor gesehen hast, und dabei Heilung und Befreiung erfahren. Ich liebe es, Jesus im Passahmahl zu entdecken.

Achte zum Beispiel auf Gottes Anweisungen, *wie* die Israeliten das Passahlamm essen sollten. Sie wurden angewiesen, das Passahlamm *nicht roh* zu essen. Inwiefern betrifft das uns? Wenn wir das Abendmahl feiern, sollten wir uns nicht auf das Leben unseres Herrn Jesus in dessen Rohform konzentrieren, noch bevor er durch das Feuer von Gottes Gericht am Kreuz »verbrannt« wurde. Wir sollten ihn nicht als Baby in der Krippe sehen oder so, wie er in den Evangelien *vor* dem Kreuz festgehalten wurde. Ja, er ist ein großartiger Lehrer und als Leitfigur absolut wunderbar. Ja, er ist der fleischgewordene Gott. Er ist Immanuel, Gott mit uns. Und ja, er lebte ein makelloses Leben, aber es war nicht sein makelloses Leben, was uns rettete. Das taten sein Opfer und sein Tod am Kreuz. Mit anderen Worten, wir müssen ihn

»am Feuer gebraten« sehen. Genau damit sollten wir uns beschäftigen, wenn wir das Abendmahl nehmen.

Den Kindern Israels wurde auch gesagt, sie sollten das Lamm »nicht im Wasser gekocht« essen. Ich verstehe das so, dass wir das, was Jesus für uns am Kreuz getan hat, nicht verwässern oder säubern bzw. zensieren sollten. Wie wir aus der Bibel wissen, war sein Gesicht wegen der Peitschenhiebe und Schläge, die er erlitten hatte, bis zur Unkenntlichkeit entstellt. Er sah nicht mehr wie ein Mensch aus (Jes 52,14). Wann immer du das Abendmahl nimmst, stell dir Jesus am Kreuz vor und denk darüber nach, wie er um deiner Vergebung und Heilung willen litt.

Gott sagte den Kindern Israels auch, sie sollten das Lamm »am Feuer gebraten« essen. Das ist ein Bild vom Feuer des Gerichts Gottes, das über Christus kam. Die Sünde musste bestraft werden, und als Jesus am Kreuz hing, rief er: »Mich dürstet!« (Joh 19,28), weil das Feuer von Gottes heiliger Vergeltung und seines gerechten Zorns gegen unsere Sünden auf ihn fiel. Er kam unter das Gericht Gottes, damit du und ich *niemals* unter das Gericht Gottes kommen würden (Röm 5,9–11). Weil unsere Sünden im Körper unseres Stellvertreters bestraft wurden, wäre es ungerecht, wenn Gott dieselben Sünden zweimal bestrafen würde.

Heute sind Gottes Heiligkeit und seine Gerechtigkeit auf unserer Seite und fordern unsere Rechtfertigung, fordern unsere Vergebung, fordern unsere Heilung und fordern unsere Befreiung. Das nächste Mal, wenn du das Abendmahl nimmst und das Brot in der Hand hältst, sieh seinen Körper am Kreuz, »verbrannt« und mit deinen Sünden und Krankheiten geschlagen, und fang an, im vollen Nutzen dessen zu leben, was er für dich am Kreuz vollbracht hat.

GEDANKE DES TAGES

Am Kreuz hat Jesus unsere Sünden nicht einfach nur *genommen*, sondern er *wurde* zur Sünde, damit wir in ihm zur Gerechtigkeit Gottes werden könnten (2Kor 5,21). Er nahm auch unsere Leiden und trug unsere Krankheiten auf seinem eigenen Körper (Jes 53,4; Mt 8,17). Jeden Tumor, jede Krebszelle, jede Missbildung, jede rheumatische Arthritis und jede andere Art von Krankheit nahm er am Kreuz auf sich selbst. Er trug sie alle, damit du nichts davon in deinem Körper ertragen musst.

GEBET DES TAGES

Vater, ich danke dir, dass das Feuer deines gerechten Urteils für meine Sünde über Jesus kam. Danke, dass ich in ihm gerecht gemacht wurde und dass deine Heiligkeit und Gerechtigkeit heute auf meiner Seite sind und meine Rechtfertigung, Vergebung und Heilung fordern. Hilf mir heute, den Körper Jesu zu sehen, wie er am Kreuz »verbrannt« und mit meiner Sünde und meinen Krankheiten geschlagen wurde. Ich empfange jetzt ganz neu deine Liebe und deine Heilungskraft, mit der du mich beschenkst. In Jesu Namen, amen.

TAG 22

JEDER VERZWEIFELTE TON GELANGT ZUM THRON

Und die Kinder Israels seufzten über ihre Knechtschaft und schrien. Und ihr Geschrei über ihre Knechtschaft kam vor Gott. Und Gott erhörte ihr Wehklagen, und Gott gedachte an seinen Bund mit Abraham, Isaak und Jakob.

— 2. MOSE 2,23–24

Es gibt einen Feind in deinem Leben, der dich in deiner Krankheit versklavt halten will. Der Feind will dich in einem Zustand der Verzweiflung halten. Du sollst dich so sehr auf deine Enttäuschungen konzentrieren, dass du Gottes Verheißungen für dich nicht ergreifen kannst. Das hat er auch den Kindern Israels angetan. Als Mose den Israeliten ankündigte, dass Gott sie aus ihrer Knechtschaft retten würde, »hörten [sie] nicht auf ihn«, wie die Bibel sagt, »weil sie so hart arbeiten mussten und jeglichen Mut verloren hatten« (2Mo 6,6–9 NLB).

Doch Gott ließ sie nicht im Stich, obwohl sie sich weigerten, zuzuhören. Er wusste, dass sie sich in einem Zustand der Verzweiflung befanden, weil sie so lange unter dem Joch der Sklaverei gelitten hatten. Willst du wissen, wodurch die Kinder Israels Gott dazu brachten, sie auf so mächtige Weise zu retten? Die heutige Bibellese sagt es dir. Die Kinder Israels wurden dermaßen geschunden, dass sie nur noch ächzen und stöhnen konnten. Sie waren zu ausgelaugt, um schöne Gebete zu formulieren. Und wie die Bibel uns sagt, *erhörte Gott ihr Wehklagen* und erinnerte sich an seinen Bund mit Abraham, Isaak und Jakob.

Ich erzähle dir das, weil ich dich wissen lassen möchte, dass du keine beeindruckenden Glaubensbekenntnisse ausarbeiten musst und auch nicht erst etwas für Gott tun musst, bevor er dich hört. Jeder verzweifelte Ton gelangt zum Thron. Ein einfacher Seufzer von dir wird den Thronsaal deines Abbas im Himmel erreichen. Wenn schon das Seufzen der Kinder Israels den Bund aktivieren konnte, den Gott mit ihren Vorfahren geschlossen hatte, *wie viel mehr* wird dann dein Hilferuf erreichen, du Kind des Allerhöchsten!

Wenn du wegen deines Gesundheitszustandes entmutigt bist, ruf zu ihm und betrachte diese ergänzende Erkenntnis über das Passahfest als eine Ermutigung. Ich finde es auch so toll, auf welche Weise die Kinder Israels das Passahlamm nach Gottes Anordnung essen sollten: So sollt ihr es aber essen: eure Lenden umgürtet, eure Schuhe an euren Füßen und eure Stäbe in euren Händen (2Mo 12,11). Warum mussten sie mit dem Gürtel um die Hüfte, Sandalen an den Füßen und dem Stab in der Hand essen? Gott sagte ihnen damit, dass sie noch während sie das gebratene Lamm aßen, schon bereit für ihre körperliche Befreiung sein sollten.

Genauso sollten wir das Abendmahl im Glauben und voller Erwartung nehmen. Unser barmherziger Herr Jesus hat unser Seufzen gehört und er ist sowohl bereit als auch in der Lage, uns von jeglicher Unterdrückung zu befreien. Wir sollten erwarten, dass unser Wunder geschieht, dass unsere Befreiung bevorsteht. Die Israeliten machten es so, trotz allem Erlittenen, und sie kamen heraus, ohne dass einer von ihnen krank oder schwach gewesen wäre. Ich möchte erleben, wie das in meiner Gemeinde und auch bei dir geschieht. Wir sind vielleicht noch nicht an dem Punkt angekommen, dass wir »keine Schwachen« mehr unter uns finden, aber ich glaube, wir sind auf dem Weg dorthin.

GEDANKE DES TAGES

Selbst wenn du eine Krankheit oder Schmerzen in deinem Körper hast, nimm im Glauben das Abendmahl, danke dem Herrn dafür, dass du bereits geheilt bist, und erwarte, dass sich deine Heilung vollständig entfalten wird. Ich glaube, dass wir jedes Mal, wenn wir das Abendmahl nehmen, ein Stück gesünder und kräftiger werden!

GEBET DES TAGES

Abba, Vater, ich danke dir, dass du jedes Stöhnen von mir hörst, dass jeder Seufzer deinen Thron erreicht und dass noch während ich zu dir rufe, Befreiung und Heilung schon auf dem Weg zu mir sind. Danke, dass ich das Abendmahl in dem Glauben und mit der Erwartung nehmen kann, dass mein Wunder geschehen wird. Ich danke dir, dass ich bereits geheilt bin. In Jesu Namen, amen.

TAG 23

EIN NEUANFANG

Dieser Monat soll die Reihe eurer Monate eröffnen, er soll euch als der Erste unter den Monaten des Jahres gelten.
— 2. Mose 12,2

Vielleicht denkst du: Ich habe schon probiert, das Abendmahl zu nehmen, aber es hat nicht funktioniert. Vielleicht hält dich dein körperlicher Zustand schon so lange gefangen, dass du nicht mehr zu hoffen wagst, denn, so meinst du, wer nicht hofft, kann auch nicht enttäuscht werden. Vielleicht denkst du, dass deine Gebete sowieso chancenlos sind, weil du einfach nicht »genügend Glauben« hast. Du hast vielleicht gehört, dass du frei von Zweifel im Herzen beten musst (Mk 11,23), aber wenn du an die Größe deines Tumors denkst oder an die Anzahl deiner Thrombozyten oder daran, wie weit sich die Krankheit ausgebreitet hat, dann steigt ganz automatisch Angst in dir auf.

Also hast du einfach mit dem Beten aufgehört. Hast aufgehört, zu hoffen. Aufgehört, zu glauben.

Wenn dir das nur allzu bekannt vorkommt, darf ich dich dann bitten, dem Herrn eine weitere Chance zu geben?

Als Gott den Israeliten erklärte, wie sie das erste Passahfest halten sollten, sagte er: »Von nun an soll dieser Monat der erste Monat des Jahres für euch sein« (2Mo 12,2 NLB). Dies zeugt von einem Neuanfang.

Ich möchte dich ermutigen, heute einen Schritt des Glaubens zu tun. Mach diesen Tag zum ersten Tag deines Neubeginns. Wenn du dein Vertrauen in das Lamm setzt, das für dich getötet wurde, fängst du noch einmal ganz neu an. Vergiss das, was war. Vergiss die Misserfolge und Enttäuschungen der Vergangenheit.

Ich möchte dich einladen, dein Vertrauen noch einmal ganz neu dem Einen zu schenken, der sein Leben für dich gegeben hat. Nimm das Brot und sage: »Danke, Herr Jesus. Du hast deinen Körper hingegeben und zerschlagen lassen, damit meiner heil sein kann. Ich erkenne, dass durch die Hiebe, die auf deinen Rücken fielen, mein Körper von Kopf bis Fuß geheilt ist.«

Dann nimm den Becher in die Hand und sage: »Herr Jesus, danke für dein kostbares Blut, das mich von jeder Sünde reingewaschen hat. Heute nehme ich das volle Erbe des Gerechten in Anspruch, das auch Schutz, Heilung, Gesundheit und Versorgung umfasst.«

Wenn du zum Tisch des Herrn kommst, vertraue darauf, dass du erlebst, was die Israeliten erlebten: Nachdem sie vom gebratenen Lamm gegessen hatten, kamen sie heraus, ohne dass einer von ihnen schwach oder krank gewesen wäre. Mein Freund, ich glaube mit dir an deinen Durchbruch. Der Feind will dich versklavt halten, aber der Herr will dich befreien!

GEDANKE DES TAGES

Vielleicht hattest du nie eine Offenbarung darüber, wie sehr der Herr Jesus gelitten hat, um für deine Heilung zu bezahlen. Vielleicht war dir nie bewusst, welche Kraft das Abendmahl enthält. Aber ich bete, dass das, was du hier erfährst, die Augen deines Verständnisses dafür öffnen wird, wie überwältigend groß seine Kraft für dich ist, und dass du verstehen wirst, dass dieselbe Kraft, die Christus von den Toten auferweckt hat, auch für dich wirksam ist (Eph 1,18–20).

GEBET DES TAGES

Herr Jesus, ich danke dir, dass du der Gott des Neuanfangs, neuen Lebens und einer neuen Zukunft bist. Ich erkläre, dass mein Vertrauen auf dich, das Lamm, gerichtet ist, das für mich getötet wurde. Ich erkläre, dass ich heute, mit dem Abendmahl, das ich nehme, einen absoluten Neuanfang mache. Ich beschließe, mich nicht auf vergangene Enttäuschungen zu konzentrieren. Ich glaube, dass jetzt das Neue beginnt und mein Durchbruch in Reichweite ist. Amen.

ZEUGNIS

Vergrößerte Prostata geschrumpft, mehrere Tumore verschwunden

Vor einigen Jahren wurde bei meinem Vater eine vergrößerte Prostata diagnostiziert. Die Ärzte vermuteten Krebs, aber zum Glück ergab die Biopsie keine Bestätigung dafür. Er musste sich jedoch einer Behandlung unterziehen, um seine Prostataprobleme in den Griff zu bekommen. Außerdem wurden regelmäßige Kontrolluntersuchungen verordnet, da sein Vater an Krebs gestorben war.

Anfang dieses Jahres stellten die Ärzte bei meinem Vater eine weitere Vergrößerung der Prostata fest. Auch in seinem Femur (Oberschenkelknochen) wurden mehrere Tumore gefunden. Als diplomierter Bioingenieur wusste ich, dass dies kein gutes Zeichen war, da es bedeuten könnte, dass sich die Krebszellen bis ins Knochenmark ausgebreitet hatten.

Die Ärzte hatten die gleiche Vermutung und empfahlen meinem Vater einen vollständigen Körperscan. Wir gaben die Arztberichte meines Vaters auch an meine Cousine weiter, die eine renommierte Krebsberaterin ist, und sie stimmte mit den Ärzten überein. Unsere Herzen wurden von Angst ergriffen.

Ich besuche die New Creation Church seit über fünf Jahren und ich höre mir immer wieder die Predigten von Pastor Prince an. Ich habe auch die Bücher von Pastor Prince gelesen und meiner Familie von seinen Lehren erzählt. Sie schauen sich ebenfalls seine Predigten auf YouTube an.

Nachdem wir den Arztbericht erhalten hatten, rief ich meine Eltern per Videochat an und wir nahmen gemeinsam das Abend-

mahl. Wir hielten auch an Gottes Heilungszusagen fest. In den nächsten Wochen nahmen wir weiterhin jeden Abend gemeinsam das Abendmahl und konnten ein Gefühl des Friedens und der Freude spüren. Mein Vater hatte auch keine bangen Gedanken mehr, und gemeinsam erklärten wir, dass die Ärzte in den Scan-Ergebnissen keine Tumore finden würden.

WIR NAHMEN JEDEN ABEND GEMEINSAM DAS ABENDMAHL UND KONNTEN EIN GEFÜHL DES FRIEDENS UND DER FREUDE SPÜREN.

Und genau so kam es. Die Ärzte und meine Cousine waren von den Ergebnissen verblüfft. Dann baten die Ärzte meinen Vater, sich einem weiteren Scan und einer erneuten Biopsie zu unterziehen, um die Ergebnisse zu bestätigen. Gott sei Dank zeigten auch diese Untersuchungen, dass mein Vater bei bester Gesundheit war. Sogar seine Prostata hatte sich verkleinert. All dies geschah ohne jegliche medizinische Behandlung.

Gott sei gelobt!

Liam | Singapur

ABSCHNITT 4

NICHT GEGEN DICH, SONDERN FÜR DICH

Was sollen wir nun dazu sagen? Ist Gott für uns, wer ist dann gegen uns? Er hat seinen eigenen Sohn nicht verschont, sondern ihn für uns alle hingegeben – wie sollte er uns mit ihm nicht alles schenken? Wer kann die Auserwählten Gottes anklagen? Gott ist es, der gerecht macht. Wer kann sie verurteilen? Christus Jesus, der gestorben ist, mehr noch: Der auferweckt worden ist, er sitzt zur Rechten Gottes und tritt für uns ein. ... Denn ich bin gewiss: Weder Tod noch Leben, weder Engel noch Mächte, weder Gegenwärtiges noch Zukünftiges noch Gewalten, weder Höhe oder Tiefe noch irgendeine andere Kreatur können uns scheiden von der Liebe Gottes, die in Christus Jesus ist, unserem Herrn.

— RÖMER 8,31–34.38–39 EÜ

TAG 24

KENNE SEINEN WILLEN

Ich bin gekommen, damit sie das Leben haben
und es im Überfluss haben.
— JOHANNES 10,10

Ich habe dir nun schon einige Wahrheiten gezeigt und ich bete, dass sie in deinem Herzen ein Feuer entzünden. Möglicherweise fragst du dich aber, ob die Krankheit, gegen die du ankämpfst, doch irgendwie von Gott kommt. Vielleicht denkst du, dass er dich für etwas, was du getan hast, bestraft und dir damit eine Lektion erteilen will.

Doch das sind Lügen und wenn du sie geglaubt hast, dann bist du Satan zum Opfer gefallen, der der große Verführer und der Vater der Lüge ist (Offb 12,9; Joh 8,44). Seine Vorgehensweise ist es, dich zu täuschen, und seine Hauptstrategie besteht darin, dich davon zu überzeugen, dass Krankheit tatsächlich von Gott kommt. Ich möchte dich in aller Deutlichkeit wissen lassen, dass dein himmlischer Vater dich liebt und dass er dich gesund sehen will. Er will nicht, dass dein Leben durch Krankheit verkürzt wird, und es war und ist *niemals* sein Plan, dass du oder dir nahestehende Menschen irgendwelche Krankheiten oder Leiden ertragen müssen.

Ich möchte, dass du dir über Folgendes völlig im Klaren bist: Es gibt einen Feind, der dich vernichten will. Unser Herr Jesus sagte: »Der Dieb kommt nur, um zu stehlen, zu töten und zu verderben« (Joh 10,10). Satan ist ein Mörder (Joh 8,44). Als Satan Adam und Eva im Garten Eden täuschte, kam die Sünde in die Welt. Aber wir Menschen verloren nicht nur unsere gerechte Stellung. Wir verloren auch unsere Beziehung zu Gott und unsere Zuversicht, dass sein Herz für uns schlägt. Stattdessen kamen Furcht und Verdammungsgefühle auf und raubten uns den Glauben und unser Vertrauen in einen guten Gott.

Satan will dir deine Gesundheit, deine Jugend und deine Freude stehlen. Er will jeden gehegten Traum zerstören und dich aus den Armen der Menschen in deinem Leben reißen. Er will dich töten, weil er weiß, dass auf deinem Leben eine Berufung und Bestimmung liegt, die nur du erfüllen kannst. Deshalb versucht er auf jede erdenkliche Weise, dich auszulöschen.

Wenn dir oder deinen Angehörigen Gesundheit, Finanzen oder familiäre Beziehungen geraubt werden, steckt *nie* Gott dahinter. Der Mensch wurde dazu geschaffen, alles zu genießen, was Gott zur Verfügung gestellt hat, und dazu gehört auch Gesundheit. Unser Herr Jesus sagte, dass er gekommen sei, »damit sie das Leben haben und es im Überfluss haben«. Als Jesus das sagte, bezog er sich nicht nur auf das biologische Leben. Das griechische Wort für »Leben« an dieser Stelle lautet *zoe* und es geht dabei um die höchste Form des Lebens; es geht um das Leben, wie Gott es lebt.[10] Ihm reicht es nicht, dass du einen Puls hast und atmest. Er will sehr viel mehr für dich, und er ist gekommen, um dir eine Lebensqualität zu geben, wie Gott selbst sie besitzt, ein Leben, das über das normale menschliche Leben hinausgeht.

Kannst du sehen, wie er zu dir steht? Er möchte, dass du ein langes, erfülltes Leben voll seiner Güte, Gesundheit und seines Friedens führst. Das ist sein Wille für *dich*!

GEDANKE DES TAGES

Was Gott für dich will, ist in seiner Verheißung zu finden: »Ich sättige ihn mit langem Leben und lasse ihn mein Heil schauen« (Ps 91,16 ELB). Das hebräische Wort für »Heil« an dieser Stelle ist *Jeschua*, also der Name Jesu.[11] Gott wird dich mit einem langen, erfüllten Leben sättigen, bei dem du alle Segnungen genießt, die du in Christus hast, und das schließt Gesundheit, Wohlbefinden und Versorgung mit ein. Wie auch immer deine Umstände vielleicht gerade aussehen, halte trotzdem an seinen Verheißungen fest.

GEBET DES TAGES

Herr Jesus, ich danke dir, dass du gekommen bist, damit ich Leben habe, Leben in ganzer Fülle. Danke, dass du Satan am Kreuz besiegt hast. Dein vollbrachtes Werk hat mir all das zurückgegeben, was beim Sündenfall verloren ging. Ich glaube, dass es dein Wille ist, mir ein langes, zufriedenes Leben zu schenken und mich mit Gesundheit, Wohlbefinden und Versorgung zu segnen. Und ich empfange diese Segnungen jetzt im Glauben. Amen.

TAG 25

GOTTES HERZ OFFENBART

»Wer mich gesehen hat, hat den Vater gesehen.«
— JOHANNES 14,9

Woher weißt du, dass es Gottes Wille ist, dich zu heilen? Sieh dir einfach an, was Jesus während seines irdischen Dienstes getan hat. Wenn wir Jesus betrachten, erkennen wir das Herz unseres himmlischen Vaters für uns, denn Jesus sagte, jeder, der ihn gesehen hat, hat den Vater gesehen.

Was sehen wir Jesus durch alle Evangelien hindurch unermüdlich tun?

Und Jesus durchzog ganz Galiläa, lehrte in ihren Synagogen und verkündigte das Evangelium von dem Reich und heilte alle Krankheiten und alle Gebrechen im Volk. Und sein Ruf verbreitete sich in ganz Syrien; und sie brachten alle Kranken zu ihm, die von mancherlei Krankheiten und Schmerzen geplagt waren, und Besessene und Mondsüchtige und Lahme; und er heilte sie. — Matthäus 4,23–24

Und es kamen große Volksmengen zu ihm, die hatten Lahme, Blinde, Stumme, Krüppel und viele andere bei sich. Und sie legten sie zu Jesu Füßen, und er heilte sie. — Matthäus 15,30

Als aber die Sonne unterging, brachten alle, die Kranke hatten mit mancherlei Gebrechen, sie zu ihm, und er legte einem jeden von ihnen die Hände auf und heilte sie. — Lukas 4,40

In zahlreichen Berichten hält die Bibel fest, wie unser Herr Jesus »umherzog und Gutes tat und *alle heilte*, die vom Teufel überwältigt waren« (Apg 10,38). Er machte die Lahmen gehend und die Blinden sehend. Er öffnete taube Ohren. Er heilte Leprakranke. Er erweckte sogar Tote auf.

Und weißt du, was unser Herr Jesus über all das, was er tat, sagte? Er sagte: »Was ich zu euch gesprochen habe, das stammt nicht von mir. Der Vater, der immer in mir ist, vollbringt durch mich seine Taten« (Joh 14,10 GNB).

Jesus sagte, dass *der Vater* derjenige sei, der (durch ihn) überall, wohin er ging, wunderbare Heilungswunder wirke. Kannst du erkennen, dass dein himmlischer Vater wirklich möchte, dass du von jeder Krankheit vollständig geheilt bist?

GEDANKE DES TAGES

Nirgendwo in der Bibel wirst du ein Beispiel dafür finden, dass Jesus einen Menschen angesehen und gesagt hätte: »Komm mal her. Du bist zu gesund. Hier hast du ein wenig Lepra.« Jesus hat auch zu niemandem gesagt: »Mein Vater bestraft dich, deshalb bist du krank.« Weißt du, warum? Weil Gott uns *keine* Krankheiten oder körperlichen Beschwerden gibt. Sollte es in deinem Körper irgendein gesundheitliches Problem geben, möge diese Wahrheit jetzt in dein Herz eingebrannt werden: *Gott will, dass du gesund bist!*

GEBET DES TAGES

Vater Gott, ich danke dir, dass Jesus in jedem Wort, das er sprach, und in jeder Heilung und Befreiung, die er bewirkte, dein Herz perfekt widerspiegelt. Danke, dass du mir zeigst, wie sehr du willst, dass ich in jedem Teil meines Körpers frei von Krankheit bin. Ich glaube und erkläre, dass es dein Wunsch ist, dass ich von jeder Krankheit vollständig geheilt werde, und dass ich zuversichtlich erwarten kann, die benötigte Heilung zu erhalten. In Jesu Namen, amen.

TAG 26

NUR GUTE GABEN

»Wenn nun ihr, die ihr böse seid, euren Kindern gute Gaben zu geben versteht, wie viel mehr wird euer Vater im Himmel denen Gutes geben, die ihn bitten!«

— Matthäus 7,11

Als Vater schmerzt es mich immer, wenn meine Kinder krank sind. Meine erstgeborene Tochter Jessica ist jetzt erwachsen, aber als Baby hatte sie eine fiebrige Virusinfektion und ich erinnere mich, wie mir ihr jammervolles Weinen damals das Herz brach. Ich weiß noch, dass ich sie die ganze Nacht lang auf dem Arm hielt und für sie betete, während ich in ihrem Zimmer auf und ab ging. Solange sie krank war, fand ich keine Ruhe. Ich wusch ihren fiebrigen Körper immer wieder mit einem Schwamm ab. Ich sang leise für sie, um sie zu beruhigen. Ich hasste das Fieber, das mein Baby vor Schmerzen krampfen ließ. Ich hätte alles getan, um ihr Unwohlsein zu lindern. Hätte ich ihr Fieber nehmen und es meinem eigenen Körper auferlegen können, hätte ich das gerne getan, damit sie keine Schmerzen hätte leiden müssen.

Was ich fühle, wenn es meinen Kindern nicht gutgeht, ist nur eine mikrokosmische Reflexion dessen, was unser himmlischer Vater für uns empfindet, wenn es uns nicht gut geht. Er will, dass wir voller Gesundheit und Leben sind. Er hasst Krankheiten und Leiden wegen dem, was sie uns antun. Aber es gibt einen Unterschied: Er war in der Lage, unsere Krankheiten zu nehmen und sie auf den Körper Jesu zu legen, als er am Kreuz hing, sodass wir sie nicht ertragen müssten. Das sagt uns die Bibel: »Er hat unsere Gebrechen weggenommen und unsere Krankheiten getragen« (Matthäus 8,17).

Warum hat unser Herr Jesus das getan? Weil er uns so sehr liebt. Er konnte nicht ruhen, bis er unsere Erlösung, unsere Gesundheit und unser Wohlbefinden gesichert hatte. Schließlich, als er jede Sünde, jede Krankheit und jedes Leiden auf seinem eigenen Körper ertragen hatte, rief er: »Es ist vollbracht!« (Joh 19,30), und ruhte.

Die Bibel zeigt uns deutlich: Gott ist ein guter Gott. Er ist unser liebevoller himmlischer Vater. Deshalb kann ich nicht verstehen, warum es Leute gibt, die lehren, dass Gott uns durch Krankheit manchmal eine Lektion erteilen will oder dass wir »tüchtig beten« müssen, um Heilung von ihm zu bekommen. Kannst du dir vorstellen, dass ein irdischer Vater seinem eigenen Kind Leid zufügt? Musst du dazu überredet werden, die Schmerzen deines Kindes zu lindern? Es gibt sogar einige Leute, die behaupten, dass krank zu sein manchmal Gottes Wille für uns ist. Aber wenn ihre eigenen Kinder krank werden, tun sie alles, was in ihrer Macht steht, damit ihre Kinder wieder gesund werden. Wenn es wirklich Gottes Wille wäre, dass wir krank sind, wäre die Bemühung um Genesung ein bewusster Versuch, Gottes Willen zu entkommen!

Mein Freund, lehne alles ab, was auch nur im Entferntesten unterstellt, Gott benutze Krankheit und Leiden, um uns etwas beizubringen. Unser Vater ist voller Gnade und Barmherzigkeit und möchte, dass wir gesund, versorgt und vor allen schlimmen Ereignissen, Krankheiten und Leiden geschützt sind!

GEDANKE DES TAGES

Wenn irdische, fehlbare Eltern das Beste für ihre Kinder wollen, wie viel mehr dann unser himmlischer Vater? Er will, dass wir stark und gesund sind und das Leben genießen. Unser Herr Jesus sagte, wenn irdische Väter ihren Kindern gute Gaben zu geben verstehen, wie viel mehr dann unser himmlischer Papa (siehe Mt 7,11). Lies diesen Bibelvers immer und immer wieder und öffne dein Herz dem gegenüber, was er über Gottes Liebe zu dir sagt. Empfange heute sein überfließendes Geschenk der Heilung.

GEBET DES TAGES

Abba, Vater, ich danke dir, dass du mein Papa-Gott bist und dass du deinen Kindern nur gute Geschenke machst. Danke, dass du mich daran erinnerst, wie sehr du Krankheiten und Leiden hasst. Und damit ich nicht unter ihnen leiden muss, hast du sie alle auf Jesu Körper gelegt, als er am Kreuz hing. Weil das vollbrachte Werk Jesu mir meine Gesundheit gesichert hat, erwarte ich, dass deine Heilung in meinem Körper sichtbar wird. Amen.

TAG 27

ER GIBT GROSSZÜGIG

Er, der sogar seinen eigenen Sohn nicht verschont hat, sondern ihn für uns alle dahingegeben hat, wie sollte er uns mit ihm nicht auch alles schenken?

— RÖMER 8,32

Jesaja 53,5 sagt uns, dass wir durch die Striemen Jesu geheilt sind. Jeder Hieb, den er ertrug, als er gegeißelt wurde, diente unserer Heilung. Er ließ freiwillig eine Wunde nach der anderen in seinen Körper reißen, damit du und ich gesund sein können. Glaube niemals der Lüge des Feindes, Gott wolle, dass du krank bist, oder Gott sei nicht bereit, dich zu heilen. Am Kreuz hat unser Herr Jesus ein für alle Mal gezeigt: Er will, dass du gesund bist.

Die Bibel sagt uns sogar, dass es dem Herrn gefiel, ihn zu »zermalmen« (Jes 53,10 NASB). Ich fragte mich immer, inwiefern es dem Herrn gefallen haben konnte, seinen eigenen Sohn zu zermalmen. Eines Tages zeigte der Herr es mir.

Meine Frau Wendy und ich waren in einem Einkaufszentrum und der Parkplatz, auf dem unser Auto stand, lag ein gutes Stück entfernt. Wir kauften an diesem Tag sehr viel ein und bevor wir uns versahen, hatten wir die Hände voll mit Einkaufstüten. Unterdessen war meine kleine Jessica, die damals süße zwei Jahre alt war, müde geworden und wollte getragen werden. Ich nahm sie mit einem Arm hoch, und sie war so erschöpft, dass sie fast augenblicklich an meine Schulter gelehnt einschlief.

Während wir zurück zu unserem Auto liefen, spürte ich, wie mein Arm einschlief, und mir wurde klar, dass das Auto viel weiter weg stand, als ich dachte. Es fühlte sich an, als würde mein Arm von einer

Million Nadeln durchstochen, und ich wusste, dass ich den brennenden Schmerz stoppen konnte, indem ich Jessica einfach absetzte und sie den Rest des Weges zu Fuß gehen ließ. Aber sie schlief so tief und fest, dass ich mich nicht dazu überwinden konnte, sie abzusetzen. Ich liebte sie so sehr, dass ich bereit war, meinen Arm »zermalmen« zu lassen, damit mein kleiner Liebling weiter schlafen konnte.

Und plötzlich begriff ich, inwiefern es Gott gefallen konnte, Jesus zu zermalmen, der im selben Kapitel als der »Arm des Herrn« bezeichnet wird (Jes 53,1). Es gefiel dem Herrn wegen seiner großen Liebe zu dir und mir, seinen eingeborenen Sohn zu zermalmen. Nur so konnte Gott uns aus Sünde und Krankheit retten, und er entschied sich aus freien Stücken, seinen Sohn aufzugeben.

Heute kannst du die volle Gewissheit haben, dass Gott dich heilen will. Die Bibel sagt uns: »Er, der sogar seinen eigenen Sohn nicht verschont hat, sondern ihn für uns alle dahingegeben hat, wie sollte er uns mit ihm nicht auch alles schenken?«

Gott hat uns bereits das Beste des Himmels geschenkt, als er uns seinen geliebten Jesus gab. Was sind schon unsere vergänglichen Nöte, wenn er uns doch bereits ein Geschenk von ewigem Wert gemacht hat? Ganz gleich, was du brauchst, sei es finanzielle Versorgung oder Heilung für deinen Körper, verglichen mit dem Geschenk seines Sohnes ist das alles sehr viel unbedeutender. Wieso also sollte er dir mit ihm nicht auch diese Dinge schenken?

GEDANKE DES TAGES

Wenn Gott dir seinen eigenen Sohn nicht vorenthalten hat, wird er dir sicherlich auch seine Heilungskraft nicht vorenthalten. Tatsächlich hat er den Preis für deine Heilung bereits bezahlt. Was auch immer du in deinem Leben brauchst, dein Vater hat dir durch Jesus bereits alles gegeben. Deine Aufgabe ist nur, weiter zu glauben und zu vertrauen, bis du deine Heilung voll entfaltet siehst.

GEBET DES TAGES

Vater, ich danke dir, dass du dich bewusst dafür entschieden hast, deinen einzigen geliebten Sohn wegen deiner großen Liebe zu mir aufzugeben. Danke, dass du mir das Beste des Himmels gegeben hast, als Jesus zermalmt wurde, um mich von Sünde und Krankheit zu retten. Der Preis wurde bezahlt und die Heilung gehört heute mir. Ich glaube dir und vertraue darauf, dass sich dein Geschenk der Gesundheit und Wiederherstellung vollständig manifestiert. In Jesu Namen, amen.

TAG 28

SEIN VOLLKOMMENER WILLE, SEIN LETZTES WORT

Unser Vater, der du bist im Himmel! Geheiligt werde dein Name. Dein Reich komme. Dein Wille geschehe, wie im Himmel, so auch auf Erden.
— Matthäus 6,9–10

Ich möchte ein wertvolles Zeugnis mit dir teilen. Es kommt von Caleb, einem Vater aus Texas, der meinem Team geschrieben hat:

Bei meinem jüngsten Sohn wurde eine Skoliose festgestellt. Das Röntgenbild zeigte, dass seine Wirbelsäule in einer 17-Grad-Kurve verkrümmt war. Als wir diese Nachricht erhielten, stiegen Angst, Zweifel, Wut, Traurigkeit, Sorge und Verdammungsgefühle in unseren Herzen auf. Wir machten uns auch Gedanken über mögliche Behinderungen unseres Sohnes und eventuell notwendig werdende Operationen.

Als Pastor kämpfte ich mit meinen christlichen Überzeugungen. Dennoch konnte ich die liebevolle Umarmung und den Frieden des Herrn spüren, als ich für meinen Sohn betete. Auch meine Gemeinde betete für ihn, und wir glaubten gemeinsam, dass der Herr ihn heilen könne und würde.

Der Arzt überwies ihn an ein Kinderkrankenhaus und vereinbarte dort einen Termin für uns. Im Glauben beschlossen wir, den Termin als Bestätigung wahrzunehmen, dass die Heilung bereits begonnen hatte. Obwohl sich Zweifel, Verurteilung und Angst in unsere Herzen einschlichen, proklamierten wir immer wieder das vollbrachte Werk des Kreuzes und nahmen weiter das Abendmahl.

Während des Termins untersuchte die dortige Ärztin meinen Sohn und machte weitere Röntgenaufnahmen. Dann sagte sie: »Ich habe eine gute Nachricht für Sie!«, und zeigte uns die Röntgenbilder, auf denen keine Spur von einer Skoliose zu sehen war. Die Wirbelsäule unseres Sohnes hatte sich begradigt. Der Herr hatte ihn geheilt! Es liegen wahrhaftig Sieg und Macht im Kreuz!

Wir verteilen jetzt Exemplare von Pastor Prince' Buch »Die Kraft des richtigen Glaubens« an jedes neue Mitglied unserer Gemeinde. Wir glauben, dass Wunder geschehen, wenn wir uns mit der guten Nachricht des Evangeliums füllen.

Ich konnte mich wirklich gut in Caleb hineinversetzen, als ich las, was er emotional durchmachte, als er von der Skoliose seines Sohnes erfuhr. Ich glaube, dass alle liebenden Eltern in Aufruhr gerieten, wenn beim eigenen Kind eine Krankheit diagnostiziert würde, die zu einer lebenslangen Behinderung führen könnte. Alle Eltern möchten, dass es dem eigenen Kind gut geht und es ein vollwertiges Leben führt, und genau das wünscht sich unser himmlischer Vater auch für uns.

Trotz seiner Ängste und Unsicherheiten tat Caleb das Beste, was er für seinen Sohn tun konnte. Er proklamierte immer wieder das vollbrachte Werk des Kreuzes und nahm weiter das Abendmahl. Und sein Sohn wurde geheilt, einfach so, ohne dass etwas Spektakuläres geschehen wäre. Es dröhnte keine Stimme vom Himmel und es gab auch keine Erdbeben auslösende Machtdemonstration. Bist du heute auch wegen eines gesundheitlichen Problems besorgt? Ich bete, dass du tust, was Caleb getan hat, und ebenfalls erlebst, wie sich Gottes übernatürliche Heilung für dich manifestiert!

GEDANKE DES TAGES

Wenn dir gesagt wurde, dass du jung sterben wirst oder nicht mehr lange zu leben hast, sollst du wissen, dass du diese Diagnose nicht akzeptieren musst. Danken wir Gott für Ärzte, die ihr Leben der Linderung von Schmerzen und Leiden gewidmet haben, aber bei allem Respekt: Ärzte haben nicht das letzte Wort in unserem Leben – das letzte Wort hat der allmächtige Gott. Er ist das Alpha und das Omega, der Erste und der Letzte (Offb 22,13), und er kann jede düstere Diagnose, jedes Todesurteil außer Kraft setzen.

GEBET DES TAGES

Vater im Himmel, ich danke dir, dass ich ungeachtet der Diagnose, die ich erhalten habe, keine Angst haben muss. Du hast das letzte Wort, und dein Wort erklärt, dass Heilung dein Wille für mich ist und dass ich durch die Striemen Jesu geheilt bin. Ich werde einfach damit fortfahren, das vollbrachte Werk des Kreuzes zu proklamieren und das Abendmahl zu nehmen. Ich glaube, dass deine Heilungskraft auch in diesem Moment in meinem Körper wirkt. Amen.

TAG 29

SEI IN SEINER LIEBE VERWURZELT

Und ich bete, dass Christus durch den Glauben immer mehr in euren Herzen wohnt und ihr in der Liebe Gottes fest verwurzelt und gegründet seid. So könnt ihr mit allen Gläubigen ihr ganzes Ausmaß erfassen, die Breite, Länge, Höhe und Tiefe. Und ihr könnt auch die Liebe erkennen, die Christus zu uns hat; eine Liebe, die größer ist, als ihr je begreifen werdet.

— EPHESER 3,17–19 NLB

Mein Freund, wenn du eine schlechte Nachricht erhalten hast, ist es nur natürlich, dass du Angst hast. Caleb aus dem gestrigen Zeugnis empfand schließlich auch Angst, Zweifel, Wut, Traurigkeit, Sorge und Verdammungsgefühle, und wie er schrieb, kämpfte er sogar mit seinen christlichen Überzeugungen. Der Herr erwartet nicht, dass du nie erschüttert wirst. Aber halte trotz deines Gefühlschaos deine Augen auf Jesus gerichtet und rufe immer wieder sein vollbrachtes Werk über deine Situation aus.

Vielleicht bist du gerade wütend auf Gott, weil er zugelassen hat, dass jemand, den du liebst, ernsthaft krank geworden ist. Vielleicht fühlst du dich hilflos und ohnmächtig, weil du keine Möglichkeit siehst, das Leiden zu lindern. Oder vielleicht bist du selbst an ein Krankenhausbett gefesselt und hast Angst. Jedes Mal, wenn du in deinem Bett zu weiteren Untersuchungen gerollt wirst, bist du im Ungewissen, was die Ärzte finden werden, und du schreist innerlich: »Gott, warum passiert das mit mir? Wo bist du?«

Ich weiß – wenn man auf die eigenen körperlichen Symptome oder die eines geliebten Menschen blickt, wenn die Krankheit einfach nicht wegzugehen scheint, obwohl man doch von ganzem Herzen gebetet hat, fällt es vielleicht schwer zu glauben, dass Gott wirklich heilen kann. Oder vielleicht glaubst du ja, dass er heilen kann, aber du zweifelst daran, dass er es auch will.

Vielleicht hast du die Hoffnung aufgegeben, weil du denkst, wenn er dich oder den Menschen, den du liebst, heilen wollte, dann hätte er es längst getan.

Wenn es das ist, was du gerade fühlst, möchte ich dich ermutigen, *von seiner Liebe zu dir zu zehren.* Die Zweifel in deinem Kopf schreien vielleicht so laut, dass es dir schwerfällt, überhaupt noch an ihn zu glauben. Aber ich bete, dass du einen neuen Blick auf die Breite, Länge, Tiefe und Höhe der Liebe deines Erlösers zu dir werfen kannst (Eph 3,18–19). Ich bete, dass dein Herz in seiner Liebe fest verwurzelt und gegründet wird, auch dann, wenn du die Dinge mit dem Verstand nicht begreifen kannst. Wenn du auf diese Weise sicher in seiner Liebe verankert bist, wirst du erleben, dass er unendlich viel mehr tun wird, als du je erbitten oder auch nur hoffen könntest (Eph 3,20).

Erlaube dem Feind nicht, deinen Glauben zu erschüttern. Lass nicht zu, dass er dir weitere Lügen auftischt. Er ist ein besiegter Feind und egal, was er dir antun wollte, Gott wird das Böse zu seiner Ehre zum Guten für dich wenden. Das Wort Gottes erklärt, dass *keine gegen dich geschmiedete Waffe erfolgreich sein wird* (Jes 54,17). Und selbst wenn die Waffe, die der Feind gegen dich einsetzt, Krankheit heißt, glaube fest daran, dass sie nicht die Macht hat, dich zu besiegen.

GEDANKE DES TAGES

Du hast einen himmlischen Vater, der dich so sehr liebt, dass er seinen eigenen Sohn für dich aufgab. Der Teufel will, dass du enttäuscht bist und dich von Gott abwendest, aber, mein Freund, genau *jetzt* ist die Zeit, dich ihm mehr denn je zuzuwenden. Jetzt ist die Zeit, deinem Retter zu vertrauen. Jetzt ist die Zeit, deine Autorität als Kind des allerhöchsten Gottes auszuüben und jede biblische Verheißung über Gesundheit und langes Leben für dich in Anspruch zu nehmen, die Jesus mit seinem Tod für dich erkauft hat!

GEBET DES TAGES

Herr Jesus, ich danke dir, dass du mich so bedingungslos liebst. Ich stelle mich auf deine sichere Zusage, dass keine gegen mich gerichtete Waffe der Krankheit erfolgreich sein wird. Danke, dass nichts, was der Feind gegen mich einsetzt, sei es Krankheit, Angst oder irgendeine Art von Unterdrückung, Macht über mein Leben hat. Meine Augen sind auf dich gerichtet, Jesus, und ich werde weiter dein vollbrachtes Werk ausrufen und darin ruhen. Amen.

ABSCHNITT 5

KEIN PLATZ FÜR FURCHT

Wer im Schutz des Höchsten lebt,
der findet Ruhe im Schatten des Allmächtigen.
Der spricht zu dem Herrn: Du bist meine Zuflucht
und meine Burg,
mein Gott, dem ich vertraue.
Denn er wird dich vor allen Gefahren bewahren und
dich in Todesnot beschützen.
Er wird dich mit seinen Flügeln bedecken,
und du findest bei ihm Zuflucht.
Seine Treue schützt dich wie ein großer Schild.
Fürchte dich nicht vor den Angriffen in der Nacht
und habe keine Angst vor den Gefahren des Tages,
vor der Pest, die im Dunkeln lauert,
vor der Seuche, die dich am hellen Tag trifft.
— PSALM 91,1–6 NLB

TAG 30

KONZENTRIERE DICH AUF SEINE VERHEISSUNGEN

Gott hat uns nicht einen Geist der Furcht gegeben, sondern einen Geist der Kraft, der Liebe und der Besonnenheit.
— 2. TIMOTHEUS 1,7

Im Laufe der Jahre habe ich vielen kostbaren Menschen gedient. Dabei habe ich immer wieder erlebt, wie sich bei manchen Angst einschlich, wenn sie eine schlimme Diagnose erhielten oder wenn ihnen nahestehende Menschen schwer krank wurden. Wenn du jemanden kennst, dem es so geht, kannst du diese Person mit dem heutigen Bibelvers ermutigen. Dank dem, was Jesus am Kreuz getan hat, müssen wir nicht in Furcht verharren, sondern dürfen dem Herrn vertrauen, dass er uns an einen Punkt bringt, an dem es in unseren Herzen keinen Platz für Furcht gibt, weil wir wissen, dass seine vollkommene Liebe jede Furcht aus unseren Herzen vertreibt (1Joh 4,18).

Ich verstehe, dass es beängstigend sein kann, zu erfahren, dass du oder jemand, der dir nahesteht, eine Krankheit hat. Vielleicht hast du in deinem Körper gerade einen Knoten entdeckt, der vorher nicht da war. Oder du kannst besorgniserregende Symptome wie diesen festsitzenden Schmerz einfach nicht länger ignorieren. Vielleicht hast du bereits eine Diagnose erhalten und sie ist schlimmer als das, was du dir vorgestellt hast. Jetzt fühlt es sich an, als würdest du keine Luft mehr bekommen, und du versuchst dein Bestes, um nicht in Panik zu geraten, aber es ist so schwer.

Angst kann dich wie ein Tsunami überrollen. Sie kann dich lähmen. Sie kann dazu führen, dass du wütend wirst. Wütend auf das Leben. Auf Gott. Auf jeden. Vielleicht weißt du ja genau, was ich meine.

Wenn es so ist, darf ich dich bitten, weiterzulesen? Ich glaube, der Herr hat ein Wort für dich.

Der Tumor, der Dialyseapparat und die Ernährungssonde sind real. Aber es ist enorm wichtig, dass du Folgendes weißt: Die Kraft Gottes ist *noch viel* realer.

Der Feind möchte, dass du dich intensiv auf die Krankheit konzentrierst, die verheerende medizinische Diagnose, das unaufhörliche Piepen der Monitore um dich herum und den sterilen Geruch des Krankenhauszimmers. Er möchte, dass du dich ganz auf die Ängste und Fragen fokussierst, die ständig in deinem Kopf alles andere übertönen. Solange du nichts anderes sehen kannst als deine Schmerzen, deine Angst, deine Enttäuschung und dein Leiden, hat er die Oberhand.

Warum ist der Feind so versessen darauf, dich ganz auf deine Herausforderung konzentriert zu halten? Weil er Angst hat, dass du sonst erkennst, dass er bereits besiegt wurde. Die Bibel sagt uns, dass unser Herr Jesus am Kreuz alle Mächte und Gewalten entwaffnet, sie zu einem öffentlichen Spektakel gemacht und über sie triumphiert hat (Kol 2,15). Der Feind wurde entwaffnet. Er wurde seiner Waffen gegen dich beraubt – dazu zählen auch alle Arten von Krankheiten und Leiden. Du brauchst ihn nicht zu fürchten, Kind des Allerhöchsten!

GEDANKE DES TAGES

Der Teufel wird weiterhin versuchen, dich zu täuschen und von dieser Wahrheit abzulenken. Er wird dich auch weiter dazu bringen wollen, dass du dich auf die zeitlichen, sichtbaren Dinge um dich herum konzentrierst. Er will nicht, dass du die Dinge siehst, die ewig sind, wie etwa die Engel, denen befohlen wurde, auf dich aufzupassen und dich auf all deinen Wegen zu behüten (Ps 91,11). Oder das Wort Gottes, das unvergänglich ist (Mt 24,35) und verkündet, dass du durch seine Striemen *geheilt bist* (Jes 53,5). Mein Freund, blicke auf das Kreuz Jesu. Der Teufel ist entwaffnet worden. Die Angst hat keinen Platz in deinem Herzen. Halleluja!

GEBET DES TAGES

Herr Jesus, ich danke dir, dass ich keine Krankheit zu fürchten brauche, denn du hast alle Mächte und Gewalten entwaffnet. Du hast dem Feind die Waffen abgenommen und am Kreuz über ihn triumphiert. Ich danke dir, dass du mir einen Geist der Kraft und der Liebe und der Besonnenheit gegeben hast. Danke, dass du alle Angst vertreibst, wenn ich über deine Zusagen und deine vollkommene Liebe zu mir nachsinne. Amen.

TAG 31

MEHR SIND MIT DIR ALS GEGEN DICH

Kinder, ihr seid aus Gott und habt jene überwunden, weil der, welcher in euch ist, größer ist als der, welcher in der Welt ist.
— 1. JOHANNES 4,4

Wenn du oder jemand, der dir nahesteht, mit einer bedrohlichen Krankheit konfrontiert ist, kann es gut sein, dass dein Kopf von Fragen überflutet wird, auf die du keine Antworten hast. *Was sollen wir nur tun? Wie viel Zeit bleibt mir noch? Wer soll sich um meine Kinder kümmern? Wie soll ich nur die Behandlungskosten aufbringen? Wie sehr wird mich das Ganze verändern? Warum ich?* Was kannst du tun, wenn deine Gedanken völlig außer Kontrolle geraten und du dir nur noch das Schlimmste vorstellen kannst?

Die Bibel schildert in 2. Könige 6 folgende Begebenheit, die uns ermutigen soll. Israels Feinde wollten den Propheten Elisa unbedingt gefangen nehmen, weshalb sie bei Nacht ein großes Heer mit Pferden und Streitwagen schickten, das die Stadt, in der er sich aufhielt, umzingelte. Als Elisas Diener morgens aufstand und nach draußen ging, verzweifelte er bei diesem Anblick und rief: »Was sollen wir tun?«

Lies am besten selbst, was als Nächstes geschah:

Er [Elisa] aber sagte: Fürchte dich nicht! Denn zahlreicher sind die, die bei uns sind, als die, die bei ihnen sind. Und Elisa betete und sagte: HERR, öffne doch seine Augen, dass er sieht! Da öffnete der HERR die Augen des Dieners, und er sah. Und siehe, der Berg war voll von feurigen Pferden und Kriegswagen um Elisa herum. — 2. Könige 6,16–17 ELB

Es mag sich anfühlen, als wärst du von einem gewaltigen Heer von Symptomen, schlechten Nachrichten und vielleicht auch finanziellen Belastungen umzingelt. Aber, lieber Freund, fürchte dich nicht, denn die, die bei dir sind, sind so viel zahlreicher als die, die bei ihnen sind.

In diesem Moment bete ich, dass der Herr deine Augen öffnet, damit du die Legionen von Engeln sehen kannst, die um dich herum aufgestellt sind. Wende deinen Blick von deinen Feinden ab. Die Fähigkeit deiner Feinde, dir etwas anzutun, ist *nichts* im Vergleich zur Größe deines Gottes und seiner Macht, dich zu retten. Blicke weg vom Feind, damit du die alles übertreffende Größe der Kraft Gottes siehst, die für dich wirksam ist. Dieselbe mächtige Kraft, die unseren Herrn Jesus aus dem Grab aufstehen ließ, dieselbe Kraft, die ihn zur Rechten Gottes in den himmlischen Orten setzte – *hoch über* jedes Fürstentum und jede Gewalt, Macht und Herrschaft und *jeden Namen*, der genannt wird, nicht allein in dieser Weltzeit, sondern auch in der zukünftigen (Eph 1,19–21) –, diese Kraft wirkt auch *für dich* und deine Angehörigen!

Hat das menschliche Papillomavirus einen Namen? Hat die bakterielle Meningitis einen Namen? Hat die Parkinson-Krankheit einen Namen? Dann müssen sie sich Jesus beugen, der zur Rechten des Vaters sitzt, hoch über allen Krankheiten. Und wie er ist, so bist auch du in dieser Welt (1Joh 4,17)!

GEDANKE DES TAGES

Du kannst die Engel heute vielleicht nicht physisch wahrnehmen, aber ich bete, dass du trotzdem weißt, dass das Heer der Engel des Herrn mit dir ist und dir Schutz und Heilung bietet (Hebr 1,14). Wenn der Feind versucht, dich auf deine Symptome und deine Schmerzen konzentriert zu halten, entscheide dich dafür, deinen dich liebenden Erlöser zu sehen, der bei dir ist und diesen Kampf für dich kämpft. Wir vertrauen nicht auf das, was wir im Natürlichen sehen, sondern auf die überragende Größe seiner Kraft, die auf übernatürliche Weise in und für uns wirkt!

GEBET DES TAGES

Vater Gott, öffne mir die Augen, damit ich deine Engel sehen kann, die mich von allen Seiten umgeben. Ich erkläre, dass diejenigen, die mit mir sind, zahlreicher und mächtiger sind als diejenigen, die gegen mich sind. Ich danke dir, dass [sage den Namen deiner Krankheit] sich dem mächtigen Namen Jesu beugen muss. Wie er zu deiner Rechten sitzt, weit über jede Krankheit und jedes Gebrechen erhoben, so glaube ich, bin auch ich in dieser Welt, weil ich in ihm bin. Keine Krankheit kann und wird mich besiegen. In Jesu mächtigem Namen, amen.

TAG 32

WIE MAN JEDE ANGST LOSWIRD

Bewahrt euch selbst in der Liebe Gottes.
— JUDAS 1,21

Während du auf den Biopsiebericht über die beim Scan entdeckten Zellen wartest oder du den dunklen Fleck auf deinem Röntgenbild betrachtest, überkommt dich unwillkürlich Beklommenheit. Du versuchst, dich selbst zu beruhigen, aber die Angst lässt dich einfach nicht los. Weißt du, warum? Weil du Angst nicht mit Vernunft wegbekommst. Angst ist nicht logisch.

Du kannst Angst nur auf eine Weise loswerden – sie muss aus deinem Leben vertrieben werden. Und die Bibel sagt uns, wie das geht:

> *In der Liebe gibt es keine Furcht, denn Gottes vollkommene Liebe vertreibt jede Angst. — 1. Johannes 4,18* NEÜ

Du vertreibst die Angst, indem du dich der vollkommenen Liebe Gottes aussetzt. Erlaube seiner Liebe, dich immer wieder zu überfluten und jede Angst zu vertreiben. Die Bibel spricht davon, dass wir uns in der Liebe Gottes bewahren sollen. Anstatt dich auf den Schmerz in deinem Körper zu konzentrieren oder auf die Krankheit, die deinen Angehörigen leiden lässt, bleibe im Schutz seiner Liebe. Denke immerzu an die unfehlbare, unerschöpfliche und vollkommene Liebe deines himmlischen Vaters.

Du hast einen Gott, der dich so sehr liebt, dass er seinen Sohn ans Kreuz gegeben hat, um dort für dich zu sterben. Das, mein Freund, ist der Grund, warum du immer die felsenfeste Gewissheit haben kannst, dass du von ihm geliebt wirst. Die Bibel definiert seine Liebe zu uns so:

> *Gottes Liebe zu uns zeigt sich darin, dass er seinen einzigen Sohn in die Welt sandte, damit wir durch ihn das ewige Leben haben. Und das ist die wahre Liebe: Nicht wir haben Gott geliebt, sondern er hat uns zuerst geliebt und hat seinen Sohn gesandt, damit er uns von unserer Schuld befreit. — 1. Johannes 4,9–10* NLB

Das Kreuz ist ein ewiger Beweis für die Liebe Gottes zu dir. Das Kreuz ist das Maß dafür, wie sehr er dich liebt. Du darfst seine Liebe niemals nach deinen Umständen beurteilen. Der Teufel kann deine Umstände attackieren, aber er kann niemals das Kreuz angreifen. Wende die Augen von deinen Lebensumständen ab und richte sie aufs Kreuz. Dort wurde Gottes Liebe zu dir ein für alle Mal bewiesen!

GEDANKE DES TAGES

Ganz gleich, wie düster und schlimm deine Umstände jetzt auch sein mögen, sei dir gewiss, dass die vollkommene Liebe des Vaters zu dir größer ist. Lass dich von ihr überfluten, bis sie jede Angst vertreibt. Während du über seine unfehlbare und unerschöpfliche Liebe zu dir nachsinnst, die er dir am Kreuz bewiesen hat, wird er deine Umstände zum Guten für dich wenden. Lass dein Herz geborgen in seiner Liebe Ruhe und Frieden finden.

GEBET DES TAGES

Vater, ich danke dir, dass du mir deine vollkommene Liebe zeigst, die sich darin offenbart, dass du deinen geliebten Sohn hingegeben hast, um am Kreuz für mich zu sterben. Ich danke dir, dass deine Liebe felsenfest und unveränderlich ist, egal, wie meine Umstände sind. Ich richte mein Denken und mein Herz auf deine unfehlbare, unerschöpfliche und vollkommene Liebe aus, die alle meine Ängste vertreibt. Amen.

TAG 33

BLEIBE IN SEINER VOLLKOMMENEN LIEBE

Den Höchsten hast du zu deiner Zuflucht gemacht;
kein Unglück wird dir zustoßen
und keine Plage zu deinem Zelt sich nahen.
— PSALM 91,9–10

Ich weiß, dass es sehr schwer sein kann, Gottes Liebe zu dir zu *spüren*, wenn du mit verschiedenen Symptomen in deinem Körper kämpfst, sich Arztrechnungen häufen und du dir Sorgen um deine Zukunft machst. Wir leben in einer Welt, in der wir von unseren fünf Sinnen beherrscht werden. Und deshalb ist es manchmal gar nicht so leicht, an die Liebe einer Person zu glauben, die man nicht sehen, berühren oder hören kann. Aber um von der Liebe Gottes zu uns überzeugt zu sein, können wir uns nicht auf Gefühle und äußere (veränderliche) Umstände verlassen. Es ist so wichtig, dass wir unseren Blick fest auf unseren Herrn Jesus richten, dessen Liebe zu uns vollkommen ist, sich nie ändert und nie versagt.

Darf ich dir heute und in den folgenden zwei Tagen einige Dinge mitteilen, die du tun kannst und von denen ich glaube, dass sie dazu beitragen werden, in seiner vollkommenen Liebe zu bleiben?

Anstatt dir vom Feind weitere Lügen auftischen zu lassen, die nur deine Ängste schüren, möchte ich dich ermutigen, dir immer wieder Botschaften anzuhören, die Gottes Liebe zu dir in deinem Bewusstsein halten. Umgib dich mit seiner Liebe, damit sie jede Angst vertreibt. Jedes Mal, wenn der Feind versucht, dich mit Ängsten zu attackieren, lass eine Predigt laufen, in der die Güte des Herrn und seine Liebe zu dir hervorgehoben wird. Anstatt dich den Machenschaften des Feindes hinzugeben, höre dir einfach immer weiter Predigten an, in denen es um das vollbrachte Werk Jesu geht.

Anstatt im Internet Artikel zu lesen, die dir sagen, wie schlimm dein Zustand noch werden kann, oder deine Untersuchungsergebnisse ständig aufs Neue zu studieren, lies Zeugnisse, die von der Liebe und Treue des Herrn berichten.[12] Lies Bibelverse über seine Liebe und Heilungszusagen. Umgib dich schützend mit dem Wort Gottes und bewahre dich in seiner Liebe.

Die Bibel sagt uns: »Und wir haben die Liebe *erkannt und geglaubt*, die Gott zu uns hat. Gott ist Liebe, und *wer in der Liebe bleibt, der bleibt in Gott* und Gott in ihm« (1Joh 4,16). Es reicht nicht aus, Verse *über* seine Liebe zu kennen. Sinne so lange über sie nach, bis du wirklich *glaubst*, dass er dich liebt. Wenn wir uns die Liebe Gottes im Bewusstsein halten, bleiben wir in Gott. Mit anderen Worten, wir machen ihn zu unserer Wohnstätte. Darin liegt so viel Kraft, denn wenn der Herr deine Wohnstätte ist, befindest du dich an einem Ort der Sicherheit und des Schutzes

Lies Psalm 91 und sprich über dich aus, dass dir nichts Böses zustoßen wird und dass kein Unheil dein Haus bedrohen darf. Wenn du in ihm bleibst, wird der allmächtige Gott zu deiner Zuflucht und Festung. Es spielt keine Rolle, wie viele Menschen an der Krankheit gestorben sind, die bei dir diagnostiziert wurde. Tausend können zu deiner Seite und zehntausend zu deiner Rechten fallen, aber dich selbst wird es nicht treffen (Ps 91,7). Und selbst wenn du bereits in Schwierigkeiten steckst, ist der Herr mit dir und wird dich erlösen.

GEDANKE DES TAGES

Ganz gleich, womit du konfrontiert bist, du kannst den Herrn zu deinem Zuhause machen. Je mehr du in seiner Liebe bleibst, desto stärker wird Gott selbst zu deiner Zuflucht und Schutzfeste. Ganz nah zu ihm zu kommen und in seiner wohltuenden Gegenwart, seiner Liebe und seinem Wort zu bleiben, gibt dir Sicherheit und Schutz. Die Angst wird verschwinden, wenn du darüber nachsinnst, wie er auch in schwierigen Zeiten bei dir ist, dich stärkt und dich befreit.

GEBET DES TAGES

Vater im Himmel, ich laufe zu dir und in die Sicherheit deiner Liebe zu mir. In deiner Liebe ist mein Zuhause, meine Zuflucht und meine Festung. Ich danke dir für deine wohltuende Gegenwart, für dein Wort und deine Verheißungen. Ich glaube, dass du bei mir bist und mich von aller Furcht und von allem befreist, was meinen Körper und meine Gesundheit beeinträchtigt. Amen.

TAG 34

EMPFANGE SEINE HEILENDE KRAFT

Wenn wir am Tisch des Herrn den Kelch segnen, haben wir dann nicht gemeinsam Anteil am Segen des Blutes Christi? Und wenn wir das Brot brechen, haben wir dann nicht gemeinsam Anteil am Segen des Leibes Christi?

— 1. Korinther 10,16 NLB

In der gestrigen Lesung habe ich über ein paar Dinge gesprochen, die dir, wie ich glaube, helfen werden, in Gottes Liebe zu bleiben und alle Furcht aus deinem Leben zu vertreiben. Und hier noch eine weitere wirkungsvolle Maßnahme: Sobald dich irgendwelche Ängste beschleichen, suche dir einen ruhigen Ort, an dem du das Abendmahl nehmen und dabei intensiv darüber nachdenken kannst, wie sehr der Herr dich liebt.

Du fragst dich jetzt vielleicht: *Wenn Gott mich liebt, warum muss ich dann überhaupt beten oder das Abendmahl nehmen? Welchen Unterschied macht das? Und wenn es sein Wille ist, mich zu heilen, warum geschieht das dann nicht automatisch?*

Als erste möchte ich die Frage beantworten, warum du nicht automatisch geheilt wirst. Wie wir wissen, mein Freund, ist es Gottes Wille, dass *alle* gerettet werden und das ewige Leben empfangen, das der Welt als Geschenk gegeben wurde (Joh 3,16). Aber niemand wird »automatisch« gerettet, weil wir nämlich alle die Wahl haben, Gottes Angebot anzunehmen oder es abzulehnen. Gott ist ein Gentleman, und er wird niemandem seine Erlösung aufzwingen. Er wird uns seine Gaben nicht aufzwingen. Er wird uns seinen Segen nicht aufzwingen. Er wird uns seine Gesundheit und Güte nicht aufzwingen.

Und welchen Unterschied machen Gebet und Abendmahl? Wenn wir beten und das Abendmahl nehmen, setzen wir unseren Glauben aktiv frei und bringen ihn mit dem Willen Gottes, dem Wort Gottes und der Kraft Gottes in Einklang. Wir betteln Gott nicht an, uns zu heilen. Wir versuchen nicht, ihn zur Heilung unserer Angehörigen zu überreden. Wir wissen bereits, dass er heilen will. Beim Gebet geht es darum, eine Vertrauensbeziehung zu ihm aufzubauen. Wenn wir beten und das Abendmahl nehmen, empfangen wir seine Liebe zu uns und nehmen seine Heilkraft in unseren Körper auf. Sprich noch heute mit Gott (denn genau das ist Gebet) über deine gesundheitlichen Herausforderungen und lass dir von ihm die Zuversicht und das Vertrauen ins Herz legen, dass er dich gesund haben will.

Wenn sich also die Angst einzuschleichen versucht, suche dir einen ruhigen Ort, wo du das Abendmahl nehmen und währenddessen darüber nachsinnen kannst, wie sehr der Herr dich liebt. Sprich mit deinem Retter. Nimm das Brot in die Hand und sage ihm: »Danke, Herr Jesus, du liebst mich so sehr, dass du deinen Körper hast zerschlagen lassen, damit mein Körper heil sein kann. Ich empfange jetzt deine Unversehrtheit, deine Kraft und deine göttliche Gesundheit.« Während du den Becher hebst, sage: »Danke für dein kostbares Blut, das mich von jeder Sünde gereinigt hat. Ich kann jetzt furchtlos zu deinem Thron der Gnade kommen, weil ich weiß, dass ich völlig gerecht bin und dass meine Gebete viel erreichen!«

GEDANKE DES TAGES

Denke immer daran, wenn du das Abendmahl nimmst, »verkündest du den Tod des Herrn« (1Kor 11,26) und erinnerst den Teufel und seine Kohorten an ihre demütigende Niederlage am Kreuz (Kol 2,15). Du verkündest dem Feind, dass er kein Recht hat, deinen Körper mit Symptomen oder Krankheiten zu belasten, weil dein Herr Jesus bereits alle Krankheiten und Schmerzen auf seinem eigenen Körper getragen und dir ein Anrecht auf Heilung gegeben hat. Also nimm das Abendmahl mit Zuversicht und empfange Heilung, Gesundheit und Leben – alles, was Jesus am Kreuz für dich erworben hat!

GEBET DES TAGES

Danke, Herr Jesus, dass ich zuversichtlich kommen und an all dem Segen und der heilenden Kraft deines zerschlagenen Körpers und deines vergossenen Blutes teilhaben kann. Ich danke dir, dass es dein Wille ist, dass ich geheilt werde, und dass du mir bereits den Anspruch auf Heilung und göttliche Gesundheit gegeben hast. Ich glaube und erkläre, dass Krankheit kein Recht hat, in meinem Körper zu verbleiben. Amen.

TAG 35

HALTE DEINEN BLICK AUF JESUS GERICHTET

»Wir können nichts gegen dieses riesige Heer ausrichten, das uns angreifen will. Wir wissen nicht, was wir tun sollen, aber unsere Augen sind ganz auf dich gerichtet.«
— 2. CHRONIK 20,12 NLB

In den zwei vorangegangenen Andachten habe ich dir einige der Dinge mitgeteilt, die du tun kannst, um in Gottes Liebe zu bleiben. Ich bete, dass diese kraftvollen Wahrheiten dir allmählich die Augen dafür öffnen, wie du Angst effektiv und dauerhaft aus deinem Leben vertreiben kannst. Hier ist eine weitere wertvolle Wahrheit, die dein Herz und deinen Verstand vor den Lügen des Feindes schützen wird.

Nimm dir Zeit, den Herrn anzubeten, *besonders dann,* wenn es sich anfühlt, als stünden deine Chancen überwältigend schlecht. Tu das, was König Joschafat tat, als seine Feinde sich zusammenschlossen und eine gewaltige Armee aufbauten, um Israel zu vernichten. Joschafat wusste, dass Israel im Natürlichen keine Chance hatte, den Kampf zu gewinnen. Aber er entschied sich, etwas zu tun, was auch du und ich für die Zeiten lernen müssen, in denen wir von unseren Feinden belagert werden. Er wandte sich an den Herrn und rief: *»Wir wissen nicht, was wir tun sollen, aber unsere Augen sind ganz auf dich gerichtet«* (2Chr 20,12 NLB). Joschafat setzte anschließend keine Kommandotruppen an die Spitze seiner Armee, sondern Lobpreis-Sänger. Und die sangen: »Dankt dem Herrn, denn *seine Liebe hört niemals auf!*« (2Chr 20,21 GNB).

Anstatt wegen ihrer Feinde zu verzweifeln, entschieden sie sich, ihren Blick auf den Herrn zu richten, ihm zu danken und von seiner

Liebe zu singen. Dies geschah lange vor dem Kreuz Jesu. Wie viel mehr können du und ich von seiner Liebe singen, die unfehlbar ist und niemals aufhört!

Und weißt du, was passiert ist? Der Herr besiegte die Feinde Israels, indem er sie aufeinander losgehen ließ. Die Truppen Joschafats mussten keinen Finger rühren, geschweige denn kämpfen. Stattdessen waren ihre Feinde bereits tot, als sie schließlich dorthin kamen, wo ihr Schlachtfeld hätte sein sollen. Sie mussten nur noch Ausrüstung, Kleidung und wertvolle Gegenstände als Beute einsammeln. Wie die Bibel berichtet, war die Beute sogar so groß, dass sie drei Tage brauchten, um alle Güter zusammenzutragen.

Möge es, im Namen Jesu, auch dir so ergehen. Wenn du angesichts deiner Herausforderungen überwältigt bist und nicht weißt, was du tun oder gar, wie du dich fühlen sollst, wende dich einfach an den Herrn und sage ihm: »Herr, ich weiß nicht, was ich tun soll, aber meine Augen sind ganz auf dich gerichtet.« Das ist die wirkungsvollste Haltung, die du einnehmen kannst – mit Augen, die nicht auf deine Feinde, sondern auf deinen Retter gerichtet sind. Wenn du dich auf seine Liebe konzentrierst, die niemals aufhört, wird der Herr selbst deinen Kampf für dich führen (2Chr 20,15). Mögest du dir seiner vollkommenen Liebe so sehr bewusst sein, dass jede Angst aus deinem Leben vertrieben wird. Und mögest du aus dieser Krise sehr viel stärker hervorgehen, als du es warst, bevor deine Feinde versuchten, gegen dich zu kämpfen!

GEDANKE DES TAGES

Unser Herr Jesus sagt uns: »Und auch die Haare auf eurem Kopf sind alle gezählt. Habt deshalb keine Angst« (Lk 12,7). Dein Papa-Gott liebt dich so sehr und er kümmert sich um jedes kleinste Detail in deinem Leben. Es gibt nichts, was zu schwer oder zu unbedeutend für ihn wäre. Wenn es dir wichtig ist, dann ist es auch für ihn wichtig. Jedes Mal, wenn du dich fürchtest, richte deine Augen auf ihn und seine Liebe, und dann sieh ihm zu, wie er deine Schlachten für dich schlägt.

GEBET DES TAGES

Vater Gott, ich danke dir für deine große Liebe zu mir. Ich übergebe dir alles, was mich heute beunruhigt. Ich gebe dir alle meine Ängste. Ich entscheide mich, meinen Blick auf dich zu richten, dir zu danken und von deiner ewigwährenden Liebe zu singen. Ich glaube, dass du dich um jeden Teil meines Körpers kümmerst und alles zunichtemachst, was der Feind mir anzutun versucht. In Jesu Namen, amen.

TAG 36

KEHRE ZUR SCHLICHTHEIT ZURÜCK

Doch ich habe Angst, es könnte euch etwas von eurer reinen und schlichten Hingabe an Christus abbringen, so wie Eva von der Schlange getäuscht wurde.
— 2. KORINTHER 11,3 NLB

Beim Schreiben von *Iss dich zu Leben und Gesundheit* hat der Herr sehr eindringlich über Heilung zu mir gesprochen. Er hat mich zu einem Vers geführt, von dem ich glaube, dass er seinen Willen für uns klar zum Ausdruck bringt. Er wurde von dem Jünger geschrieben, den Jesus liebte, dem Jünger, der als Augenzeuge erlebte, wie Jesus alle, die zu ihm kamen, heilte. Es ist der Jünger, der sich an Jesu Brust lehnte und seinen Herzschlag der Liebe kannte:

Mein Lieber, ich wünsche dir in allen Dingen Wohlergehen und Gesundheit, so wie es deiner Seele wohlgeht! — 3. Johannes 1,2

Ich möchte, dass du Folgendes siehst: Johannes schrieb an den vielgeliebten, gläubigen Gajus. Johannes wusste, dass es Gajus' Seele bereits gutging. Wenn du Jesus in dein Herz eingeladen hast, um dein Herr und Erlöser zu sein, dann hast du das Geschenk des ewigen Lebens empfangen und kannst dir ganz und gar sicher sein, dass der Himmel dein Zuhause ist (Röm 10,9–11). Mit welchen Herausforderungen du im Äußeren auch konfrontiert sein magst, deine Seele, die ewig lebt, hat bereits aufzublühen begonnen. Aber Johannes reichte es nicht zu wissen, dass sich Gajus' Seele gut entwickelte. Johannes betete, dass Gajus »in allen Dingen Wohlergehen und Gesundheit« haben würde.

Mit anderen Worten, du kannst beten, dass dein äußerer, physischer Körper so gesund wird, wie es deine Seele in Christus bereits ist.

Du kannst sicher sein: Es ist Gottes Wille, dass du gesund bist, weil sein Wort es verkündet. Und da es sein Wille ist, dass du »Gesundheit hast«, lass dir nicht durch menschliche Traditionen oder Meinungen weismachen, dass es manchmal sein Wille sein kann, dass du krank bist. Lass dich nicht von den Vermutungen und Theorien der Menschen dazu bringen, die Lüge zu glauben, dass Gott möglicherweise will, dass du diese Krankheit in deinem Körper erträgst, damit du lernst, ihm mehr zu vertrauen oder geduldiger zu sein. Aufgrund dessen, was Jesus auf Golgatha getan hat, können wir sicher sein, dass Krankheit *nie* von Gott kommt. Heilung hingegen schon!

Kehre zu der Schlichtheit eines Kindes zurück, das erklärt: »Jesus liebt mich, ganz gewiss, denn die Bibel sagt mir dies.« Woher weiß ich also, dass Jesus will, dass wir in seiner Gesundheit und Unversehrtheit leben? Weil die Bibel es mir sagt.

GEDANKE DES TAGES

Hinter der Kraft von Gottes Wort, diese Ängste zu brechen, die dich lähmen und davon abhalten, Gesundheit zu genießen, steht schlicht und einfach der Herr Jesus. Die simple Wahrheit ist, dass Christus dein Erlöser, dein Heiler, dein Versorger, dein Friede und deine Vergebung ist. Er ist dein »ICH BIN« (2Mo 3,14). Das heißt, wenn du dich heute krank oder schwach fühlst, sagt er zu dir: »Ich bin dein Heiler. Ich bin deine Stärke.« Wenn du deine Augen auf Jesus und sein Wort gerichtet hältst, können dich die Lügen und Angriffe des Feindes nicht in Angst oder an irgendeine Krankheit oder irgendwelche gesundheitliche Probleme gefesselt halten.

GEBET DES TAGES

Wunderbarer Herr Jesus, danke, dass du mein liebender Erlöser, mein Heiler, mein Versorger, mein Friede und meine Vergebung bist. Ich danke dir, dass dein Wort mir sagt, dass in Gesundheit und Unversehrtheit zu leben dein Wunsch für mich ist. Ich erkläre jetzt schlicht und einfach, dass du der große »ICH BIN« für alle meine Bedürfnisse bist. Deshalb werde ich mich nicht mehr fürchten. Ich empfange aus deinem Herzen der Liebe jede Art von praktischer Versorgung, die ich heute brauche. Amen.

TAG 37

NICHTS IST UNMÖGLICH

Was bei den Menschen unmöglich ist, das ist bei Gott möglich.
— LUKAS 18,27

Ich möchte gern das Zeugnis von Kathy mit dir teilen, bei deren Ehemann Marcus Alzheimer diagnostiziert worden war, eine fortschreitende Hirnerkrankung, für die es keine Heilbehandlung gibt. Ich kann nur erahnen, welche Hilflosigkeit und Angst Marcus und Kathy beim Erhalt der Diagnose empfunden haben müssen. Aber sieh selbst, was der Herr für sie getan hat:

> *Vor einigen Jahren, während einer Routineuntersuchung nach einer Hirnblutung, sagte uns Marcus' Ärztin, dass Marcus viel größere Fortschritte gemacht habe, als sie es erwartet hätte. Basierend auf seinem neuesten Gehirnscan und den Scans, die während seines Krankenhausaufenthalts vierzehn Monate zuvor gemacht wurden, erklärte sie uns jedoch, dass Marcus an Alzheimer erkrankt sei. Dann sagte sie uns, dass Marcus »seine Angelegenheiten regeln« und anfangen solle, seinen dauerhaften Rückzug aus dem Berufsleben zu planen.*
>
> *Das war natürlich erst mal ein Riesenschock für uns – wir waren beide nicht bereit oder willens, das zu akzeptieren. Aber dann haben wir die Situation wirklich ganz an Gott übergeben. Über den Weg, den der Herr mit uns gegangen ist, gäbe es viel zu erzählen. Dazu gehört auch, dass das, was Sie lehren, die Dinge bestätigte, die wir von ihm zu hören glaubten.*
>
> *Unser Papa-Gott gab uns Glauben, Hoffnung und einen solchen Frieden in jenen dunklen Zeiten, in denen wir anfingen,*

ihm wirklich in jedem Aspekt unseres Lebens zu vertrauen. Verschiedene Bibelstellen und Ihre Botschaften über das Abendmahl brachten uns dazu, das Abendmahl regelmäßig zu Hause zu nehmen. Wir glauben, dass unsere Zukunft sich ab diesem Zeitpunkt aufzuhellen begann.

Hast du mitbekommen, wie Marcus und Kathy reagiert haben? Marcus' Diagnose war ein großer Schock für beide. Aber sie haben die Diagnose nicht einfach akzeptiert. Sie füllten sich mit Bibelstellen, hörten immer wieder Predigten und begannen, regelmäßig zu Hause das Abendmahl zu nehmen. Kathy schrieb, dass sich ihre »Zukunft aufzuhellen begann«, als sie all das taten. Gut möglich, dass sie während dieser Zeit weiterhin Symptome bemerkten, aber sie blieben weiter dran. Und wenn sie heute zurückblicken, wissen sie, dass ihr Durchbruch begann, als sie anfingen, regelmäßig das Abendmahl zu nehmen. Die Heilung geschah nicht sofort und vollständig, aber da begann sie.

Kathy schrieb weiter, dass bei Marcus viereinhalb Jahre später ein weiteres MRT gemacht wurde, und als die Neurochirurgin sich den Scan genau anschaute, wirkte sie ziemlich perplex, bevor sie sagte: »Ich sehe ein kerngesundes Gehirn. Es gibt keine Anzeichen von Alzheimer. Ich werde diese Diagnose komplett aus Ihrer Patientenakte entfernen.«

Was für Menschen unmöglich ist, ist für unseren Gott möglich (Lk 18,27)! Anstatt zu degenerieren, wurde Marcus' Gehirn »kerngesund«, und er wurde von der Diagnose Alzheimer vollständig befreit. Halleluja!

GEDANKE DES TAGES

Welche Diagnose du von deinem Arzt auch erhalten haben magst, nimm weiter das Abendmahl, fülle dein Herz immer wieder mit Bibelstellen und höre so oft es nur geht Botschaften über das vollbrachte Werk des Herrn an. Rufe dir immer wieder unseren Herrn Jesus und seine Liebe zu dir ins Gedächtnis. Jedes Mal, wenn die Angst dich zu verzehren droht, laufe erneut in seine liebevollen Arme und lass seine Liebe jegliche Angst vertreiben. Und selbst wenn du noch nicht siehst, dass dein Durchbruch geschieht, kämpfe weiter den guten Kampf des Glaubens, weil du in deinem Herzen weißt, dass Gott dich liebt und will, dass du gesund bist. Was er für Marcus getan hat, kann er auch für dich tun!

GEBET DES TAGES

Papa Gott, ich danke dir, dass bei dir absolut nichts unmöglich ist. Danke, dass du nie zu beschäftigt bist, mein Rufen zu hören und mir zu Hilfe zu eilen. Wenn ich heute das Abendmahl nehme, tue ich es in dem Vertrauen, dass deine wunderwirkende Kraft jedes Krankheitssymptom in meinem Körper vertreibt und ich dabei mit deiner göttlichen Kraft und deinem göttlichen Leben durchdrungen werde. Amen.

ABSCHNITT 6

ER HAT DIE RECHNUNG BEZAHLT

Er hat auch euch, die ihr tot wart in den Übertretungen und dem unbeschnittenen Zustand eures Fleisches, mit ihm lebendig gemacht, indem er euch alle Übertretungen vergab; und er hat die gegen uns gerichtete Schuldschrift ausgelöscht, die durch Satzungen uns entgegenstand, und hat sie aus dem Weg geschafft, indem er sie ans Kreuz heftete. Als er so die Herrschaften und Gewalten entwaffnet hatte, stellte er sie öffentlich an den Pranger und triumphierte über sie an demselben.

— Kolosser 2,13–15

TAG 38

JAHWE JIREH

Und Abraham nannte den Ort:
»Der HERR wird dafür sorgen [Jahwe Jireh]«
— 1. MOSE 22,14

Wenn bei dir oder einem Familienmitglied eine Krankheit festgestellt wurde, ist die Wahrscheinlichkeit hoch, dass du auch mit Kosten konfrontiert wirst, die deine Krankenversicherung nicht übernimmt. Möglicherweise reicht dein Gehalt gerade so aus, um deine monatlichen Lebenshaltungskosten zu decken, und was bei dir diagnostiziert wurde, hat deine Finanzen belastet. Du hast deinen Dispo-Kredit ausgeschöpft, um die Kosten oder Eigenanteile der Krankenhausaufenthalte, Medikamente und notwendigen Untersuchungen zu bezahlen, die nicht von deiner Krankenkasse übernommen werden, und deshalb steckst du jetzt in Schulden. Vielleicht bist du selbstständig und es läuft nicht so gut, und jetzt kannst du dir die Beiträge deiner Krankenversicherung nicht mehr leisten. Und deine Krankenkasse will wegen der Rückstände keine weiteren Leistungen mehr übernehmen. Zu den Sorgen wegen deiner gesundheitlichen Beschwerden kommt jetzt noch die mindestens genauso große Sorge hinzu, was dich die Behandlung kosten könnte, weshalb du erst gar nicht zum Arzt gehst.

Wusstest du, dass in der Bibel die Geschichte einer Frau festgehalten ist, die wegen ihrer chronischen Erkrankung in ernsten finanziellen Schwierigkeiten steckte (Mk 5,25–34)? Sie litt an einem »Blutfluss« – also an ständigen Blutungen, und das schon seit zwölf langen Jahren. Wir wissen auch, dass sie auf ihrer Suche nach Heilung bei vielen verschiedenen Ärzten gewesen war, durch deren Hände sie viel Leid ertragen musste. Im Laufe der Jahre gab sie ihr gesamtes Vermögen aus, um für ihre Behandlungen zu bezahlen, aber besser ging es ihr nicht. Ihr Zustand verschlechterte sich sogar.

Vielleicht kannst du dich mit der misslichen Lage dieser Frau identifizieren. Möglicherweise kämpfst auch du schon seit Jahren gegen eine Krankheit und dieser Kampf hat deine Ersparnisse vollständig aufgebraucht, weil du dich allen möglichen Behandlungen unterzogen hast, die nach Expertenmeinung zur Besserung deines Zustands führen sollten, was aber nicht der Fall war. Vielleicht hat dein wachsender Schuldenberg dich inzwischen so sehr entmutigt, dass du aufgeben willst. In den folgenden zwei Andachten möchte ich dir mehr über die Geschichte dieser Frau erzählen, aber zuvor lass mich dir etwas zu deinen Finanzen sagen.

Lieber Freund, sei nicht bestürzt wegen der Kosten und offenen Rechnungen. Der Herr ist nicht nur *Jahwe Rapha*, der Herr, dein Heiler, er ist auch *Jahwe Jireh*, der Herr, dein Versorger. Die Bibel verspricht, dass er »aus dem Reichtum seiner Herrlichkeit in Christus Jesus jedes Bedürfnis großzügig und vollständig erfüllen *wird*« (Phil 4,19 AMP). Ich bete, dass der Druck, der dich wegen deiner finanziellen Situation belastet, abgelöst wird von einem starken Bewusstsein für die unerschöpfliche Fülle seiner Versorgung. Fühl dich niemals so, als müsstest du mit diesem Druck ganz allein fertigwerden und dich um die ganzen zusätzlichen Rechnungen kümmern, während du gleichzeitig dafür sorgst, dass deine Familie Essen auf dem Tisch und Kleidung am Körper hat. Sei unbesorgt, denn dein himmlischer Vater weiß, dass du all diese Dinge brauchst (Mt 6,32). Lass deine Sorgen los und halte deine Augen auf ihn gerichtet. Er wird sich um dich kümmern.

GEDANKE DES TAGES

Wenn du deine Sorgen dem Herrn übergibst und ihm erlaubst, dein *Jahwe Jireh* zu sein, kannst du den Frieden empfangen, den er dir gibt. Heute kannst du hören, wie dein Herr Jesus dir zuflüstert: »Frieden hinterlasse ich euch; meinen Frieden gebe ich euch. Nicht wie die Welt gibt, gebe ich euch; euer Herz erschrecke nicht und verzage nicht!« (Joh 14,27). Während du seinen übernatürlichen Frieden empfängst und in seiner Liebe zu dir ruhst, wirst du sehen, wie er dich und deine Familie mit allem, was gebraucht wird, großzügig versorgt.

GEBET DES TAGES

Herr Jesus, danke, dass du mein *Jahwe Jireh* bist, der Herr, mein Versorger. Danke für deine Zusage, mich aus dem Reichtum deiner Herrlichkeit großzügig mit allem zu versorgen, was ich brauche. Ich empfange deinen übernatürlichen Frieden, der mein Verständnis übersteigt und mein Herz und meinen Verstand vor allen Ängsten schützt. Und ich empfange deine reichliche und praktische Versorgung für jedes Bedürfnis. Amen.

TAG 39

LASS GLAUBE AUFSTEIGEN

Diese Frau hatte von Jesus gehört. Sie kämpfte sich durch die Menge in seine Nähe und berührte den Saum seines Gewandes.

— MARKUS 5,27 NLB

In der gestrigen Andacht habe ich begonnen, den Zustand der Frau zu beschreiben, die zwölf Jahre lang massiv unter Blutungen gelitten hatte. Sie hatte nicht nur ihr ganzes Geld für unwirksame Behandlungen ausgegeben, sondern ihr Zustand hatte sich sogar verschlechtert.

Du hast vielleicht so viele Tests und Untersuchungen hinter dir, hast so viele »Wunderkuren« ausprobiert, dass dir der Überblick verloren gegangen ist. Aber alle Behandlungen sind fehlgeschlagen und geblieben sind dir nur ein wachsender Schuldenberg und ein Gesundheitszustand, der sich trotz deiner Bemühungen weiter verschlechtert hat. Vielleicht bist du an einem Punkt angelangt, an dem du diese Versuche satthast und zu müde bist, um noch weiter zu hoffen. Die Krankheit hat deinen Körper verwüstet und du hast weder den Willen noch die Mittel, um weiterzukämpfen.

Wenn diese Beschreibung auf dich zutrifft, dann sollst du wissen, dass diese Worte dich nicht zufällig erreichen. Ich glaube, der Herr wollte es so, weil er dich liebt. Gib nicht auf. Selbst wenn du von einem Spezialisten zum nächsten gewandert bist und erfolglos verschiedene Behandlungen ausprobiert hast, gibt es noch Hoffnung!

Ich glaube wirklich, dass dir das, was ich dir gleich zeige, dazu verhelfen wird, deinen Durchbruch sowohl in körperlicher als auch in finanzieller Hinsicht zu empfangen. Hier ist der Bericht des Apostels Markus:

Diese Frau hatte von Jesus gehört. Sie kämpfte sich durch die Menge in seine Nähe und berührte den Saum seines Gewandes. Denn sie sagte sich: »Wenn ich nur seine Kleider berühre, werde ich gesund.« Und im selben Augenblick hörte die Blutung auf, und sie spürte, dass sie geheilt war! ... Und er sagte zu ihr: »Tochter, dein Glaube hat dich gesund gemacht. Geh in Frieden. Du bist geheilt.« — Markus 5,27–29.34 NLB

Wenn du dir von Gott schon eine Zeit lang Heilung erwartest, denkst du vielleicht: Wenn ich Jesus nur mit eigenen Augen sehen oder mit eigenen Ohren hören könnte, dann würde ich bestimmt geheilt. Der Apostel Lukas berichtet, dass »große Volksmengen zusammen[kamen], um ihn zu hören und durch ihn von ihren Krankheiten geheilt zu werden« (Lk 5,15). Diese vielen Menschen hörten Jesus persönlich und wurden geheilt. Sie hörten und sie wurden geheilt.

Aber in dem Bericht des Apostels Markus über die Frau mit dem Blutfluss heißt es nicht: »Diese Frau hörte Jesus«, sondern: »Diese Frau hatte *von* Jesus gehört«. – Halleluja! Weißt du, was das bedeutet? Es bedeutet, dass wir den gleichen Glauben haben können wie diese Frau, indem wir allein etwas *von* bzw. *über* Jesus hören. Vielleicht sehen oder hören wir Jesus nicht persönlich wie die Menschenmengen damals. Aber allein dadurch, dass wir *von* Jesus hören, können wir den gleichen Glauben und Heilungsdurchbruch empfangen wie die Frau – auch dann, wenn die Krankheit in unserem Körper schon seit Jahren vorhanden ist und wenn Ärzte und teure Behandlungen versagt haben!

GEDANKE DES TAGES

Glaube, wie ihn Gottes Wort definiert, ist »das Vertrauen darauf, dass das, was wir hoffen, sich erfüllen wird« (Hebr 11,1 NLB). Der Glaube an Heilung oder an einen persönlichen Durchbruch in jeglicher Form entsteht, wenn du von Jesus und seiner Güte und Gnade hörst. Und je mehr du von seinem am Kreuz vollbrachten

Werk hörst, desto mehr Glaube wird in dir aufsteigen, damit du dein Wunder empfangen kannst.

GEBET DES TAGES

Herr Jesus, je mehr ich von deiner Güte und Gnade höre, umso mehr Glaube entsteht in meinem Herzen – dafür danke ich dir. Danke auch, dass ich aufgrund deines am Kreuz vollbrachten Werkes zuversichtlich meinen Heilungsdurchbruch erwarten kann. Ich ruhe in deiner Liebe zu mir und danke dir für die Heilung, die du in meinem Körper bewirkst. Amen.

TAG 40

WAS HÖRST DU?

»Der Glaube [kommt] durch das Hören dieser Botschaft, die Botschaft aber kommt durch das Wort Christi«
— RÖMER 10,17 NLB

Erlaube mir, dir noch eine Sache aus der Geschichte der Frau in Markus 5 zu zeigen, die Jesus von einem »Blutfluss« heilte, der ihr zwölf Jahre lang große Qual verursacht hatte. Wir haben in der letzten Andacht gesehen, dass ihr Wunder seinen Anfang nahm, als sie »von Jesus hörte«. Was, glaubst du, hat diese Frau über Jesus gehört, das eine solche Wirkung hatte?

Zwölf Jahre lang hatte sie geblutet. Nach dem levitischen Gesetz war sie »unrein«. Wer sie berührte – oder auch nur etwas, worauf sie gesessen hatte –, galt ebenfalls als unrein (3Mo 15,19–25). Das bedeutet, dass sie zwölf Jahre lang gemieden und geächtet worden war. Zwölf Jahre lang durfte sie niemanden berühren, damit sie ihn nicht beflecken würde. Kannst du dir vorstellen, ein Leben zu führen, bei dem du jeden Tag schmerzlich daran erinnert wirst, wie beschmutzt, unrein und ausgeschlossen du bist?

Aber dann hörte sie etwas über Jesus.

Sie hörte etwas, das in ihrem erschöpften Herzen Hoffnung aufsteigen ließ und ihr den Glauben gab, dass sie gesund gemacht würde, wenn sie einfach nur seine Kleidung berührte.

Sie hörte etwas, das ihr den Mut und die Entschlossenheit gab, ihren geschwächten Körper durch eine wogende Menschenmenge zu drücken, obwohl das levitische Gesetz es ihr verbot, jemanden zu berühren.

Vor allem hörte sie etwas, das sie vertrauen ließ – dass sie trotz der Tatsache, dass sie unrein war, Heilung empfangen konnte. Und genau das sollst auch du heute über unseren Herrn Jesus hören.

Trotz der Tatsache, dass du unrein bist, trotz der Tatsache, dass du versagt hast, trotz der Tatsache, dass es Sünde in deinem Leben gibt, *kannst du Heilung empfangen*!

Lass nicht zu, dass menschliche Traditionen dich von deinem liebenden Retter fernhalten. Komm zu ihm, so wie du bist. Du musst nichts tun, um dich zu qualifizieren. Du brauchst dich nicht zu reinigen, bevor du dich ihm nähern darfst. Du brauchst dich nicht aus der Ferne nach seiner Berührung sehnen und dir wünschen, du wärst gut oder rein genug für ihn. Komm zu ihm mit all deinen Sünden und all deinen Lasten – er wird dich rein machen. Derselbe Jesus, der seinen Körper für deine Heilung geopfert hat, hat auch sein Blut für deine Vergebung vergossen. Komm einfach zu ihm!

GEDANKE DES TAGES

Die Bibel sagt uns nicht, *was genau* diese Frau über Jesus gehört hat, aber ich gehe davon aus, dass sie eine Geschichte nach der anderen gehört haben muss, wie Jesus überall, wo er hinkam, Kranke heilte. Sie muss gehört haben, wie freundlich und gütig er war, ungeachtet dessen, wie unvollkommen die Menschen waren, die zu ihm kamen, um geheilt zu werden. Was war das Ergebnis? Ihr Glaube wurde entfacht und in dem Moment, als sie den Saum seines Gewandes berührte, empfing sie ihr Wunder. Was hörst du über Jesus?

GEBET DES TAGES

Lieber Herr Jesus, ich danke dir für die Wahrheit, die ich über dich höre, und für deine Einladung, so zu kommen, wie ich bin, und dir zu erlauben, mich rein zu machen. Da du deinen Körper für meine Heilung geopfert und dein Blut für meine Vergebung vergossen hast, glaube ich daran, empfangsberechtigt zu sein. So empfange ich jetzt einfach meine Heilung von dir und auch alles andere, was ich brauche. Amen.

TAG 41

DU BIST TAUGLICH

Dem Vater danksagend, der euch tauglich gemacht hat zum Anteil am Erbe der Heiligen im Licht; er hat uns gerettet aus der Macht der Finsternis und versetzt in das Reich des Sohnes seiner Liebe. In ihm haben wir die Erlösung, die Vergebung der Sünden.

— Kolosser 1,12–14

Als ich vor Jahren anfing zu predigen, sprach ich darüber, warum Christen nicht geheilt werden. Einer meiner damaligen geistlichen Helden hatte gesagt: »Mit Gott ist alles in Ordnung und mit seinem Wort ist auch alles in Ordnung. Wenn du von Gott nichts empfängst, ist bei dir etwas nicht in Ordnung.« Also habe ich das auch meiner Gemeinde so beigebracht. Ich wollte, dass die Menschen in meiner Gemeinde geheilt und gesund sind, und deshalb lehrte ich sie eine Liste von Gründen, warum sie ihre Heilungen nicht erhielten, aber diese Liste wurde immer länger.

Eines Tages, als ich wirklich sehr nachdrücklich über dieses Thema lehrte, hörte ich die Stimme des Heiligen Geistes in meinem Inneren sagen: »Hör auf, mein Volk zu disqualifizieren!«

Ich antwortete ihm: »Aber Herr, ich disqualifiziere die Menschen nicht. Ich versuche, sie für deine Heilung tauglich zu machen.«

Während ich das zum Herrn sagte, wurden mir die Augen geöffnet, und ich tat Buße. Ich kann niemanden für Heilung tauglich machen und es zu versuchen, ist auch gar nicht nötig. Gott *hat* uns durch das Blut seines Sohnes bereits tauglich gemacht. Das Wort Gottes bringt das in der heutigen Bibellese sehr deutlich zum Ausdruck.

Heute können du und ich dem Vater danken, der uns tauglich gemacht *hat.* Wir *sind bereits* berechtigt, an jedem Segen teilzuhaben.

Und nicht nur das, er hat uns auch aus der Macht der Finsternis *gerettet* und uns in das Reich des Sohnes seiner Liebe versetzt. Findest du es nicht auch toll, wie die Bibel es ausdrückt? Wir sind jetzt im Reich des Sohnes seiner Liebe, und das bedeutet, dass der Teufel uns nicht mehr in der Hand hat. Er hat keine Macht über uns. Er hat nicht die Autorität, uns unserer Gesundheit zu berauben.

Egal, welche Sünde du begangen hast, egal, welche Fehler du gemacht hast – hör auf, dich selbst zu disqualifizieren und für untauglich zu erklären.

Vielleicht denkst du, du hättest es nicht verdient, geheilt zu werden. Vielleicht meinst du, dass du diese Krankheit in deinem Körper zu Recht hast. Schließlich hast du dich entschieden, deinen Körper jahrelang mit all dem ungesunden Junkfood vollzustopfen. Und dich ausreichend bewegt oder Sport getrieben hast du auch nicht. Nichts, was du tust, hat die Macht, das vollbrachte Werk Christi wegzuschwemmen.

Sage ich, dass du dich nicht gesund ernähren und dich nicht um deinen Körper kümmern solltest? Auf keinen Fall. Was ich damit sagen will, ist: Selbst wenn du Fehler gemacht hast, musst du dich nicht für untauglich erklären. Darum geht es bei der Gnade – *Gnade ist für diejenigen, die sie nicht verdient haben!*

Mit Gott ist alles in Ordnung, mit seinem Wort ist alles in Ordnung und mit dir ist definitiv auch alles in Ordnung, weil Jesus deine Sünden durch sein Blut wirksam, vollzählig und vollständig weggenommen hat. Er hat dich bereits tauglich gemacht, seine Heilung als Geschenk zu empfangen. Du kannst zu *allen* Verheißungen Gottes in Christus zuversichtlich »Ja« und »Amen« sagen (2Kor 1,20). Und jetzt empfange deine Heilung!

GEDANKE DES TAGES

Wenn dir immer deutlicher bewusst wird, dass Jesus stellvertretend für dich gekreuzigt wurde, ist Glaube kein Hindernis mehr, Gottes Verheißungen zu empfangen. Warum? Je mehr du siehst, was Jesus für dich getan hat, je mehr du siehst, wozu Jesus dich tauglich gemacht hat, desto mehr wird Glaube in dir aufkeimen und dann werden Wunder geschehen. Halleluja!

GEBET DES TAGES

Herr Jesus, ich danke dir, dass du mich tauglich gemacht hast, an jedem Segen teilzuhaben, und dass du mich von der Macht der Finsternis befreit hast. Danke für die erstaunliche Gnade deines vollbrachten Werkes, das mich befähigt, deine Heilung und Vergebung zu empfangen. Ich sage »Ja« und »Amen« zu allen Verheißungen und Segnungen, die ich in dir habe. Amen.

TAG 42

DIE GÜTE GOTTES

Gottes Güte führt dich zur Buße [d. h. zur Veränderung deines Innenlebens, deiner bisherigen Denkweise – was dich nach seiner Bestimmung für dein Leben fragen lässt].

— Römer 2,4 AMP

Ich möchte ein Zeugnis mit dir teilen, das Shirley aus Texas an mein Team geschickt hat. Ich bete, dass es dich ermutigen wird.

Im Natürlichen gab es viele Dinge in ihrem Leben, die sie nach dem Glauben vieler Leute davon ausgeschlossen hätten, Gottes Heilung zu empfangen. Zehn Jahre lang war Shirley von Drogen und Alkohol abhängig. Als Folge dieses Lebensstils bekam sie Hepatitis C, eine schwere und leider stille Lebererkrankung, die chronisch ist und manchmal tödlich verläuft.

Shirley schrieb, dass sie, obwohl der Herr sie von ihren Süchten befreit hatte und sie seither trocken war, trotzdem immer das Gefühl gehabt habe, als Christin zu versagen, auch wenn sie ihr Bestes gab. Sie dachte ständig, sie sei nicht gut genug, um geheilt zu werden. Doch dann kam, wie sie sagte, die »radikale Gnade Gottes« in ihre Situation.

Ich fing an, mir Botschaften von Joseph Prince anzuhören. Ich begann auch zu Hause das Abendmahl zu nehmen und stützte mich dabei immer auf das vollbrachte Werk Jesu.

Einige Zeit später suchte ich eine Fachärztin für Infektionskrankheiten auf. Eine Blutuntersuchung sollte zeigen, welchen Genotyp des Hepatitis-C-Virus ich hatte, damit ich die richtige Behandlung bekäme. Ein paar Wochen später erhielt ich einen Anruf von dieser Ärztin. Sie sagte, dass sie gute Nachrichten für mich habe: Ich sei ein ganz besonderer Fall, denn bei mir hätten sich Antikörper gegen das Virus entwickelt und ich sei nun immun dagegen. Sie sagte mir, dass mein Körper das Virus abgewehrt habe und deshalb keine Behandlung nötig sei. Gelobt sei Jesus! Alle Ehre gehört ihm! Wie Jesus ist, so bin auch ich in dieser Welt. Da er keine Hepatitis C in seinem Blut hat, habe ich auch keine!

Das ist so genial. Denn ich hatte ständig das Gefühl, nicht so viel Zeit mit Gott zu verbringen, wie ich es mir gewünscht hätte. Ich fühlte mich oft, als sei ich keine gute Christin. Ich bin auch nicht wirklich oft in die Kirche gegangen. Deshalb ist das eine starke Botschaft für mich – dass es nichts gibt, womit ich mir meine Heilung oder meine gerechte Stellung beim Vater verdienen könnte. Die Tatsache, dass ich mich während des letzten Jahres weniger geistlich gefühlt habe, aber dennoch geheilt wurde, ist ein starker Beleg für die radikale Gnade unseres Herrn Jesus Christus.

Außerdem werde ich normalerweise während der Wintermonate mindestens drei- bis viermal krank. Aber im vergangenen Jahr habe ich jedes Mal, wenn ich auch nur die leisesten Symptome spürte, Jesu vollbrachtes Werk für meinen Körper geltend gemacht. Und am nächsten Morgen wachte ich immer geheilt und erfrischt auf! Gelobt sei Gott!

Es gab viele Bereiche in Shirleys Leben, in denen sie gescheitert war, dennoch hat die Gnade Gottes sie von einer zehn Jahre andauernden schweren Sucht befreit. Und weil sie sich beständig mit Predigten füllte, in denen es um Jesus, um das Geschenk der Gerechtigkeit und um das Abendmahl ging, blieb sie nicht nur nüchtern, sondern wurde auch von Hepatitis C befreit. Shirley sagte, Gottes Gnade habe ihr Leben verändert. Es ist wirklich die Güte Gottes, die uns zur Buße führt.

GEDANKE DES TAGES

Shirley hörte die gute Nachricht, dass sie nicht erst ihr Leben auf die Reihe bekommen musste, bevor Gott sie heilen konnte. Was du über Gott hörst, könnte für dich den Unterschied zwischen Leben und Tod bedeuten. Hörst du auf die Stimme, die dich von Gottes Segnungen ausschließen will, oder hörst du auf die Stimme der Gnade, die dich auf der Grundlage von Jesu Kreuz für berechtigt erklärt?

GEBET DES TAGES

Herr Jesus, ich danke dir für deine erstaunliche Gnade, deine Vergebung und für dein Geschenk der Gerechtigkeit, das mich berechtigt, befreit und geheilt zu werden. Ich danke dir für deine Güte und Freundlichkeit, die mich zu der Erkenntnis geführt haben, dass ich nichts tun muss, um mir meine Heilung zu verdienen. Ich stelle mich auf dein vollbrachtes Werk und empfange meine Heilung als Geschenk, wenn ich das Abendmahl nehme. Amen.

TAG 43

ER WILL

Als er aber von dem Berg herabstieg, folgte ihm eine große Volksmenge nach. Und siehe, ein Aussätziger kam, fiel vor ihm nieder und sprach: Herr, wenn du willst, kannst du mich reinigen! Und Jesus streckte die Hand aus, rührte ihn an und sprach: Ich will; sei gereinigt! Und sogleich wurde er von seinem Aussatz rein.

— MATTHÄUS 8,1–3

Du hast gesehen, wie unser Herr Jesus die Frau mit dem Blutfluss geheilt hat. Ich möchte dir noch eine andere Person zeigen, die von Jesus geheilt wurde, obwohl sie unwürdig war und dem Gesetz nach als unrein galt. Matthäus 8 schildert die Ereignisse am Berg der Seligpreisungen, kurz nachdem Jesus die Bergpredigt gehalten hat, und beginnt mit vorstehenden Versen.

Einer meiner Lieblingsorte, den ich in Israel gerne besuche, ist der Berg der Seligpreisungen. Vor einigen Jahren kletterte ich dort hinauf, wo Jesus gesessen haben könnte, während er zu der weiter unten versammelten Menschenmenge predigte. Ich ging dann einen Pfad entlang, wobei ich bemerkte, dass dieser Weg ganz bis nach Kapernaum führte. Ich hatte mir immer vorgestellt, dass Jesus den Berg hinunter in Richtung der Menschenmenge ging. Aber wie mir klar wurde, hätte es dann nicht geheißen, dass im »eine große Menge folgte«. Er muss sehr wahrscheinlich auf einer anderen Seite des Berges hinunter nach Kapernaum gegangen sein, damit die Menge ihm folgen konnte. Laut der Bibel heilte Jesus den Leprakranken und traf gleich im nächsten Vers in Kapernaum ein (Mt 8,5), also macht das Sinn für mich.

Während ich dem Pfad folgte, stieß ich auf einen riesigen Felshaufen, der sich abseits des Weges türmte. Drumherum verstreut sah ich weitere Felsplatten liegen. Plötzlich spürte ich, wie der Herr mich innehalten ließ, woraufhin er mir eine Vision vor meinem inneren Auge zeigte. Ich sah, wie sich der leprakranke Mann unter diesen Felsplatten versteckt haben könnte, damit er Jesus predigen hören konnte, ohne von der Menge gesehen zu werden. Wäre er entdeckt worden, so unrein, wie er wegen der Lepra war, hätten die Menschen ihn vielleicht vor lauter Abscheu mit Steinen beworfen, um ihn zu vertreiben.

Ich sah die Qual dieses Mannes, der nicht nur litt, weil sein Körper mit Lepragegeschwüren übersät war und überall rohes Fleisch zeigte, sondern auch, weil er gezwungen war, sich zu isolieren und von seiner Familie fernzuhalten, damit er sie nicht anstecken oder verunreinigen würde (3Mo 13,45–46). Ich sah die Verzweiflung des Mannes, mit der er sich vor Jesus hinwarf und voller Verehrung zu ihm sagte: »Herr, wenn du willst, kannst du mich reinigen.« Und ich sah, mit welcher Anmut und Erhabenheit unser Herr Jesus sich hinunterbeugte, den Leprakranken *berührte,* ihn aufrichtete und ihm sagte: »Ich will; sei gereinigt.«

In jenem Moment stellte der Herr nicht nur die Gesundheit dieses Mannes wieder her, sondern gab ihm auch seine Menschenwürde zurück.

Dass Jesus einen Leprakranken berührte, ist bemerkenswert. Gemäß dem Gesetz wird ein Reiner, der einen Unreinen berührt, selbst unrein. Unser Herr Jesus zeigte damit, dass unter der Gnade der Reine (Jesus) den Unreinen berührt und der Unreine dadurch rein wird! Jesus wurde durch Berühren des Aussätzigen nicht verunreinigt – er verbannte die Verunreinigung vielmehr. Lieber Freund, das Gleiche wird er auch für dich tun.

GEDANKE DES TAGES

Basierend auf dem, was ich im Geist gesehen habe, haben mein Team und ich ein Video über die Heilung des leprakranken

Mannes vorbereitet, damit auch du das Ganze sehen kannst. Geh einfach auf JosephPrince.de/iss. Ich wünsche dir, dass du beim Anschauen das tiefe Mitgefühl unseres Herrn und seine fürsorgliche Liebe zu dir spürbar wahrnehmen kannst. Du wirst feststellen, dass seine Heiligkeit eine Heiligkeit ist, der man sich nähern kann. Mögest du erleben, wie Jesus zu dir kommt, sich zu dir beugt und dich aus deinem Schmerz heraushebt.

GEBET DES TAGES

Herr Jesus, ich danke dir, dass du mir in den Evangelien deine große Liebe und Kraft zeigst, die sich in der Art und Weise offenbaren, wie du dich um diesen Leprakranken gekümmert hast. Ich glaube, dass du mich mit dem gleichen Mitgefühl liebst und dass du gerade jetzt deine Hand nach mir ausstreckst, um mich aus der Entmutigung und Krankheit zu befreien. Ich nehme heute gerne deine zartfühlende Liebe und deine heilende Berührung an. Amen.

TAG 44

EIN GESCHENK DER GNADE

In ihm haben wir die Erlösung durch sein Blut, die Vergebung der Sünden nach dem Reichtum seiner Gnade. Durch sie hat er uns reich beschenkt.

— Epheser 1,7–8

Es gibt viele Menschen, die glauben, dass Gott die Macht hat zu heilen. Aber wie der Aussätzige in der gestrigen Andacht zweifeln sie daran, dass Gott seine Macht auch nutzen will, um sie zu heilen. Vielleicht hast auch du schon solche Zweifel gehegt. Aber höre, wie Jesus zu dir sagt: »Ich will, sei rein! Sei geheilt!« Das sollte den Zweifel in deinem Herzen für immer beseitigen. Deine Sünden und Unzulänglichkeiten stoßen Jesus nicht ab. Im Gegenteil, genau die Dinge, von denen du glaubst, dass sie dich ungeeignet machen, lassen dich für seine rettende Gnade *perfekt geeignet* sein. Bete ihn also einfach an, achte dabei nicht auf das, was dich zu disqualifizieren scheint, und lass dich von ihm anrühren und reinigen.

Heilung ist ein Gnadengeschenk. Weder kannst du dir Heilung durch deine guten Werke verdienen, noch können deine Unzulänglichkeiten dazu führen, dass sie dir verwehrt wird. Denk einfach an all die Menschen, die Jesus geheilt hat. Glaubst du nicht, dass es unter den vielen, die geheilt wurden, auch Menschen mit Sünden und Fehlern im Leben gab? Musste einer von denen, die Jesus heilte, zuerst etwas tun, um sich die Heilung zu verdienen oder sich dafür zu qualifizieren?

Mein Freund, hör auf, dich selbst zu disqualifizieren. Egal, worin du deiner Ansicht nach versagt hast, egal, für wie schmutzig und unrein du dich hältst, Gott liebt dich. So wie er den Aussätzigen reinigte und die blutflüssige Frau heilte, kann er dich heilen – und nichts will er lieber tun. Unter dem Gesetz wärst du davon ausgeschlossen. Aber Jesus kam und erfüllte jeden Buchstaben des Gesetzes bis hin zum kleinsten Punkt (Mt 5,17–18), damit wir heute das Gute, das wir nicht verdienen, ungehindert empfangen können. Unser Herr Jesus trug am Kreuz unsere Sünden und auch unsere Krankheiten. Wenn Gott dich ansieht, sieht er nicht deine Sünden und dein Versagen. Wenn du Jesus in dein Herz aufgenommen hast, bist du in Christus eine neue Schöpfung (2Kor 5,17). Komm furchtlos zu ihm und erhalte Hilfe für jede Not (Hebr 4,16)!

Ich bete, dass du heute von einem Jesus gehört hast, der mit großzügiger Hand bereitwillig Segen, Versorgung und Heilung austeilt und dabei nichts zurückhält. Ich bete, dass du einen Jesus gesehen hast, der seine Bereitschaft zeigt, deine Krankheiten und Unreinheiten zu nehmen und dir im Austausch seine göttliche Gesundheit und Gerechtigkeit zu geben.

GEDANKE DES TAGES

Du musst dir Gottes Liebe nicht erst verdienen. In Christus *bist* du bereits von ihm geliebt. Alles, was er hat, gehört dir schon. Er verlangt nicht von dir, dass du ihm dienst und dir deine Segnungen erarbeitest. Alles, was er hat, hat er dir bereits uneingeschränkt und bedingungslos gegeben. Komm zum Vater. Komm mit all deinen Schwächen, mit aller Gebrochenheit, mit allen Unzulänglichkeiten. Komm, wie du bist, und empfange von ihm alles, was du brauchst.

GEBET DES TAGES

Papa Gott, ich danke dir, dass ich mich für dein Gnadengeschenk der Heilung nicht erst qualifizieren oder nützlich machen muss. Danke, dass du mich liebst und für mich sorgst. Danke für Jesus, der alle meine Sünden und Fehler auf sich genommen und mir ein Anrecht auf deine Segnungen gegeben hat. Ich empfange aus deiner großzügigen Hand die Versorgung und Heilung, die ich brauche. Amen.

TAG 45

ETWAS VIEL BESSERES

»Was kein Auge gesehen und kein Ohr gehört und keinem Menschen ins Herz gekommen ist, was Gott denen bereitet hat, die ihn lieben«. Uns aber hat es Gott geoffenbart durch seinen Geist.

— 1. KORINTHER 2,9–10

Wir sind am Ende dieses Abschnitts angelangt, aber vielleicht hast du noch Zweifel hinsichtlich deiner Heilung.

Du hast gesehen, wie Jesus eine Frau von einem langjährigen chronischen Leiden heilte und einen Mann von einer unheilbaren Krankheit befreite. Vielleicht denkst du ja: *Schön und gut, aber sie haben Jesus persönlich getroffen. Wenn ich Jesus doch auch nur persönlich treffen könnte, dann könnte ich geheilt werden.*

Mein Freund, ich habe eine überaus gute Nachricht für dich.

Unser Herr Jesus sagte von sich selbst zu seinen Jüngern: »Es ist besser für euch, wenn ich gehe. Sonst käme der Helfer nicht, der an meiner Stelle für euch da sein wird. Wenn ich nicht mehr bei euch bin, werde ich ihn zu euch senden« (Joh 16,7 HFA). Während seiner Zeit auf der Erde war Jesus in seinen Möglichkeiten begrenzt. Er konnte immer nur einen Ort nach dem anderen aufsuchen. Aber jetzt, da er uns den Heiligen Geist gesandt hat, wirkt sich das zu unserem Vorteil aus! Denn nun ist er völlig unbegrenzt und kann zu dir und mir sagen:

»Ich bin immer bei euch bis ans Ende der Zeit.«

— Matthäus 28,20 NLB

Halleluja! Jesus ist in diesem Moment – in der Gegenwart – *bei* dir und mir. Er ist nicht irgendwo weit weg. Egal, wo wir sind, und egal, mit welchen Umständen wir konfrontiert sind, er ist immer bei uns. Unser Teil besteht darin, *mit Zuversicht* zu ihm zu kommen, um Barmherzigkeit, Gnade und Hilfe von ihm zu empfangen (Hebr 4,16). Sprich dir nicht selbst dieses Recht ab, und erlaube auch niemand anderem, dir zu sagen, dass du sein Geschenk der Heilung nicht verdienst. Komm heute – voller Zuversicht – zu ihm.

Und das ist noch nicht alles. Ist dir aufgefallen, dass die blutflüssige Frau allein durch das Berühren von Jesu Kleidung geheilt wurde? Heute hast du etwas *viel* Besseres als seine Kleidung. Du kannst auf greifbare und praktische Weise am *Körper Jesu* teilhaben.

Was ich damit meine? In der Nacht, in der unser Herr Jesus verraten wurde, rief er das Abendmahl ins Leben. Er nahm den Laib Brot, und dann sagt uns die Bibel Folgendes:

> *Und nachdem er Dank gesagt hatte, brach er ihn und sprach: »Das ist mein Leib, der für euch gebrochen wird. Tut das zur Erinnerung an mich.« Ebenso nahm er nach dem Abendmahl den Weinkelch und sprach: »Dieser Kelch ist der neue Bund zwischen Gott und euch, besiegelt durch mein Blut. Wann immer ihr daraus trinkt, tut es zur Erinnerung an mich.«*
> — *1. Korinther 11,24–25* NLB

Jedes Mal, wenn wir das Abendmahl feiern, haben wir Anteil am Körper Jesu und empfangen sein Blut. Wenn schon seine Kleidung so viel Heilungskraft enthielt, kannst du dir vorstellen, welche Kraft dann im Abendmahl steckt? Es gibt noch so viel, was ich dir über die Heilkraft des Abendmahls erzählen möchte, und ich kann es kaum erwarten, dieses Thema noch weiter zu vertiefen!

GEDANKE DES TAGES

Wenn das bloße Berühren von Jesu Kleidung ausreichend Kraft für ein Heilungswunder freisetzte, stell dir vor, wie viel Kraft dir zufließen würde, wenn du am *Körper* des Herrn teilhättest. Stell dir vor, wie du die Kraft und das krankheitsabwehrende Leben, die durch seinen Körper fließen, in dich aufnimmst. Die Gelegenheit, diesen Segen zu empfangen, bietet sich jedes Mal, wenn wir das Abendmahl empfangen. Je mehr du dem Heiligen Geist erlaubst, dir die Schönheit Jesu im Abendmahl zu enthüllen, desto stärker wird seine Heilungskraft in deinem Körper explodieren.

GEBET DES TAGES

Vater im Himmel, ich danke dir, dass dein Heiliger Geist hier ist und in mir lebt und mir alles zeigt, was dank dem vollbrachten Werk Jesu mir gehört. Danke, dass Jesus immer bei mir ist und durch das Abendmahl auf greifbare und praktische Weise gegenwärtig ist. Wenn ich heute das Abendmahl nehme, tue ich es in der festen Zuversicht, dass ich eine frische Portion seiner Heilungskraft und seines göttlichen Lebens in jeden Teil meines Körpers aufnehme. Amen.

ZEUGNIS

Sehkraft vollständig wiederhergestellt nach Empfang des Abendmahls

Vor einigen Jahren, nachdem ich berufsbedingt in den Westen von Texas gezogen war, bekam ich Probleme mit meiner Sehkraft. Ich sah alles verschwommen, und innerhalb weniger Tage konnte ich nicht einmal mehr die Bilder auf meinem Großbildfernseher erkennen oder die Nachrichten auf meinem Mobiltelefon lesen.

Ich wurde zu einem Augenarzt gebracht, der sagte, mein Fall sei ernst. Er riet mir zu einer Augendiagnostik beim Spezialisten. Die Untersuchung dort ergab, dass sich beide Netzhäute abgelöst hatten. Der Spezialist sagte mir, ich müsse mich sofort behandeln lassen, sonst drohe die völlige Erblindung. Meiner Familie sagte er, dass ich von den Ärzten wegen meiner fehlenden Krankenversicherung wohl abgewiesen würde.

Meine Mutter und ich übergaben die Situation dem Herrn, weil wir vertrauten, dass er die richtigen Türen für uns öffnen würde. Um es kurz zu machen: Dank seiner Gnade konnte ich die besten Ärzte aufsuchen. Die durchgeführten Untersuchungen bestätigten nicht nur die Ablösung der Netzhäute, sondern zeigten auch, dass ich medizinisch als blind galt. Man sagte mir, dass ich meine Sehkraft möglicherweise nicht mehr zurückerlangen würde. Einer der Ärzte meinte, er habe einen solchen Zustand schon bei sehr alten Menschen gesehen, aber nicht bei einem Fünfunddreißigjährigen wie mir. In den Untersuchungsergebnissen war nicht nur die Netzhautablösung vermerkt, sondern auch krankhafte Veränderungen des Augenhintergrunds. Nichts war dort, wo es sein sollte, und die Ärzte hatten keine Erklärung dafür, wie oder warum dies passiert war.

Ich wurde depressiv, weil ich nicht mehr Auto fahren konnte und beim Treppensteigen und Überqueren der Straße Hilfe brauchte. Für meine Augen war es besser, wenn ich mich in abgedunkelten Räumen aufhielt, um alles Licht zu vermeiden, aber das machte mich noch depressiver. Es war eine sehr herausfordernde Zeit und ich dachte oft ans Sterben.

Mir wurden verschiedene Medikamente verschrieben, von denen einige zu einer Gewichtszunahme führten. Die Ärzte sagten mir, ich müsse möglicherweise für den Rest meines Lebens Medikamente einnehmen und ich solle nicht Auto fahren oder arbeiten, bis sich meine Sehkraft gebessert habe. Ich wollte nicht lebenslang Medikamente einnehmen, ganz zu schweigen von den damit verbundenen Kosten. Auf eigene Faust stellte ich die Medikamenteneinnahme ein und erzählte meinen Ärzten nichts davon.

Obwohl meine Netzhäute abgelöst blieben, glaubten wir weiter und dankten dem Herrn für meine Heilung. Wir hatten uns Predigten von Joseph Prince angehört, und ich erklärte immer wieder: »Wie Jesus ist, so bin auch ich in dieser Welt.« Wir beteten auch immer vor den Arztterminen und vertrauten auf gute Untersuchungsergebnisse.

Eines Morgens schlug meine Mutter vor, dass wir vor meinem Arztbesuch das Abendmahl nehmen sollten. Sie hörte Joseph Prince schon seit geraumer Zeit zu und hatte dadurch bereits einiges über das Abendmahl und dessen Bedeutung erfahren. Im Glauben nahmen wir das Abendmahl und dankten dem Herrn für ein gutes Untersuchungsergebnis an diesem Morgen.

In der Arztpraxis wurde der gewohnte Routinetest durchgeführt. Danach schaute mir die Ärztin in die Augen und erklärte, dass meine Netzhäute nicht mehr abgelöst seien und dass auch im Augenhintergrund wieder alles an seinem Platz sei. Sie mur-

melte ein leises »Unglaublich« und meinte dann, dass von einer Netzhautablösung nicht die geringste Spur zu sehen sei. Sie fügte hinzu, dass sie noch nie eine so schnelle Genesung erlebt habe. Sie rief zwei weitere Ärzte hinzu, damit diese bestätigen konnten, was sie soeben festgestellt hatte.

IM GLAUBEN NAHMEN WIR DAS ABENDMAHL UND DANKTEN DEM HERRN FÜR EIN GUTES UNTERSUCHUNGSERGEBNIS … AN JENEM MORGEN ERLEBTE ICH, WIE DIE GNADE MICH HEILTE.

Meine Tortur dauerte insgesamt etwa zehn Monate, doch an jenem Morgen erlebte ich, wie die Gnade mich heilte. Meine Sehkraft wurde vollständig wiederhergestellt. Ich kann jetzt wieder die Nachrichten auf meinem Mobiltelefon lesen und die Fernsehbilder deutlich erkennen, außerdem arbeite ich wieder und kann auch wieder Auto fahren. Ehre sei Jesus!

Albert | Texas, USA

ABSCHNITT 7

OFFENBARUNG FÜHRT ZU ERGEBNISSEN

Der Gott Jesu Christi, unseres Herrn, der Vater der Herrlichkeit, gebe euch den Geist der Weisheit und Offenbarung, damit ihr ihn erkennt. Er erleuchte die Augen eures Herzens, damit ihr versteht, zu welcher Hoffnung ihr durch ihn berufen seid, welchen Reichtum die Herrlichkeit seines Erbes den Heiligen schenkt und wie überragend groß seine Macht sich an uns, den Gläubigen, erweist durch das Wirken seiner Kraft und Stärke. Er ließ sie wirksam werden in Christus, den er von den Toten auferweckt und im Himmel auf den Platz zu seiner Rechten erhoben hat.

— Epheser 1,17–20 EÜ

TAG 46

ES GEHT NICHT UM REGELN UND RITUALE

Oder wisst ihr nicht, dass euer Leib ein Tempel des in euch wohnenden Heiligen Geistes ist, den ihr von Gott empfangen habt, und dass ihr nicht euch selbst gehört? Denn ihr seid teuer erkauft.

— 1. KORINTHER 6,19–20

Wenn du dieses Buch vom Anfang bis hierhin gelesen hast, bete ich, dass du inzwischen zu verstehen beginnst, dass es Hoffnung gibt – *ungeachtet* der Art deiner Erkrankung oder der Erkrankung eines dir nahestehenden Menschen.

Es gibt Hoffnung, weil du *nicht* auf dich gestellt bist, du gehörst *nicht einmal dir selbst* – du gehörst einem Gott, der dich mit einer unfassbaren Liebe liebt, einer Liebe, die über jede Erkenntnis hinausgeht, einer Liebe, die zu groß ist, um sie jemals zu begreifen (Eph 3,18–19).

Es gibt Hoffnung, weil du einem Gott gehörst, der dich nicht dem von Krankheit verursachten Leiden überlassen konnte – und der deshalb seinen geliebten Sohn sandte, damit dieser *alle* deine Schmerzen und Krankheiten auf seinem eigenen Körper tragen würde.

Es gibt Hoffnung, weil du einem Gott gehörst, der dir eine praktische Möglichkeit gegeben hat, durch die du *jederzeit* Zugang zu seiner Heilungskraft haben kannst. Du kannst ungehindert zu ihm kommen. Es gibt keine religiösen Kunststücke, die du aufführen musst, keine Voraussetzungen, die du erfüllen musst. Er *hat* dich bereits tauglich gemacht und du darfst einfach auf seine Einladung reagieren, die er dir gab, als er das Brot nahm und sagte: »*Nehmt und esst*, das ist mein

Leib«, und als er den Kelch nahm und sagte: »*Trinkt davon*, jeder von euch« (Mt 26,26–27).

Ich bete, dass du eine Offenbarung darüber erhalten hast, *was* du essen sollst, damit du ein Leben voller Vitalität haben kannst und einen Körper, der gefüllt ist mit göttlicher Gesundheit und Kraft. An diesem und am nächsten Tag möchte ich mit dir darüber sprechen, *wie* man vom Abendmahl isst, um Leben und Gesundheit zu empfangen, denn das Abendmahl unterscheidet sich völlig von jeder anderen Kost, die du vielleicht schon probiert hast.

Jeder Diät- und Ernährungsplan hat Regeln, die du zu befolgen hast, wenn du Ergebnisse und echte Erfolge sehen willst. Du musst alle Grundsätze des jeweiligen Ernährungsplans beachten, sonst kommst du nur minimal oder gar nicht voran. Der Punkt ist, dass die Erfolge jeder Diät oder Ernährungsumstellung völlig von dir abhängig sind – von *deiner* Disziplin, *deiner* Willenskraft und deiner Fähigkeit, die Regeln dauerhaft zu befolgen.

Beim Abendmahl verhält es sich völlig anders. Es geht dabei nicht um Dinge, die du tun musst, sondern allein darum, dass du eine Offenbarung darüber hast, was *für dich* getan wurde. Wenn du die Bibel liest, denke immer daran: Sie ist nicht nur ein historischer Text oder Bericht über das Leben unseres Herrn Jesus. Die Bibel dokumentiert seine Liebe *zu dir*! Ich bete, dass der Heilige Geist dir bereits Augen gegeben hat, mit denen du sehen kannst, dass es bei allem, was Jesus ertragen hat, *um dich* ging. *Du* und deine Gesundheit waren die Freude, die vor ihm lag. Jedes Opfer, das er brachte, galt *dir.* Der Göttliche hat gelitten, damit *du* übernatürliches Leben, Gesundheit und Wohlbefinden haben kannst!

GEDANKE DES TAGES

Denk daran, dass es beim Abendmahl nicht darum geht, sich selbst auf begangene Sünden zu untersuchen und einen Weg zu finden, wie man sich würdig machen kann. Mein Freund, es geht darum, auf Jesus zu schauen und zu sehen, was er am

Kreuz getan hat, um dich für die Teilhabe am Abendmahl würdig zu machen und dir Heilung und Gesundheit im Überfluss zu schenken.

GEBET DES TAGES

Vater Gott, danke, dass ich dir gehöre, weil das kostbare Blut und der Körper deines geliebten Sohnes für mich geopfert wurden. Danke, dass du Jesus gesandt hast, um meine Schmerzen und Krankheiten an seinem Körper zu tragen. Ich bitte darum, dass mir dein Heiliger Geist beim Abendmahl die Augen öffnet, damit ich all das sehe, was Jesus für mich getan hat, und dass er mir hilft, die Gesundheit zu empfangen, die Jesus für mich erworben hat. Amen.

TAG 47

NIMM ES ZUR ERINNERUNG

In der Nacht, als er verraten wurde, nahm Jesus, der Herr, einen Laib Brot, und nachdem er Dank gesagt hatte, brach er ihn und sprach: »Das ist mein Leib, der für euch gebrochen wird. Tut das zur Erinnerung an mich.« Ebenso nahm er nach dem Abendmahl den Weinkelch und sprach: »Dieser Kelch ist der neue Bund zwischen Gott und euch, besiegelt durch mein Blut. Wann immer ihr daraus trinkt, tut es zur Erinnerung an mich.«

— 1. KORINTHER 11,23–25 NLB

Bei Diäten und beim Sport werden Ergebnisse durch Regeln, Routine und Reglementierung erzielt. Beim Abendmahl kommen die Ergebnisse durch Beziehung, Offenbarung und das richtige Verständnis des Erlösungswerks Christi. Beim Abendmahl geht es um seine Liebe. Es geht um seine Kraft, dich zu heilen und dich von jeder Krankheit und jedem Leiden zu befreien. Und deshalb, wie der Apostel Paulus in vorstehenden Versen schrieb, will unser Herr Jesus, dass wir das Abendmahl zur *Erinnerung* an ihn nehmen.

Wenn das jüdische Volk das Wort *Erinnerung* verwendet, ist damit nicht nur ein passives Erinnern oder ein sentimentaler Rückblick gemeint. Es ist ein viel stärkeres Wort, das in seiner Bedeutung den Gedanken einer *Wiederaufführung* trägt; das Ereignis soll neu durchlebt werden. Es geht darum, alles »nachzuspielen« und damit nachzuvollziehen, was er durchgemacht hat – seinen Körper gebrochen zu sehen, während du das Brot in deinen Händen brichst, und beim Trinken des Weins oder des Safts sein Blut für dich vergossen zu sehen. Es geht darum, das Kreuz aktiv wertzuschätzen und bewusst wahrzunehmen, wie viel Kraft es für dich heute birgt, indem du dich daran erinnerst, dass der König der Könige für dich gelitten hat.

Hast du bemerkt, dass unser Herr Jesus sagte, dass wir das Abendmahl *zur Erinnerung an ihn* und nicht zur Erinnerung an unsere Krankheiten nehmen sollen? Es gab eine Zeit, da starben viele der Kinder Israels in der Wüste an Schlangenbissen. Als Mose den Herrn darum bat, die Schlangen wegzunehmen, war dies Gottes Antwort: »Fertige eine Schlange an und befestige sie oben an einer Stange. Jeder, der sie anschaut, nachdem er gebissen wurde, wird am Leben bleiben« (4Mo 21,8 NLB).

Gott nahm die Schlangen nicht weg. Stattdessen wies er Mose an, eine Nachbildung genau jener Sache zu machen, die sie tötete – der Schlange –, und sie auf einer Stange zu befestigen, damit alle sie anschauen konnten. »Mose fertigte eine Schlange aus Bronze an und befestigte sie an der Spitze einer Stange. Jeder, der von einer Schlange gebissen wurde und dann die bronzene Schlange anschaute, blieb am Leben« (4Mo 21,9 NLB).

Die Schlange an der aufgerichteten Stange ist ein Bild davon, wie unser Herr Jesus am Kreuz aufgerichtet zwischen Himmel und Erde hing. Er wurde von den Menschen zurückgewiesen und auch von Gott verworfen, weil er unsere ganze Sündenlast auf sich trug. Am Kreuz trug Jesus jede Konsequenz und jeden Fluch der Sünde, die du und ich hätten erfahren sollen, und das schließt auch alle Krankheiten und jede körperliche Schwäche mit ein.

Komm heute, unabhängig von deinem Zustand, an den Tisch des Herrn. Komm und schau ihn an, sieh seine Liebe und nimm immer mehr von seiner Heilung in dich auf, die er für dich erkauft hat.

GEDANKE DES TAGES

Gott wies Mose an, eine bronzene Schlange anzufertigen, weil Bronze in der Bibel für Gericht steht. Gott ist heilig und gerecht, und Gott muss Sünde bestrafen. Er liebt dich und mich aber so sehr, dass er Jesus sandte, damit er an unsere Stelle treten und unser Urteil und unsere Strafe auf sich nehmen würde. Deine Sünden sind in ihm bestraft worden, und er hat deine Krankheiten an seinem eigenen Körper getragen. Dir bleibt nichts weiter zu tun, als auf Jesus zu schauen und zu glauben, dass er bereits alles getan hat, damit du geheilt werden kannst.

GEBET DES TAGES

Kostbarer Herr Jesus, ich danke dir für deine erstaunliche Liebe zu mir. Hilf mir, wenn ich das Abendmahl nehme, nicht mehr auf meine Symptome und Schmerzen zu schauen, sondern mich jedes Mal ganz neu daran zu erinnern, was du für mich durchgemacht hast, um mir meine Heilung zu sichern. Ich hebe den Blick meines Herzens, um all das zu sehen, was du am Kreuz für mich bewirkt hast, und ich ruhe in deinem vollbrachten vollkommenen Werk, das die Kraft hat, mich von jeder Krankheit zu heilen. Amen.

TAG 48

SIEH BEWUSST HIN

Und wie Mose in der Wüste die Schlange erhöhte, so muss der Sohn des Menschen erhöht werden, damit jeder, der an ihn glaubt, nicht verlorengeht, sondern ewiges Leben hat.

— Johannes 3,14–15

Ich möchte dir etwas Kraftvolles in der Geschichte von Mose zeigen, der die bronzene Schlange in der Wüste aufrichtete, als die Kinder Israel von Schlangen gebissen wurden. Ich glaube, es wird dir die Freiheit geben, das Abendmahl mit einer tieferen Offenbarung zu nehmen, wenn du an den Tisch des Herrn kommst.

Die Schilderung der Ereignisse in 4. Mose 21 zeigt zwar, dass viele von ihnen durch Schlangenbisse getötet wurden, aber diejenigen der Kinder Israels, die die bronzene Schlange *anschauten*, wurden *geheilt*. Das hebräische Wort, das in 4. Mose 21,9 mit »anschauen« übersetzt wird, ist *nabat*, was »hinsehen, betrachten« bedeutet.[13] Genauso verhält es sich, wenn du das Abendmahl nimmst. Richte deine Aufmerksamkeit nicht auf die Symptome in deinem Körper, sondern konzentriere dich dabei ganz auf Jesus und darauf, wie er all deine Sünden und alle deine Krankheiten in seinem eigenen Körper getragen hat.

Lieber Freund, ich weiß, die Wellen der Übelkeit, die dich außer Gefecht setzen, sind real. Die Atemnot, gegen die du ankämpfst, ist real. Der Schmerz, der dir bei jeder Bewegung durch den Kopf schießt, ist real – genauso real, wie es die schmerzhaften Bisse der giftigen Schlangen für die Kinder Israels waren. Ich bete jetzt im mächtigen Namen Jesu, dass jeder Schmerz und jedes Unwohlsein aus deinem Körper entfernt werden. Unser Herr Jesus nannte Heilung »das Brot der Kinder« (Mt 15,26). Wenn du ein Kind Gottes bist, gehört dir auch Heilung.

Aber, mein Freund, deine Heilung wird nicht davon kommen, dass du dich auf deinen Zustand konzentrierst. Deine Heilung kommt, wenn du das tust, was die Kinder Israels getan haben – sie schauten von ihren Bisswunden weg und sahen die bronzene Schlange an, die an der aufgerichteten Stange hing. Wenn du heute das Abendmahl nimmst, dann nimm es in Erinnerung an deinen Herrn Jesus und nicht in Erinnerung an deinen Schmerz. Sieh bewusst hin zu Jesus und habe dabei die Erwartung, dass er dich retten und heilen wird.

Sieh, wie er hoch oben am Kreuz hängt und mit deiner Krankheit geschlagen wird. Wenn du ein Nierenproblem hast, dann sieh, wie Jesu Niere am Kreuz von deiner Krankheit befallen wird. Wenn du eine Wirbelsäulendegeneration hast, sieh, wie Jesu Wirbelsäule diesen Zustand am Kreuz annimmt. Wenn du siehst, wie der Körper Jesu von deiner Krankheit befallen wird, kann diese nicht mehr in dir bleiben. Selbst wenn du eine »unheilbare« Krankheit hast, an der andere gestorben sind, schaue auf ihn und empfange deine Heilung!

GEDANKE DES TAGES

Darf ich dich dazu anregen, das Abendmahl nicht einfach schnell hinter dich zu bringen? Der Herr liebt dich so sehr. Nimm dir etwas Zeit, um ihn anzubeten, bis du seine Gegenwart spürst. Nimm dir Zeit, ihn zu preisen, bis dir seine Güte und seine Heilkraft viel bewusster sind als das Gefühl von Schwäche in deinem Körper oder als die Symptome im Körper eines dir nahestehenden Menschen. Wenn du die Person unseres Herrn Jesus anbetest, wirst du mit Sicherheit auch alle Wohltaten aus seinem Werk erhalten, die mit seiner Person verbunden sind. Und das ist auch der Grund, weshalb wir das Abendmahl in Erinnerung an ihn nehmen.

GEBET DES TAGES

Herr Jesus, ich danke dir, dass die Bronzeschlange mir zeigt, dass ich von jeder Krankheit und jedem Fluch befreit wurde, weil du stellvertretend für mich am Kreuz gerichtet wurdest. Ich kann dich niemals genug dafür preisen, dass du an meiner Stelle wegen meiner Sünden verflucht wurdest. Ich vertraue darauf, dass ich meine Heilung empfangen werde, wenn ich weiterhin bewusst auf dich, meinen wunderbaren Erlöser, schaue. Amen.

TAG 49

ZU LEBEN UND GESUNDHEIT AUSGESONDERT

Ihr aber seid ein von Gott auserwähltes Volk, seine königlichen Priester, ihr gehört ganz zu ihm und seid sein Eigentum. Deshalb sollt ihr die großen Taten Gottes verkünden, der euch aus der Finsternis befreit und in sein wunderbares Licht geführt hat.
— 1. PETRUS 2,9 HFA

Manche Leute lassen sich von dem Wort *heilig* verwirren, wenn vom Abendmahl als »heiliges Abendmahl« gesprochen wird. Für sie fühlt es sich antiquiert und vielleicht sogar irrelevant an. Aber wusstest du, dass »heilig« einfach »für Gott ausgesondert« und *ungewöhnlich* oder *unüblich* zu sein bedeutet? Dies zeugt von der Besonderheit des Abendmahls. Jedes Mal, wenn du das Abendmahl feierst, erlaubst du dem Herrn, dich von der Welt abzusondern und eine private Zeit der Intimität und Gemeinschaft mit dir zu haben! Sieh dir an, was Gott für die Kinder Israels tat, als die Plagen über das Land Ägypten kamen. Er erklärte:

»Ich werde aber an jenem Tag das Land Goschen, in dem sich mein Volk aufhält, besonders behandeln, so dass dort keine Stechfliegen sein werden, damit du erkennst, dass ich, der HERR, mitten im Land bin. Und ich werde einen Unterschied setzen zwischen meinem Volk und deinem Volk.« — 2. Mose 8,18–19

Das Gleiche gilt, wenn du göttliche Erkenntnisse über die Kraft und Bedeutung des Abendmahls hast. Der Herr wird dich dann anders behandeln und einen Unterschied zwischen dir und den Menschen der Welt machen. Das bedeutet, dass du *nicht* wie die Menschen der Welt bist. Es bedeutet, dass es für die Menschen der Welt üblich sein mag, sich eine »gewöhnliche Grippe« einzufangen oder ab einem bestimmten Alter die für diese Altersgruppe typischen Symptome oder Beschwerden zu entwickeln. Aber du musst die »üblichen« Beschwerden nicht akzeptieren, denn Gott hat dich ausgesondert, um unüblich zu sein.

In einer Welt, die verfällt und an Krankheiten stirbt, hat er den Preis dafür bezahlt, dass du ungewöhnlich gesund, stabil und geheilt sein kannst. Während der Rest der Welt mit zunehmendem Alter schwächer wird, erklärt die Bibel dir: »Solange du lebst, soll deine Kraft nicht nachlassen!« (5Mo 33,25). Sie sagt auch, dass dein Körper die jugendliche Frische zurückgewinnt und du wieder wie ein junger Mensch wirst (Hiob 33,25). Ich bete und spreche das genau jetzt über dich aus: Möge mit deinem Alter auch deine Kraft und Gesundheit zunehmen, und möge der Herr dir die Tage deiner Jugend zurückbringen und dein Fleisch wieder wie das eines Kindes sein lassen. Amen!

GEDANKE DES TAGES

Im Land Goschen wurde das Volk Gottes vor den zehn Plagen beschützt, die zur Zeit Moses das Land Ägypten überzogen. Gott macht einen Unterschied zwischen seinem Volk und den Menschen der Welt. Wir sind *in* dieser Welt, aber wir sind nicht *von* dieser Welt (Joh 17,14). Wir gehören ihm. Wir als solche, die durch das Werk seines Sohnes zu Gott hingezogen wurden, können mit ihm vertraut sein und seinen bewahrenden Schutz genießen, der uns in voller Gesundheit leben lässt.

GEBET DES TAGES

Vater, ich danke dir, dass du mich von der Welt abgesondert hast, um deine Herrlichkeit auf mein Leben scheinen zu lassen. Ich danke dir, dass ich ungeachtet dessen, was in der Welt geschieht, angstfrei und außergewöhnlich gesund leben kann, weil Jesus den Preis dafür bezahlt hat. Ich komme ganz nah zu dir und empfange deine Kraft, Erneuerung und Heilung. In Jesu Namen, amen.

TAG 50

OFFENBARUNG UND BEZIEHUNG

Mein Kind, achte auf das, was ich sage.
Höre meinen Worten aufmerksam zu.
Verliere sie nicht aus den Augen.
Lass sie tief in dein Herz eindringen,
denn sie bringen denen, die sie finden, Leben
und Heilung für ihren ganzen Körper.
— SPRÜCHE 4,20–22 NLT

Es gibt etwas, das du über das Abendmahl wissen musst: Allein das Zu-sich-Nehmen seiner Elemente wird nicht zu den gewünschten Ergebnissen führen.

Als ich anfing, in unserer Gemeinde über das Abendmahl zu lehren, erzählten manche in der Gemeinde ihren Freunden, wenn diese krank wurden, sie sollten doch einfach das Abendmahl nehmen. Ich konnte zwar verstehen, weshalb sie das taten, aber so funktioniert es nicht. Man kann das Essen des Brotes und das Trinken des Weines oder Saftes nicht von einer *Beziehung* mit unserem liebevollen Retter loslösen.

Man kann die Elemente des Abendmahls nicht aus Aberglauben oder mit der Einstellung nehmen, es »mal ausprobieren« zu wollen. Du kannst sie auch nicht einfach deinen kranken Angehörigen in die Hände drücken und ihnen sagen, dass sie sie nehmen sollen. Wie ich bereits sagte, gibt es an den Elementen des Abendmahls nichts Magisches. Wenn du keine Offenbarung über die Bedeutung des Abendmahls hast und auch Jesu Liebe in deinem Herzen nicht wahrnehmen kannst, fehlt dem Abendmahl sein eigentlicher Inhalt. Im Gegensatz zu Diäten und Fitnessplänen, die funktionieren, wenn man die vorgegebenen Regeln befolgt, basiert die Kraft des Abendmahls auf einer *Offenbarung* über das Erlösungswerk Christi und auf dem Glauben an sein vollbrachtes Werk.

Wenn du keine Offenbarung oder keinen Glauben hast, fange an, Predigten zu hören oder anzuschauen, die voll von Jesus sind. Höre dir Lehren an oder lies Bücher über das Abendmahl, die enthüllen, was er für dich getan hat. Die Bibel sagt uns: »Der Glaube [kommt] durch das Hören dieser Botschaft, die Botschaft aber kommt durch das Wort Christi« (Röm 10,17 NLB). Fällt dir auf, dass es nicht heißt, der Glaube kommt, wenn man »gehört hat«? Wenn du keinen Glauben hast, kannst du den Glauben durch *wiederholtes Hören* »kommen« lassen. Also höre immer weiter zu und gib dich nicht damit zufrieden, einfach nur gehört zu *haben*.

Die hier verwendete Übersetzung dieses Verses erklärt auch, dass der Glaube kommt, wenn man »das Wort Christi« hört. Der Glaube kommt nicht, wenn man hört, was man tun muss, um sich seinen Segen zu verdienen, oder wenn einem gesagt wird, inwiefern man versagt hat. Er kommt, wenn es bei dem, was du hörst, ganz um *Jesus* und seine überwältigende Liebe zu dir geht.

GEDANKE DES TAGES

Mein Freund, das Hören spielt bei der Offenbarung eine große Rolle. Der Glaube kommt durch das Hören von Lehren, die durch das vollbrachte Werk Jesu und den neuen Bund der Gnade gefiltert wurden. Je mehr dir Jesus enthüllt wird, je mehr dir dargelegt wird, wo in der Bibel auf ihn hingewiesen wird, desto mehr wird deinem Herzen der nötige Glaube vermittelt, um alles zu verstehen, was Gottes Wort über dich sagt, damit du von deinem liebenden Erlöser Heilung empfangen kannst.

GEBET DES TAGES

Vater, ich bitte dich, mir Jesus und seine Liebe immer mehr zu offenbaren, während ich Lehre über Christus höre und lese. Ich danke dir, dass ich mir keine Sorgen machen muss, keinen Glauben zu haben, denn er wird kommen, wenn ich mehr von der Schönheit, Gnade und Güte Jesu sehe und höre, die in deinem Wort enthüllt werden. Ich danke dir, dass mir der Glaube und deine Heilkraft zufließen, indem ich mich einfach auf Jesus konzentriere. Amen.

TAG 51

VERTRAUTE GEMEINSCHAFT

Wer aber mit dem Herrn vereint und mit ihm verbunden ist, der ist ein Geist mit ihm.
— 1. KORINTHER 6,17 AMP

Lass mich dir etwas erzählen, und ich bete, dass es dir richtig warm ums Herz wird, wenn du dabei gleich noch mehr von Jesus siehst. Schon das Wort *Gemeinschaft* spricht von der Beziehung, die sich unser Herr mit uns wünscht. Der Apostel Paulus schrieb:

> *Der Kelch des Segens, den wir segnen, ist er nicht die Gemeinschaft des Blutes des Christus? Das Brot, das wir brechen, ist es nicht die Gemeinschaft des Leibes des Christus? Denn ein Brot, ein Leib sind wir, die vielen, denn wir alle nehmen teil an dem einen Brot. Seht auf das Israel nach dem Fleisch! Sind nicht die, welche die Schlachtopfer essen, Teilhaber des Altars?*
> *— 1. Korinther 10,16–18* ELB

Das im griechischen Grundtext für »Gemeinschaft« verwendete Wort lautet *koinonia* und bedeutet neben Gemeinschaft auch »Teilhabe« und »Vereinigung«.[14] Es trägt demnach auch den Gedanken einer vertrauensvollen Teilhabe in sich, vergleichbar mit der Intimität, wie sie ein Ehepaar genießt, wenn Mann und Frau Gesten und Worte austauschen, in deren Bedeutung niemand sonst eingeweiht ist. Ist das nicht wunderschön? Wann immer du das Abendmahl nimmst, ist es eine Zeit der vertrauten Gemeinschaft zwischen dir und dem Herrn. Es ist eine Zeit, die du dir bewusst nimmst, um an deinen himmlischen

Bräutigam zu denken, der dich so sehr liebt, dass er sich für dich hingegeben hat (Eph 5,25). Es ist eine Zeit, in der du zu ihm läufst und dich in seiner Gegenwart verlierst. Eine Zeit, in der du seiner vollkommenen Liebe erlaubst, jede Angst zu vertreiben, die an dir nagt.

Er kennt die geheimen Ängste deines Herzens, wenn du die Symptome in deinem Körper betrachtest. Er weiß, wie sehr es dich bedrückt, wenn die Ärzte dir von den langfristigen Komplikationen, Nebenwirkungen und finanziellen Belastungen erzählen, die eine Behandlung mit sich bringen würde. Lauf zu ihm und wirf all deine Ängste, all deine Sorgen und all deine Befürchtungen auf ihn, denn er kümmert sich mit tiefer Zuneigung um dich und wacht sehr aufmerksam über dich (1Petr 5,7 AMP).

Weißt du, was passiert, wenn du dir Zeit nimmst, mit ihm Gemeinschaft zu haben und dich durch das Abendmahl auf ihn zu besinnen? Du wirst zu einem »vertrauten Teilhaber« der Vorzüge des Körpers Jesu und seines Blutes. So wie diejenigen, die von den Opfern aßen, »Teilhaber des Altars« wurden (1Kor 10,18 elb), wirst du, wenn du das Brot isst und den Wein oder Saft trinkst, Teilhaber an allem, was Jesus am Kreuz vollbracht hat. Indem du trinkst, hast du Gemeinschaft mit Christus und hast teil am Blut Christi. Indem du das gebrochene Brot zu dir nimmst, hast du teil am Leib Christi, der für dich gebrochen wurde (1Kor 10,16).

GEDANKE DES TAGES

Unsicherheit und Liebe können in der wirklich innigen Beziehung, die Gott mit seinen Kindern will, nicht nebeneinander bestehen. Wenn du dich heute von Gott getrennt fühlst, wirst du nicht in der Lage sein, ihm und seiner heilenden Gnade zu vertrauen. Darf ich dir sagen, dass Jesus dich beim Abendmahl dazu einlädt, seine bedingungslose Liebe und seine Überwinderkraft zu entdecken, zu schmecken und zu erfahren? Wirst du das heute tun? Dein Leben wird nie mehr dasselbe sein.

GEBET DES TAGES

Geliebter Herr Jesus, ich danke dir, dass du mich eingeladen hast, deine vollkommene Liebe und Heilung und Wiederherstellung zu erfahren, wenn ich das Abendmahl nehme. Ich laufe zu dir, meinem himmlischen Bräutigam, und werfe alle meine Sorgen auf dich. Während ich heute das Abendmahl in Erinnerung an dich und dein vollbrachtes Werk nehme, danke ich dir, dass deine Heilung in meinen Körper und deine Versorgung in mein Leben fließen. Amen.

TAG 52

ISS ES FRISCH

Deshalb, liebe Freunde, können wir jetzt zuversichtlich in das Allerheiligste des Himmels hineingehen, denn das Blut von Jesus hat uns den Weg geöffnet. Das ist der neue, lebendige Weg durch den Vorhang, den Christus durch sein Fleisch für uns eröffnet hat.

— HEBRÄER 10,19–20 NLB

Als Gott die Kinder Israels in der Wüste mit Manna versorgte, sagte Mose zum Volk: »Niemand soll etwas davon übrig lassen bis zum anderen Morgen!« (2Mo 16,19). Als einige von ihnen Moses Anweisung nicht beachteten und das Manna bis zum nächsten Morgen aufbewahrten, wimmelte es darin von Würmern und es stank. Das erinnert mich an das Gesetz, das die Kinder Israels befolgen mussten, wenn sie das Dank-Friedensopfer darbrachten: »Das Fleisch des Dank-Friedensopfers soll aber am Tag seiner Darbringung gegessen werden; *man darf nichts davon übrig lassen bis zum Morgen*« (3Mo 7,15).

Diese beiden Verse sprechen davon, dass man das Manna oder das Opferfleisch frisch essen soll. Man soll es nicht liegenlassen, sodass es verdirbt. In gleicher Weise sollten wir, wenn wir das Abendmahl feiern, den Herrn um eine frische Offenbarung dessen bitten, was er für uns am Kreuz getan hat. Das Abendmahl sollte für uns nicht zu etwas so Geläufigem werden, dass wir anfangen, es als gewöhnlich und banal anzusehen. Wir halten den zerbrochenen Körper des Sohnes Gottes in der Hand und trinken von seinem vergossenen Blut.

Hättest du gerne eine neue Offenbarung über das Abendmahl? Im heutigen Leitvers sagt uns die Bibel, dass unser Herr Jesus uns durch das Kreuz einen »neuen und lebendigen Weg« eröffnet hat, damit wir uns Gott nicht mit Angst und Bangen nähern müssen, sondern es mit

Zuversicht tun dürfen. Er ließ zu, dass sein eigenes Fleisch zerrissen wurde, damit wir heute freien Zugang zu unserem liebenden Vater haben. Ich möchte deine Aufmerksamkeit auf das ursprüngliche griechische Wort lenken, das hier für »neu« verwendet wird. Es ist das Wort *prosphatos* und es bedeutet »kürzlich geschlachtet, frisch getötet«.[15]

Warum hat der Heilige Geist hier dieses ungewöhnliche Wort verwendet? Weil Gott nicht will, dass du das Abendmahl in einer Weise nimmst, als würdest du eines historischen Ereignisses gedenken, das vor zweitausend Jahren stattgefunden hat. Das Kreuz überschreitet die Zeit. Wenn du das Abendmahl nimmst, sieh deinen Herrn Jesus vor dir, als wärest du dort auf Golgatha bei ihm. Sieh, wie dein Herr Jesus *frisch getötet* wird, während er deine Krankheiten und all deine Schmerzen trägt. Nimm es nicht auf rituelle Weise, sondern dränge auf eine neue Offenbarung seiner Liebe, die sich am Kreuz gezeigt hat.

GEDANKE DES TAGES

Ich liebe es, wenn Gott uns die Augen öffnet, damit wir Jesus auf neue Weise sehen. Er will nicht, dass wir von vergangenen Offenbarungen über Jesu leben, denn seine Barmherzigkeit ist jeden Morgen neu (Lk 3,23). Je mehr dir sein vollbrachtes Werk offenbar wird, desto mehr Glaube für jede Notlage empfängst du, selbst für die scheinbar unlösbaren. Halleluja!

GEBET DES TAGES

Vater Gott, ich danke dir für den neuen und lebendigen Weg, den der Herr Jesus mir eröffnet hat und der mich zuversichtlich zu dir kommen lässt. Wenn ich das Abendmahl nehme, hilf mir, Jesus frisch getötet und mit all meinen Krankheiten und Schmerzen zu sehen, die er für mich an seinem Körper trägt. Ich glaube, dass die Kraft des Kreuzes die Zeit überwindet, und du lässt die Segnungen des Kreuzes – Heilung, Wiederherstellung, Gunst und Versorgung – in diesem Moment in mein Leben fließen. Amen.

TAG 53

TÄGLICHE HEILUNG

Indem wir hinschauen auf Jesus, den Anfänger und Vollender des Glaubens, der um der vor ihm liegenden Freude willen das Kreuz erduldete und dabei die Schande für nichts achtete, und der sich zur Rechten des Thrones Gottes gesetzt hat.
— Hebräer 12,2

Ich möchte das kraftvolle Zeugnis von Carey aus Kentucky (USA) mit dir teilen. Sie schreibt darüber, wie der Herr ihr zeigte, dass er sie jeden Tag aufs Neue mit Heilung versorgt:

Nach zwölf Jahren in einer von Gewalt geprägten Ehe ließ ich mich scheiden. Meine Kinder leben bei meinem Ex-Mann. Ich kann sie nur zweimal im Jahr sehen, weil ich zwölf Autostunden entfernt wohne. Nach meinem letzten Besuch bei meinen Kindern im vergangenen Jahr verfiel ich in eine tiefe Depression. Ich kam nicht mehr aus dem Bett und schlief bis zu zwanzig Stunden am Tag. Medikamente halfen mir nicht. Ich nahm innerhalb von fünf Monaten über 26 kg ab, weil ich nicht essen konnte.

Pastor Prince, ich habe Ihre Predigten über das Abendmahl an manchen Tagen buchstäblich rund um die Uhr gehört. Ich ließ sie laufen, während ich schlief, und die wenigen Stunden, in denen ich wach war, hörte ich zu. Die Offenbarung, die ich über das Abendmahl empfing, hat mir geholfen, aus dieser tiefen Dunkelheit und Depression herauszukommen. Gott zeigte mir, dass – wie das frische Manna, das jeden Tag für die Kinder Israels herabfiel – sein tägliches Brot meine tägliche Heilung war: sie gilt für heute, nicht für gestern oder morgen, sondern für heute.

Gott sagte mir, dass es mit dem Abendmahl genauso ist. Dass er meine Heilung für heute durch das Brot und den Saft bereitstellt, diese beiden schlichten Elemente, die darstellen, was sein Sohn für mich am Kreuz getan hat. Und er sagte mir auch, dass er mir am nächsten Tag neues Brot und neue Heilung für diesen Tag geben würde. So begann ich, das Abendmahl täglich zu nehmen, vor allem, wenn ich wirklich dunkle Momente hatte.

Und hier stehe ich nun, frei von Depressionen. Gott hat mein Leben wieder mit Hoffnung erfüllt. Das Abendmahl besser zu verstehen, hat mir Hoffnung geschenkt und mir gezeigt, dass ohne Jesus Hoffnung nur ein leeres Wort ist. Alle Ehre geht an Gott für seine Offenbarung!

Muss man Jesus nicht einfach lieben? Findest du es nicht überaus beruhigend, dass deine Gesundheit und deine Heilung aus einer vertrauten Beziehung mit einem lebendigen Retter kommen? Gibt es dir nicht festen Boden unter den Füßen, zu wissen, dass er bereits alles für dich getan hat und deine Aufgabe nur darin besteht, dich auf ihn zu verlassen und sein vollbrachtes Werk durch das Abendmahl zu empfangen? Ich habe noch so viel mehr, was ich dir zeigen möchte. Und ich weiß, dass es dich segnen und dein Herz mit dem nötigen Glauben erfüllen wird, um von ihm zu empfangen.

GEDANKE DES TAGES

Bitte eile nicht durch dieses Buch, sondern lass dir Zeit. Wenn du damit fertig bist, sollst du nicht einfach nur besser darüber informiert sein, worum es beim Abendmahl geht. Lass dieses Buch nicht nur zu deinem Kopf sprechen. Ich bete, dass du Jesus in einer Weise kennenlernst, die dein Herz brennen lässt (Lk 24,32). Unterbrich an dieser Stelle und nimm dir Zeit, um den König der Könige und den Herrn der Herren anzubeten. Nimm dir Zeit, ihm Psalmen, Lobgesänge und von Gottes Geist eingegebene Lieder zu singen (Eph 5,18–19). Während du ihn anbetest, wird er frische Kraft in dir freisetzen, die dich heilt, befreit und dir den Sieg bringt. Halleluja!

GEBET DES TAGES

Herr Jesus, ich danke dir für die tiefe Gewissheit, dass meine Gesundheit und meine Heilung auf meiner Beziehung zu dir beruhen. Danke, dass ich meine Augen durch das Abendmahl auf dich richten und immer wieder zu dem zurückkehren kann, was du am Kreuz für mich getan hast. Ich ruhe in deinem vollbrachten Werk und ich glaube, dass du neue Kraft in meinen Körper und über meine Umstände freisetzt, um mich zu heilen, zu befreien und mir den Sieg zu bringen. Amen.

ABSCHNITT 8

ALLES ABGEDECKT UND NICHTS AUSGESCHLOSSEN

Gnade und Friede werde euch mehr und mehr zuteil in der Erkenntnis Gottes und unseres Herrn Jesus! Da seine göttliche Kraft uns alles geschenkt hat, was zum Leben und [zum Wandel in] Gottesfurcht dient, durch die Erkenntnis dessen, der uns berufen hat durch [seine] Herrlichkeit und Tugend, durch welche er uns die überaus großen und kostbaren Verheißungen gegeben hat, damit ihr durch dieselben göttlicher Natur teilhaftig werdet, nachdem ihr dem Verderben entflohen seid, das durch die Begierde in der Welt herrscht.

— 2. Petrus 1,2–4

TAG 54

JEDE KRANKHEIT IN JEDEM TEIL DES KÖRPERS

Und sie sollen das Fleisch in derselben Nacht essen: am Feuer gebraten, mit ungesäuertem Brot; mit bitteren Kräutern sollen sie es essen. Ihr sollt nichts davon roh essen, auch nicht im Wasser gekocht, sondern am Feuer gebraten, sein Haupt samt seinen Schenkeln und den inneren Teilen.

— 2. Mose 12,8–9

Danke, dass du mir bis hierhin gefolgt bist und mir das Privileg gegeben hast, dir von einem Gott zu erzählen, der dich so sehr liebt, dass er seinen eigenen Sohn hingab, der den Preis für deine Heilung bezahlte. Vielleicht fragst du dich aber, ob es für Gottes Heilungskraft durch das Abendmahl gewisse Ausschlusskriterien und Bedingungen gibt. Ich möchte dir die Gewissheit geben, dass es im vollbrachten Werk Christi *keinerlei* Ausschlusskriterien gibt. Es ist allumfassend und vollumfänglich, und jede Krankheit wird davon abgedeckt!

An anderer Stelle habe ich dir Gottes Anweisungen für das Essen des Passahlamms gezeigt. Aber im heutigen Bibelvers gibt es noch eine andere kraftvolle Wahrheit, die ich hervorheben möchte. Warum hat Gott ausdrücklich erwähnt, dass das Lamm mit Kopf, Schenkeln und Eingeweiden am Feuer gebraten werden sollte? Ich glaube, er will, dass du siehst, dass Jesus, dein Passahlamm, *jede* Krankheit in *jedem* Teil deines Körpers getragen hat. Es gibt *keine* Krankheit, Verletzung oder Beeinträchtigung, die er am Kreuz nicht in seinem eigenen Körper getragen hat.

Die Israeliten hatten aufreibende, grausame Unterdrückung durch ihre Sklavenhalter und die Schrecken der Kindstötungen erlebt. Vielleicht hatten einige von ihnen posttraumatische Belastungsstörungen oder bekamen immer wieder Panikattacken. Manche hatten möglicherweise chronische Schmerzen und waren körperlich beeinträchtigt, weil sie von ihren Sklavenaufsehern brutal misshandelt worden waren. Aber ganz gleich, wie ihr körperlicher Zustand ausgesehen haben mag, ich glaube, sie wurden geheilt, als sie den gebratenen Kopf, die gebratenen Beine und Eingeweide des Lammes aßen.

Es spielt keine Rolle, in welchem Körperteil du Beschwerden verspürst, du sollst wissen, dass jede Erkrankung von Jesus am Kreuz getragen wurde. Gott wies die Kinder Israels zwar ausdrücklich an, den Kopf des Passahlammes zusammen mit den Beinen und Eingeweiden zu essen, jedoch wurde das *ganze* Lamm gebraten. Das bedeutet, ganz gleich, gegen welche Krankheit du heute kämpfst, Jesus hat sie mit Sicherheit auf sich genommen.

Für dich bleibt nur eins zu tun, nämlich den von ihm gegebenen Kanal zu nutzen, durch den dir göttliche Gesundheit zufließt. Und das tust du so lange, bis dein Sieg sichtbar wird. Deine Aufgabe besteht einfach nur darin, deine Hände zu heben und zu sagen: »Herr Jesus, ich empfange deine Heilung. Durch die Striemen, die deinen Körper bedeckten, ist jeder Teil meines Körpers – jede Zelle, jedes Organ – geheilt und funktioniert mit höchster Effizienz. Ich danke dir, Jesus, für deine Heilung.«

GEDANKE DES TAGES

Selbst wenn du eine entmutigende medizinische Diagnose erhalten hast und deine Heilungschancen im Natürlichen sehr gering sind, kann Gott dich heilen. Gib nicht auf. Glaube weiter. Was auch immer die Medizinwissenschaft oder Ärzte sagen mögen, der Name Jesus ist höher und mächtiger als jede Krankheit und jedes Leiden. Nichts ist dem Herrn unmöglich (Jer 32,27).

GEBET DES TAGES

Herr Jesus, danke, dass du das Passahlamm Gottes bist, das am Kreuz meine Sünde weggenommen und jedes meiner körperlichen Leiden getragen hat. Danke, dass es keine Krankheiten, Verletzungen oder Beschwerden gibt, die nicht durch dein vollbrachtes Werk abgedeckt sind. Ich glaube, dass nichts zu schwer für dich ist. Ich ruhe in dir und empfange jetzt meine Heilung. Amen.

TAG 55

VÖLLIG WIEDERHERSTELLT

Er erfrischt und regeneriert meine Seele (mein Leben).
— PSALM 23,3 AMP

Jesus, unser Passahlamm, hat jeden Zustand auf sich genommen, der irgendeinen Teil deines Körpers beeinträchtigt, und er will, dass du davon geheilt wirst. Ich möchte, dass du darüber nachsinnst, wie er diese gesundheitlichen Beeinträchtigungen getragen hat, damit du vollkommene Freiheit von ihnen haben kannst (Mt 8,17). Wenn du oder ein Angehöriger zum Beispiel an einer neurologischen Erkrankung wie chronischer Migräne, an Enzephalitis, Meningitis, Demenz oder an den Folgen eines Schlaganfalls leidet, dann sieh beim Nehmen des Abendmahls das Gehirn deines Erretters, wie es am Kreuz von der Krankheit befallen wird.

Ich möchte ein mächtiges Zeugnis über Heilung von Alzheimer mit dir teilen, das von Paula aus Texas kommt:

Meine Mutter wurde von der Alzheimer-Krankheit gepeinigt. Sie war so stark geschwächt, dass sie ihre Familie nicht mehr erkannte. Meine Eltern leben bei mir, sodass ich die täglichen Kämpfe und Schwierigkeiten mitbekam. Es war ein erbärmliches Leben, sowohl für sie als auch für diejenigen von uns, die versuchten, sich um sie zu kümmern. Es gab Zeiten, in denen ich meine Mama einfach vermisste, und ich wünschte mir so sehr, dass sie wieder gesund werden würde.

Eines Tages dann erzählte mir meine Schwester ganz freudig, was sie erlebt hatte, nachdem sie Ihrer Lehre über das Abend-

mahl gefolgt war, also begann auch ich sofort, gemeinsam mit meiner Mutter das Abendmahl zu nehmen.

Am dritten Abend, nachdem sie das Abendmahl genommen hatte, ging meine Mutter zu Bett – und wachte am nächsten Morgen auf und sah zehn Jahre jünger aus. Alle Dinge, von denen sie vergessen hatte, wie man sie tut, kann sie jetzt wieder ganz normal erledigen. Sie weiß auch wieder, wer wir alle sind. Sie hat aufgehört, sich ständig zu wiederholen, was sie manchmal den ganzen Tag lang getan hat, und das Zusammensein mit ihr macht wieder richtig Freude. Jesus hat ihren Verstand geheilt und sie befreit!

Wir sind immer noch außer uns vor Freude, dass sie zurück ist. Ich habe sie danach gefragt, was sie während ihrer Erkrankung empfunden hat. Sie konnte es nur so beschreiben, dass sie sich verloren und gefangen fühlte. Aber das ist jetzt alles vorbei. Nichts ist zu schwierig für das Werk, das Jesus Christus vollbracht hat, und dafür preise ich ihn. Es hat meine Mutter befreit!

Gott gehören alle Ehre und alles Lob! Akzeptiere nicht die Lüge, dass du mit zunehmendem Alter immer vergesslicher wirst. Als der Psalmist schrieb, Gott »erquickt meine Seele« (Ps 23,3), benutzte er das Wort *napasch* für »Seele«. *Napasch* umfasst dein Leben, deine Emotionen und auch deinen Verstand.[16] Selbst wenn bei dir in diesem Bereich ein Verfall stattgefunden hat, kann der Herr dich wiederherstellen. Und wenn der Herr wiederherstellt, ist das von ihm Wiederhergestellte qualitativ immer besser als das Original!

GEDANKE DES TAGES

Die Welt sagt, dass deine Kraft mit zunehmendem Alter abnimmt. Aber die Bibel erklärt: »Solange du lebst, soll deine Kraft nicht nachlassen!« (5Mo 33,25). Wessen Aussage wirst du glauben? Nimm weiterhin das Abendmahl und sieh dich, wie du dabei am Sinn (Verstand) Christi teilhast. Ich erkläre im Namen Jesu, dass dein Verstand immer gesünder wird!

GEBET DES TAGES

Himmlischer Vater, ich danke dir, dass es keine Krankheit und keinen körperlichen Zustand gibt, die zu schwierig sind für das vollbrachte Werk deines Sohnes. Danke, dass du jedes Mal, wenn ich zu dir komme, meinen Körper, meine Gefühlswelt und meinen Verstand regenerierst. Ich werde weiterhin das Abendmahl nehmen und erklären, dass mein Körper und mein Verstand immer gesünder werden. Solange ich lebe, soll meine Kraft nicht nachlassen. Im Namen Jesu, amen.

TAG 56

VON DEINEN KETTEN BEFREIT

»Verflucht ist der Erdboden wegen dir; bis an dein Lebensende wirst du dich in qualvoller Mühe davon ernähren. Er wird dir Dornen und Disteln hervorbringen, und du wirst die Pflanzen des Feldes essen. Mit Schweiß auf deiner Stirn wirst du dein Brot essen.«

— 1. MOSE 3,17–19 NIV

Die Bibel sagt uns in Lukas 22,44: Bevor Jesus um unserer Krankheiten willen gegeißelt wurde, stand er im Garten Gethsemane unter einem solchen Druck, dass »sein Schweiß wie große Blutstropfen wurde, die auf die Erde fielen«. Ich glaube, dass Jesus ein seltenes medizinisches Phänomen namens Hämhidrose erlitt, das eine Person unter extremem Stress tatsächlich Blut schwitzen lässt.

Das ist von Bedeutung aufgrund dessen, was in einem anderen Garten passierte – im Garten Eden. Wegen Adams Sünde wurde der Erdboden von Gott verflucht, Dornen hervorzubringen, was dazu führte, dass Adam sich abmühen und schwitzen musste, damit auf dem Boden Nahrung wuchs. Mit anderen Worten, Arbeit wurde für den Menschen stressig. Als sich jedoch Jesu Schweiß mit seinem erlösenden Blut vermischte, befreite er uns vom Fluch des Stresses.

Dornen sind auch ein Bild für die Sorgen dieser Welt. Als Jesus das Gleichnis vom Sämann erklärte, bezeichnete er die Dornen als »die Sorge dieser Welt und den Betrug des Reichtums« (Mt 13,22). Kein Wunder, dass Jesus zuließ, dass man ihm die Dornenkrone auf seinen Kopf rammte. Wenn du das nächste Mal das Abendmahl feierst, lass dir Zeit. Sieh deinen Herrn Jesus nicht nur von den Nägeln, sondern auch von den Dornen durchbohrt.

Es ging bei all dem um dich. Es ging um deine Freiheit. Die Kinder Israels wurden von physischen Ketten und Fesseln befreit. Heute sage ich dir im Namen Jesu, dass du von allen Ketten des Stresses und von allen stressbedingten Beschwerden befreit bist. Stress kann Herz-Kreislauf-Erkrankungen, Essstörungen, Menstruationsprobleme, sexuelle Dysfunktionen, Magen-Darm-Beschwerden sowie Haut- und Haarprobleme verursachen.

Und vergiss darüber hinaus nicht, dass Kopf, Beine und Eingeweide des Passahlamms gegessen werden sollten. Somit wurde *jede* Erkrankung von Augen, Nase, Hals, Ohren und Mund mit dem Ziel deiner Heilung getragen. Auch *alle* Beschwerden, die deine Beine schwächen oder deine Beweglichkeit einschränken, sind mit eingeschlossen. Genauso umfasst es *alle* deine inneren Organe (darum die »Eingeweide«), wozu auch dein Magen sowie Darm, Herz, Nieren, Leber, Prostata und deine Fortpflanzungsorgane gehören.

Mein Freund, *wie auch immer* dein körperlicher Zustand ist und wie lange die Krankheit dich schon gefesselt hält – zwei Jahre, zehn Jahre, dreißig Jahre – ich möchte, dass du eines weißt und glaubst: Gott kann dich davon befreien. Ich spreche dir Gesundheit, Heilung, langes Leben und Wiederherstellung zu, in Jesu mächtigem Namen. Amen und amen!

GEDANKE DES TAGES

Wenn du heute in *irgendeinem* Teil deines Körpers Probleme hast, sei gewiss, dass Jesus dich vollständig erlöst hat. Wenn du das Abendmahl nimmst, sieh ihn am Kreuz, befallen mit deiner Krankheit, und empfange seine vollkommene Gesundheit in diesem Bereich. Mögest du in der Fülle dessen leben, was er dir durch seinen Tod erworben hat.

GEBET DES TAGES

Lieber Herr Jesus, ich danke dir, dass dein erlösendes Blut mich von dem Fluch des Stresses und seinen krankmachenden Auswirkungen gerettet hat. Es hat mich von *allen* Beschwerden erlöst. Wenn ich heute das Abendmahl nehme, sehe ich dich am Kreuz, um meiner Heilung willen mit Krankheit geschlagen, und empfange deine vollkommene Gesundheit. Amen.

TAG 57

VON JEDEM FLUCH ERLÖST

Christus hat uns losgekauft von dem Fluch des Gesetzes, indem er ein Fluch wurde um unsertwillen (denn es steht geschrieben: »Verflucht ist jeder, der am Holz hängt«), damit der Segen Abrahams zu den Heiden komme in Christus Jesus, damit wir durch den Glauben den Geist empfingen, der verheißen worden war.

— GALATER 3,13–14

Ich bete, dass du einen Blick auf die absolute Vollkommenheit seines vollbrachten Werks am Kreuz werfen konntest. Und dass du siehst, wie sehr er dich lieben muss, um jede erdenkliche Krankheit auf seinem eigenen Körper ertragen zu haben, damit du sie *nicht* erleiden musst. Aber ich bin noch nicht fertig damit, dir zu zeigen, warum du dich bei *allen* gesundheitlichen Beschwerden und *jeder* Krankheit an das Kreuz wenden kannst. Die heutigen Bibelverse sagen uns, dass unser Herr Jesus uns von *jedem* Fluch des Gesetzes losgekauft, das heißt erlöst hat, damit der Segen Abrahams auf uns kommen kann.

In 5. Mose 28 finden wir eine sehr lange und detaillierte Liste von Flüchen; ich möchte mich hier jedoch auf die Flüche konzentrieren, bei denen es um Krankheiten und gesundheitliche Beschwerden geht, von denen Jesus dich und mich freigekauft hat:

- Tuberkulose (Krankheiten, die das Lungengewebe zerstören), Fieber und Entzündungen (5Mo 28,22)
- Geschwüre, Tumore, Skorbut, »Krätze und Grind, von denen du nicht geheilt werden kannst« (5Mo 28,27 NEÜ)
- Wahnsinn, Blindheit und Verwirrung (5Mo 28,28)

- schlimmen Geschwüre, die niemand heilen kann (5Mo 28,35)
- großen und andauernde Plagen und böse und anhaltende Krankheiten (5Mo 28,59)

Christus hat dich von *allen* hier genannten Krankheiten und Beschwerden erlöst. Und falls du dir Sorgen machst, weil deine Krankheit nicht benannt wird, erwähnt die Bibel auch »all die Krankheiten Ägyptens« (5Mo 28,60 NLB). Ägypten steht symbolisch für die Welt. Als Volk Gottes müssen wir keine Angst vor den Krankheiten haben, unter denen die Welt leidet, weil Gott uns aus der Welt herausgeführt hat, und jetzt mögen wir zwar *in* der Welt sein, aber wir sind nicht *von* dieser Welt (Joh 17,11.14).

Und nicht nur das. Mit eingeschlossen in dieser Liste sind außerdem »alle Krankheiten und Plagen, die nicht in dem Buch dieses Gesetzes geschrieben sind« (5Mo 28,61).

Halleluja! Kannst du erkennen, dass *jede* Krankheit und *jedes* Leiden zum Fluch des Gesetzes gehört und dass Christus uns von *jeglichem* Fluch erlöst hat? Gott ist es so wichtig, dass du in deiner Gesundheit gesegnet bist, dass er nicht nur alle deine Sünden auf Jesu Körper legte, sondern auch alle deine Krankheiten. Gott liebt dich so sehr, dass er seinen eigenen Sohn *zum Fluch werden* ließ, damit du vom Fluch des Gesetzes erlöst werden kannst.

Das bedeutet nicht, dass der Feind nicht versuchen wird, die Symptome des Fluchs in deinem Leben herbeizuführen. Aber wann immer der Feind ein Symptom des Fluchs hervorzurufen versucht, kannst du es ablehnen. Weigere dich, es zu akzeptieren. Du bist – in Jesu Namen – von diesem Symptom bereits erlöst worden!

GEDANKE DES TAGES

Bist du nicht froh, dass Christus dich vom Fluch des Gesetzes erlöst hat? Es gibt für dich keine Verurteilung, keine Strafe und keinen Fluch der Krankheit mehr, weil die volle Verurteilung, Strafe und der Fluch für all deine Sünden auf unseren Herrn Jesus am Kreuz gefallen sind. Er hat alles bezahlt.

GEBET DES TAGES

Vater Gott, ich danke dir, dass in deinem ewiggültigen Wort steht, dass jeder Fluch und jede Strafe für meine Sünden auf den Körper Jesu am Kreuz gelegt wurden. Danke, dass er uns von jeder einzelnen Krankheit, die die Welt heimsucht, erlöst hat. Ich weise jedes Symptom des Fluches im Namen Jesu zurück und glaube, dass ich durch seine Striemen geheilt bin. Amen.

TAG 58

ER KANN EINEN WEG BAHNEN

Mose aber sprach zum Volk: Fürchtet euch nicht! Steht fest und seht die Rettung des HERRN, die er euch heute bereiten wird; denn diese Ägypter, die ihr heute seht, die werdet ihr nicht wiedersehen in Ewigkeit! Der HERR wird für euch kämpfen, und ihr sollt still sein!

— 2. Mose 14,13–14

Ich mag zwar kein umfassendes Bild von den Nöten haben, die du gerade durchmachst, und auch nicht wissen, wie tief die Verzweiflung ist, mit der du einem nahestehenden Menschen bei seinem Überlebenskampf zusiehst. Was ich aber weiß, ist Folgendes: Gott liebt *dich* mehr, als du jemals begreifen kannst, und er *kann* einen Weg bahnen, auch wenn es keinen Weg zu geben scheint.

In 2. Mose 14 wird von den Kindern Israels berichtet, die dachten, sie seien dem Untergang geweiht, als die mächtige ägyptische Armee sich ihnen näherte. Es schien, sie würden entweder von den Ägyptern abgeschlachtet werden oder im nassen Grab des Roten Meeres enden. Doch lies in den heutigen Bibelversen, was Mose zu ihnen sagte. Dann teilte Gott die Fluten des Meeres und die Kinder Israels »gingen trocken mitten durch das Meer« (2Mo 14,29). Aber Gott hatte noch mehr auf Lager. Während die furchterregenden Streitkräfte des Pharaos sie immer noch verfolgten, ließ Gott das Meer zur vollen Tiefe zurückfließen. Mir gefällt, wie die Bibel es formuliert: »sodass auch nicht einer von ihnen übrig blieb« (2Mo 14,28).

Lieber Freund, du oder jemand aus deiner Familie ist vielleicht mit einer medizinisch beängstigenden und scheinbar ausweglosen Situation konfrontiert. Weder deine Besorgnis noch deine Tränen können die Situation ändern. Aber es gibt einen, der es kann. Hab keine Angst. Bleib stehen und sieh die Rettung des Herrn. *Er* wird für dich kämpfen. *Er* wird deine Feinde für dich überwinden. Frag dich nicht ständig, *warum* du krank bist. Nimm die Krankheit nicht an und glaube auch nicht der Lüge, dass du es verdienst, krank zu sein, weil du Fehler begangen hast. Der Herr Jesus *hat* den Preis für deine Gesundheit bereits bezahlt. Leg einfach deine Hand in seine und lass dich von ihm durch deine Situation hindurchführen.

Er wird dafür sorgen, dass du trockenen Fußes mitten durchs Meer gehen kannst. Die negativen Befunde, medizinischen Statistiken und Symptome, die du siehst, mögen eine unausweichliche Situation darstellen, aber er *wird* einen Weg bahnen, der jeden in deinem Umfeld verblüffen wird. Das Rote Meer, von dem du dachtest, dass es dich ertränken würde, wird stattdessen zum Friedhof für deine Feinde. Du magst sie heute sehen, aber du wirst diese bedrückenden Symptome *nicht wiedersehen in Ewigkeit*!

Ich sehe deine Migräne verschwinden. Die Entzündungen in deinen Gelenken sind verschwunden. Die lähmende Müdigkeit ist verschwunden. Der negative Befund über dein ungeborenes Baby ist weg. Das Blut in deinem Urin ist weg. Nichts davon bleibt übrig!

GEDANKE DES TAGES

Selbst wenn die Ärzte ihr Bestes versucht haben und jetzt sagen, dass du nur noch Monate oder sogar Tage zu leben habest, kann Gott einen Weg bahnen. Nimm im Angesicht des Todes die Elemente des Abendmahls in die Hand und erkläre, dass mit jedem Striemen, der in das Fleisch unseres Herrn Jesus Christus gerissen wurde, ein weiteres deiner Krankheitssymptome verschwand. Nimm den Becher und erkläre, dass sein Blut dir Leben schenkt. Selbst wenn du Sklave endloser Behandlungszyklen warst und, solange du dich erinnern kannst, ständig Medikamente einnehmen musstest, hat sein vollbrachtes Werk dir einen Weg gebahnt, um dein Wunder zu empfangen.

GEBET DES TAGES

Herr Jesus, danke, dass du möchtest, dass ich mich ausruhe, während du meine Schlachten schlägst und jeden Feind besiegst. Danke, dass du den Preis für meine Gesundheit bezahlt und mir den Sieg selbst über scheinbar unüberwindliche Zustände ermöglicht hast. Ich ergreife deine Hand und lasse mich von dir durch meine Situation hindurch zu dem Ort führen, an dem ich die bedrückenden Symptome nie wieder sehen muss. Amen.

TAG 59

HALTE FEST AN GOTTES ZUSAGEN

Alle, die gegen dich wüten, werden in Schimpf und Schande dastehen;
alle, die dir dein Lebensrecht streitig machen, werden zugrunde gehen.
Du wirst dich nach ihnen umsehen, aber sie nicht mehr finden;
alle deine Feinde verschwinden und werden zu nichts.
Denn ich bin der Herr, dein Gott, ich fasse dich bei der Hand
und sage zu dir: Fürchte dich nicht! Ich selbst, ich helfe dir!
— JESAJA 41,11–13 GNB

Ich möchte ein Zeugnis mit dir teilen, das dich, wie ich glaube, sehr ermutigen wird. Einem meiner Leiter wurde die Diagnose Menière-Krankheit gestellt, als er plötzlich an wiederkehrenden starken Schwindelanfällen litt, die ihn stundenlang völlig lahmlegten. Immer wenn ihn eine Welle der Übelkeit überkam, musste er sich heftig übergeben. Er zeigte auch regelmäßig Symptome eines Tinnitus. Dabei wurde jedes Geräusch um ihn herum dermaßen verstärkt oder verzerrt, dass er nicht hören konnte, was die Leute zu ihm sagten.

Es war für ihn ganz furchtbar, denn die Attacken kamen immer plötzlich und unvorhersehbar und hätten auch leicht passieren können, während er am Steuer seines Wagens saß. Jedes Mal erbrach er sich würgend, bis er völlig erschöpft war. Es fühlte sich für ihn an, als wäre er auf hoher See in einem heftigen Sturm gefangen, aus dem es kein Entkommen gab. Seine Ärzte sagten ihm, dass man ihm zwar Medikamente zur Behandlung der Symptome verschreiben könne, es aber keine Heilung für seinen Zustand gebe. Man warnte ihn, dass sich die Symptome wahrscheinlich sogar noch verschlimmern würden.

Doch eines Tages, während er Zeit im Wort Gottes verbrachte, führte ihn der Herr zu dem obigen Abschnitt in Jesaja 41. Er sagte: »Als Gott mir dieses Wort gab, meditierte ich immer wieder darüber und bewahrte es in meinem Geist. Die Worte ›und werden zu nichts‹ sprangen mir immer wieder ins Auge und irgendwann *wusste* ich, dass ich empfangen hatte. Ich war geheilt.«

Seine Heilung stellte sich nicht sogleich vollständig ein, aber er hatte *wegen des Wortes, das er empfangen hatte*, den Glauben, dass er bereits geheilt war. Der Glaube ist die Substanz der erhofften Dinge, »eine Überzeugung von Tatsachen, die man nicht sieht« (Hebr 11,1). Also noch bevor er die Realität sah, *wusste* er, dass er geheilt war.

Er nahm weiterhin regelmäßig das Abendmahl, aber nicht mehr aus Angst, dass die Symptome ihm immer mehr zusetzen könnten. Stattdessen nahm er es mit der Gewissheit, dass er bereits geheilt *war*, und mit der Zeit spürte er gar keine Symptome mehr. Jetzt, während ich das hier schreibe, ist er seit mehr als einem Jahr völlig symptomfrei. Alle Ehre gehört unserem wunderbaren Erlöser!

Jesaja 41,11–13 ist eine enorm kraftvolle Bibelstelle, über die es sich zu meditieren lohnt, wenn dir gerade Krankheit und körperliche Schwächen als Feinde gegenüberstehen. Denkst du dabei nicht auch gleich an das, was der Herr für die Kinder Israels tat, als er das Rote Meer für sie teilte, obwohl es so aussah, als sei alles schon verloren? Der Herr macht keine Unterschiede zwischen den Menschen. Vertraue ihm. Er kann einen Weg bahnen, auch wenn alles ausweglos erscheint. Wenn er es für die Kinder Israels getan hat und es für den Bruder in meiner Gemeinde getan hat, dann kann er es auch für dich tun.

GEDANKE DES TAGES

Noch bevor die Symptome in seinem Körper aufhörten, konnte dieser Bruder sich *wegen des Wortes, das er empfangen hatte*, bereits als geheilt betrachten. In jedem Kampf, den er gegen Angst und Unglauben führte, war er mit dem Vers bewaffnet, den er vom Herrn bekommen hatte. Und genau dazu möchte ich auch dich ermutigen – finde in der Bibel Zusagen, die der Herr dir gibt, und halte an ihnen fest, denn sie schenken denen, die sie finden, Leben und Gesundheit für den ganzen Körper (Spr 4,22).

GEBET DES TAGES

Vater, danke, dass du mir dein kostbares, unerschütterliches Wort gegeben hast, das Leben und Gesundheit für meinen ganzen Körper bedeutet. Ich bitte dich, öffne mir die Augen für deine vielen kraftvollen Zusagen, die davon sprechen, was Jesus am Kreuz vollbracht hat. Ich glaube, dass jedes Krankheitssymptom in meinem Körper ausgelöscht wird, wenn ich deine Verheißungen empfange und an ihnen festhalte. Amen.

TAG 60

GOTTES WORT BRINGT LEBEN UND HEILUNG

Er schickte ihnen sein befreiendes Wort und heilte sie,
er bewahrte sie vor dem sicheren Tod.
— PSALM 107,20 NGÜ

Ich habe schon viele Heilungszeugnisse erhalten, in denen von kostbaren Menschen berichtet wird, die an bestimmten Zusagen aus Gottes Wort festhielten und geheilt wurden. Vor einigen Jahren predigte ich über 1. Johannes 4,17. Dort heißt es: »Gleichwie Er ist, so sind auch wir in dieser Welt.« Am Kreuz trug unser Herr Jesus unsere Sünden und unsere Krankheiten in seinem Körper, aber aus dem Grab stand er ohne sie wieder auf. Das bedeutet: So wie Jesus völlig frei von Krankheit und bei völliger göttlicher Gesundheit ist, sind auch wir es in dieser Welt.

Eine Frau in meiner Gemeinde hörte diese Botschaft. In derselben Woche musste sie zu einer Mammographie. Die Untersuchung ergab, dass in ihrer Brust ein Knoten war. Ihre Ärzte sagten ihr, sie solle wiederkommen, damit sie Gewebe entnehmen und eine Biopsie durchführen könnten. Sie reagierte darauf, indem sie auf ihren Arztbericht schrieb: »Wie Jesus ist, so bin auch ich in dieser Welt. Herr Jesus, hast du Knoten in deiner Brust?« Dann betete sie: »Herr, wie du bist – und du bist frei von Knoten –, so bin auch ich in dieser Welt.« Das ist alles. Es war ein ganz schlichtes Gebet.

Beim Folgetermin untersuchten die Ärzte sie. Sie untersuchten sie noch einmal und gleich noch ein drittes Mal. Aber sie konnten *keinen* Knoten mehr finden und sie hatten auch keine Erklärung dafür, wie der Knoten einfach verschwunden sein konnte. Wir müssen nicht wissen, wie; wir müssen nur wissen, *wer* dafür verantwortlich ist. Es war unser Jesus, der sie heilte. Halleluja!

Ich habe von so vielen anderen kostbaren Menschen Zeugnisse erhalten, die durch das Zeugnis dieser Frau ermutigt wurden. Sie stellten sich auf dasselbe Bibelwort und sprachen es immer wieder über sich aus. So lange, bis sie ihren eigenen Durchbruch empfingen. Ich glaube wirklich, dass das Lesen von Zeugnissen etwas ist, womit Gott uns helfen will. Deshalb ist die Bibel zu unserem Nutzen mit so vielen Heilungszeugnissen gefüllt.

Für den Herrn ist keine Heilung zu schwierig oder zu unbedeutend. Zeugnisse über Petrus' Schwiegermutter, die vom Fieber geheilt wurde (Mt 8,14–15); über den Mann, dessen verdorrte Hand so gesund und normal wie seine andere Hand wurde (Mt 12,9–13); über die Frau, die achtzehn Jahre lang verkrümmt war und sich nicht aufrichten konnte (Lk 13,11–13) – sie alle wurden für uns aufgezeichnet. Es gibt Zeugnisse über geheilte blinde Augen (Joh 9,1–7; Mk 8,22–25; Lk 18,35–43; Mt 9,27–30), über geöffnete taube Ohren (Mk 7,32–35) und über Stumme, die wieder sprechen konnten (Mt 9,32–33). Es gibt Zeugnisse über Verstorbene, die wieder zum Leben erweckt wurden (Joh 11,1–44; Mk 5,35–42).

Auch im Alten Testament sind Berichte von Heilungen festgehalten. Naeman wurde von Lepra geheilt (2Kö 5,1–14). Hiskia hatte eine zum Tode führende Krankheit und es wurde ihm gesagt, dass er nicht genesen, sondern sterben würde. Aber Gott heilte ihn und verlängerte sein Leben um fünfzehn Jahre (2Kö 20,1–7). Und das sind nur einige von vielen Zeugnissen, die für uns im Wort Gottes festgehalten sind.

Lieber Freund, du sollst wissen, dass dies auch deine Geschichte und dein Zeugnis sein kann. Was der Herr für diese Menschen getan hat, kann und wird er auch für dich tun! Deine von Jesus kommende Heilung beruht auf dem Fundament seines unveränderlichen Wortes. Verankere dein Herz in seinen Verheißungen, seinem vollkommenen Werk und seiner Gnade und erlebe, wie Heilung und Wiederherstellung in deinem Leben sichtbar werden.

GEDANKE DES TAGES

Womit auch immer du konfrontiert bist, ich bete, dass die Zeugnisse in diesem Buch die Saat des Glaubens in dich pflanzen. Unser Herr Jesus sagte seinen Jüngern, wenn sie Glaube so groß wie ein Senfkorn hätten, wäre nichts unmöglich für sie (Mt 17,20). Weißt du, wie klein ein Senfkorn ist? Es ist im wahrsten Sinne des Wortes nicht mehr als ein winziges Pünktchen. Und das ist alles, was du brauchst!

GEBET DES TAGES

Vater Gott, ich danke dir, dass du dein Wort aussendest und Heilung und Befreiung bewirkst. Ich danke dir für jedes Zeugnis von all den vielen Menschen und für die große Menge an Heilungsberichten in deinem Wort, die mir zeigen, dass es dein Wille ist, dass ich vollkommen geheilt und gesund werde. Möge dein Wort allmählich reiche Vorräte des Glaubens in mir anlegen. Ich verankere den Glauben an meine Heilung in deinen Zusagen und deiner Liebe zu mir. Amen.

TAG 61

DURCH DAS WORT IHRES ZEUGNISSES

Und sie haben ihn überwunden um des Blutes des Lammes und um des Wortes ihres Zeugnisses willen und haben ihr Leben nicht geliebt bis in den Tod!

— OFFENBARUNG 12,11

Im Laufe der Jahre habe ich unzählige Zeugnisse von Menschen erhalten, die geheilt wurden, als sie im Glauben regelmäßig das Abendmahl nahmen. Eine Frau gab einen detaillierten Bericht darüber, wie es ihrem Vater, der auf der Intensivstation lag, mit jedem Mal, wenn sie das Abendmahl für ihn nahm, ein bisschen besser ging. Es begann damit, dass seine Nierenfunktionen teilweise wiederhergestellt wurden, dann stabilisierten sich seine Herzfrequenz und sein Blutdruck und dann konnte er wieder selbstständig atmen. Schließlich wurde er entlassen und konnte seinen 86. Geburtstag in seinem Lieblingsrestaurant feiern. Sogar sein Arzt gab zu, dass seine Genesung ein Wunder war.

Etliche Zeugnisse kamen von Menschen, die von Krebs geheilt worden waren. Ein Bruder, der eine Enzephalitis bekam und eine nur sehr geringe Überlebenschance hatte, wurde geheilt. Eine Frau bezeugte, dass sie ein gesundes Baby ohne Down-Syndrom zur Welt brachte, obwohl man ihr gesagt hatte, dass ihr Baby diese genetische Störung haben würde. Eine weitere Person, die nach einem Hüftbruch ständig Schmerzen hatte, wurde geheilt. Ein Baby, das zehn Wochen zu früh geboren wurde und mit mehreren gesundheitlichen Problemen kämpfte, wurde geheilt. Es gab Zeugnisse von Menschen, die von heftigen Panikattacken, von schweren Depressionen oder von Schlafstörungen geheilt wurden. Andere wiederum wurden von Lupus, Asthma, Hautkrankheiten, Tumoren, Magenschmerzen und vielen anderen Krankheiten geheilt.

Mein Freund, Jesus ist und bleibt derselbe, gestern, heute und für immer. Und er heilt auch heute noch. Welches medizinische Problem du hast, spielt keine Rolle; er kann dich in jedem Fall heilen. Das Abendmahl ist keine Spielerei, es ist kein Ritual und es ist auch kein sentimentaler Brauch. Es ist der größte Ausdruck der Liebe Gottes. Wenn du das Brot mit dieser Offenbarung zu dir nimmst, setzt du deinen Glauben frei, um seine Gesundheit und sein blühendes Leben im Austausch für deine Krankheiten und körperlichen Beschwerden zu empfangen. Wenn du den Wein oder Saft trinkst, wirst du daran erinnert, dass das Blut des sündlosen Sohnes Gottes dir nicht nur Vergebung gebracht hat, sondern dich auch ewig gerecht, heilig und untadelig gemacht hat. Und somit hast du heute, dank des zerschlagenen Körpers des Herrn und seines vergossenen Blutes, eine makellose Stellung vor dem Vater, und seine Ohren sind aufmerksam auf deine leisesten Seufzer gerichtet.

Vielleicht kannst du nicht glauben, dass die Krankheit in deinem Körper sofort verschwinden wird. Aber kannst du glauben, dass Gott dich wirklich liebt? Dass er wirklich so gut ist, wie es die Bibel von ihm sagt? Dann fang einfach damit an. Ich glaube, je mehr Zeugnisse du liest, die von seiner Güte und Treue berichten, und je mehr du dich darin vertiefst, alles über Jesus und sein vollbrachtes Werk zu hören, desto mehr Glaube für deine Heilung wird entstehen.

GEDANKE DES TAGES

Wenn du im Glauben einen Durchbruch erwartest, gibt es noch sehr viele weitere Zeugnisse, aus denen du Ermutigung schöpfen kannst. Besuche dazu bitte JosephPrince.de/iss. Wenn du das Abendmahl nimmst und mit ganzem Herzen dabei bist und die Liebe des Herrn empfängst, wirst auch du ein großartiges Zeugnis zu geben haben. Und wenn du deinen eigenen Durchbruch empfängst, geh auf JosephPrince.de/Zeugnis und schreib mir bitte, indem du auf den Button »Zeugnis schreiben« klickst. Dein Zeugnis wird den Glauben anderer entzünden, die auf ihre Durchbrüche noch warten.

GEBET DES TAGES

Herr Jesus, danke, dass du gestern, heute und in Ewigkeit derselbe Heiler bist. Ich empfange deine Liebe zu mir, während ich das Abendmahl nehme. Ich empfange deine Gesundheit und dein blühendes Leben im Austausch für meine Krankheiten. Du hast mich auf ewig gerecht gemacht, und ich komme mit Zuversicht zu dir, um meine Heilung zu empfangen. Amen.

ABSCHNITT 9

GIB NICHT AUF!

Ich hätte den Mut verloren, wenn ich nicht geglaubt hätte, dass ich die Güte des Herrn im Land der Lebenden sehen würde.

— PSALM 27,13 NKJV

TAG 62

WIE LANGE NOCH?

Wie lange noch, Herr, willst du mich vergessen? Etwa für immer?
Wie lange noch willst du dich vor mir verbergen?
Wie lange noch muss ich unter tiefer Traurigkeit leiden
und den ganzen Tag Kummer in meinem Herzen tragen?
Wie lange noch darf mein Feind auf mich herabsehen?
— Psalm 13,2–3 NGÜ

Ich hoffe, du hattest Gelegenheit, einige der Zeugnisse zu lesen, deren Internetadresse ich dir im letzten Kapitel genannt habe. Bist du nicht froh, dass wir einen Gott der Wunder haben, der auch heute noch heilt, rettet und befreit?

Aber vielleicht nimmst du schon seit einiger Zeit das Abendmahl, ohne dass etwas zu geschehen scheint. Vielleicht bist du es leid, von den Zeugnissen anderer zu hören, weil du nur noch denken kannst: *Was ist mit mir, Herr? Hast du mich vergessen? Wann werde ich meine Heilung bekommen? Wie lange muss ich noch warten?*

Lieber Freund, ich möchte, dass du weißt, dass es in Ordnung ist, wenn du zum Herrn rufst und fragst: »Wie lange noch, Herr?« Das hat auch der Psalmist David in obigen Versen getan, und wir können nachlesen, mit welchen Worten er dem Herrn in seiner Qual sein Herz ausschüttete.

Gott liebt dich und du bist ihm wichtig. Er weiß von der Entmutigung, die dich überwältigt, wenn du daran denkst, wie lange dein Feind, die Krankheit, schon die Oberhand über dich zu haben scheint. Und er weiß, dass du dich dann so fühlst, als wäre er Lichtjahre entfernt. Er ist nicht schockiert, wenn du solche Gedanken äußerst. Er möchte, dass du zu ihm gelaufen kommst, selbst wenn du solche Gedanken hast. Er weiß genau, was du durchmachst, und er kennt die Verzweiflung, die dich zu erdrücken scheint. Bring einfach alles zum Herrn, aber verharre nicht in diesem Zustand der Entmutigung.

Was schrieb David weiter? Psalm 13 endet folgendermaßen: »Doch ich will auf deine Güte vertrauen, von ganzem Herzen will ich jubeln über deine Rettung! Mit meinem Lied will ich dem Herrn danken, weil er mir Gutes erwiesen hat« (Ps 13,5–6 NGÜ).

Doch.

Ein kleines Wort, das einen großen Unterschied macht.

Vielleicht hast du das Gefühl, in Hoffnungslosigkeit zu versinken, *doch* gib nicht auf. Das Wort, das der Psalmist im hebräischen Bibeltext für »Güte« verwendet, lautet *chäsäd* (Gnade), während das Wort für »Rettung« *Jeschua* ist. Vertraue weiterhin auf seine Gnade. Halte den Blick auf deinen *Jeschua*, deinen Jesus, gerichtet. Deine Rettung – Wohlergehen, Befreiung und Sieg – ist in ihm zu finden!

GEDANKE DES TAGES

Wenn du mit dem Herrn sprichst und Zeit in seiner Gegenwart verbringst, wirst du feststellen, dass er dir nicht einfach eine Antwort gibt – er *ist* die Antwort. Am Kreuz erkaufte er für uns das Geschenk des ewigen Lebens und der Heilung, bezahlt mit seinem eigenen Körper und Blut. Welche Rettung oder Heilung du auch brauchst, Jesus *ist* die Antwort.

GEBET DES TAGES

Lieber Herr Jesus, danke, dass du mein *Jeschua*, meine sichere Rettung, mein Befreier und mein Heiler bist. Ich danke dir, dass du die Schreie meines Herzens hörst und dass deine Gnade meine Errettung und meine Heilung erkauft hat. Auch wenn sich meine äußeren Umstände nicht zu ändern scheinen, erkläre ich, dass du die Antwort bist und dass ich dir vertrauen werde. Amen.

TAG 63

SELA-MOMENTE

Ach HERR, wie zahlreich sind meine Feinde!
Viele erheben sich gegen mich;
viele sagen von meiner Seele:
»Sie hat keine Hilfe bei Gott.« (Sela)
Aber du, HERR, bist ein Schild um mich,
du bist meine Herrlichkeit und der mein Haupt emporhebt.
— Psalm 3,1–3 ELB

Wenn du liest, was mit David geschah, als er in den obigen Versen zu Gott rief, beachte das *Sela* im Psalm. Solche »*Sela*-Momente« findet man überall in Davids Psalmen. Das heißt, David hielt inne … und lauschte.

In diesen Momenten wandte David die Augen von seinen Problemen ab und blickte zu seinem Gott. Ich glaube, dass er sich in solchen Momenten aufs Neue bewusst wurde, dass er seine Kämpfe nicht selbst austragen musste, weil der Herr der Heerscharen für ihn kämpfte (1Sam 17,45–47). Er erinnerte sich an den Gott, der ihn aus der Klaue des Löwen und der Pranke des Bären gerettet hatte; den Gott, der Goliat ohne Schwert und Speer überwand. Und während er zum Herrn blickte, stärkte er sich im Herrn (1Sam 30,6), und ab da begann sich die Lage zu ändern.

Etwas veränderte sich, als er sich nicht mehr auf seine leidvollen und schrecklichen Umstände fokussierte und sich stattdessen von der Gnade des Herrn auffangen ließ, indem er innehielt und sich auf das konzentrierte, womit der Herr ihn im Inneren ermutigte. Ich glaube, dass er in diesen kurzen Momenten, in denen er über Gottes Güte und Barmherzigkeit nachdachte, den Herrn zu ihm sagen hörte: »David, warum machst du dir Sorgen, dass all diese Menschen dich bedrängen? *Ich* bin dein Schild. *Ich* bin deine Herrlichkeit. *Ich* richte dich auf und stelle deine Ehre wieder her.« Das war es, was in Davids Situation den Wendepunkt herbeiführte. Gottes Trost kam zu David, als er sich für ein *Sela* entschied.

Scheint es, als wären deine Feinde zahlreicher geworden? Erheben sich viele von ihnen gegen dich? Bekommst du vom Arzt eine schlechte Nachricht nach der anderen? Vielleicht hat man noch mehr Besorgniserregendes gefunden, als zuerst angenommen. Und jetzt ist dein Herz schwer, weil es sich anfühlt, als könnte dir nicht einmal Gott mehr helfen.

Tu in solchen Zeiten, was David tat. *Sela.* Halte inne und entscheide dich, vor den Augen deiner Feinde zum Herrn zu laufen.

Als David den Psalm weiterschrieb, waren seine Feinde noch immer da. Aber er konnte sich aufrichten und erklären: »Aber du, HERR, bist ein Schild um mich, du bist meine Herrlichkeit und der, der mein Haupt emporhebt.«

In deinen *Sela*-Momenten mit dem Herrn wirst du deinen Wendepunkt und Sieg finden. Bleibe nicht mutlos. Lauf nicht vor dem Herrn weg. Lauf *zu* ihm und bete ihn an.

GEDANKE DES TAGES

Wenn du nicht weißt, wo du anfangen sollst, darf ich dich einladen, dich uns anzuschließen? Als Gemeinde hatten wir vor einiger Zeit eine kraftvolle, innige und befreiende Lobpreiszeit mit den Psalmen Davids und wir würden uns freuen, wenn auch du sie erleben würdest. Das kannst du, indem du auf JosephPrince.de/iss gehst. Verherrliche ihn und seine *chäsäd* (Gnade), anstatt deinen Herausforderungen zu viel Aufmerksamkeit zu schenken, und dann schau zu, wie er den Sieg in deine Situation hineinbringt!

GEBET DES TAGES

Herrlicher Herr Jesus, ich danke dir für diesen *Sela*-Moment, in dem ich zu dir laufen und dich anbeten kann. Danke, dass du ein Schild für mich bist, meine Herrlichkeit und derjenige, der mein Haupt hoch über meine Umstände erhebt. Es gibt nichts, was zu schwer für dich ist. Es gibt keinen Feind in meinem Leben, den du nicht bereits besiegt hast. Ich verherrliche dich und weiß, dass du mich zum Sieg führen wirst. Amen.

TAG 64

NACH UND NACH

Ich will sie aber nicht in einem Jahr vor dir vertreiben, damit das Land nicht zur Einöde wird und die wilden Tiere sich nicht vermehren zu deinem Schaden. Nach und nach will ich sie vor dir vertreiben, in dem Maß, wie du an Zahl zunimmst, sodass du das Land in Besitz nehmen kannst.

— 2. MOSE 23,29–30

Du kannst Heilung durch das Gebet des Glaubens empfangen (Mk 11,24), und schon viele Male wurden die Menschen während unserer Gottesdienste sofort geheilt, wenn die Gaben der Heilungen flossen (1Kor 12,9). Wenn sich die Gemeinde versammelt, ist eine gemeinschaftliche Salbung aktiv, denn Jesus hat gesagt: »Denn wo zwei oder drei in meinem Namen versammelt sind, da bin ich in ihrer Mitte« (Mt 18,20). Wo Jesus ist, wandelt sich Tod zu Leben und Auferstehung (Joh 11,25), aus Schwäche wird Stärke, aus wenig wird viel und in der Gegenwart des Herrn gibt es ungetrübte Freude und ewiges Glück (Ps 16,11 GNB).

Ich würde mich freuen, wenn jeder immer eine sofortige und vollständige Heilung empfangen würde, aber es muss nicht sofort etwas Sichtbares passieren oder etwas konkret Spürbares in deinem Körper stattfinden, bevor du dir sicher sein kannst, dass Gott dich heilt. In dem Moment, in dem du das Abendmahl im Glauben nimmst, hat deine Heilung schon begonnen.

Die meisten Menschen, die meinem Dienst ihre Heilungszeugnisse schicken, wurden nicht während einer spektakulären Gebetsversammlung geheilt oder dadurch, dass ein Mann oder eine Frau Gottes ihnen die Hände auflegten. Sie wurden allmählich und direkt vom Herrn geheilt, während sie den uns verordneten Kanal nutzten, durch den wir Jesu übernatürliches Leben und seine Gesundheit empfangen – durch das Abendmahl.

Manchmal können Lehren über das Gebet des Glaubens Druck auf dich ausüben. Du sollst glauben, dass du in dem Moment, in dem du betest, vollständige Heilung empfangen hast. Aber seien wir doch ehrlich: Die meisten von uns haben nicht diese Art von Glauben. Was jedoch die Gaben der Heilungen betrifft, so wirken sie nach dem Willen des Geistes (1Kor 12,11) und nicht so, wie die Menschen das wollen. Beim Abendmahl gibt es keinen Druck. Jedes Mal, wenn du es im Glauben nimmst, empfängst du ein Maß an Heilung. Mit jedem Mal, wenn du es nimmst, schreitet deine Genesung ein Stück weiter voran.

Manchmal werden wir ungeduldig und wollen, dass der Herr alle unsere Feinde mit einem Schlag vertreibt. Die heutige Bibelstelle aus 2. Mose 23 zeigt, was der Herr zu den Kindern Israels sagte, als sie sich für den Eintritt in das verheißene Land bereitmachten. *Nach und nach. Nach und nach.*

Heute sind wir nicht wie die Kinder Israels mit Hiwitern, Hethitern oder Kanaanitern konfrontiert. Unsere Feinde könnten stattdessen Nierenversagen, Leukämie oder Bluthochdruck heißen. Welchen Namen dein Feind auch tragen mag, lass dich nicht entmutigen. Die Symptome mögen immer noch vorhanden sein, auch wenn du das Abendmahl schon seit einer Weile nimmst, aber nimm es trotzdem weiter. Deine Heilung wird sich zeigen. Der Feind wird aus deinem Leben vertrieben. Deine Heilung geschieht vielleicht nicht so schnell, wie du es dir wünschst, aber sie *geschieht*. Mein Freund, gib nicht auf!

GEDANKE DES TAGES

Hab Geduld und gib dir Zeit, in Gottes Gnade zu wachsen und die Heilung zu empfangen, die er im Abendmahl anbietet, Stück für Stück. Halte deinen Glauben in seiner Gnade verankert und lass ihn sein tiefreichendes, dauerhaftes Werk in dir tun. Deine Heilung geschieht vielleicht nicht sofort, aber mit der Zeit wird seine Gnade, die in deinem Leben wirksam ist, für jeden sichtbar sein. Verliere also nie die Hoffnung.

GEBET DES TAGES

Herr Jesus, danke, dass ich jedes Mal, wenn ich zu dir komme, mehr und mehr von deinem Auferstehungsleben erhalte. Ich glaube, dass ich beim Abendmahl immer mehr von deiner Heilungskraft empfange. Auch wenn ich es nicht sehen oder fühlen kann, glaube ich, dass du in meinem Körper intensive Heilungsarbeit leistest und meine vollständige Heilung in deinem Zeitplan sichtbar wird. Amen.

TAG 65

ÜBERNATÜRLICH, ABER UNSPEKTAKULÄR

Tag für Tag versammelten sie sich einmütig im Tempel, und in ihren Häusern hielten sie das Mahl des Herrn und aßen gemeinsam, mit jubelnder Freude und reinem Herzen.
— APOSTELGESCHICHTE 2,46 GNB

Es kommt vor, dass jemand das Abendmahl nimmt und daraufhin sofortige Heilung erlebt. Aber das ist eher die Ausnahme als die Regel. In den meisten Fällen erfolgt die Heilung allmählich. Allmählich bedeutet aber nicht, dass gar keine Heilung stattfindet.

Vor einigen Jahren spürte ich einen stechenden Schmerz in meinem Steißbein, wenn ich nach dem Sitzen aufstand, auch wenn der Stuhl weich gepolstert war. Als ich einen Arzt aufsuchte, sagte er mir, das sei »altersbedingter« Verschleiß und dagegen könne man nichts machen. Als er das sagte, wurde mir klar, dass mein Körper dem natürlichen Alterungsprozess nachzugeben begann.

Aber ich weigerte mich, das zu akzeptieren, weil ich zwar in dieser Welt, aber nicht von dieser Welt bin (Joh 17,11.14). Ich *sollte nicht* dem unterworfen sein, was die Welt erleidet. Und du solltest es auch nicht. Wie wir in Abschnitt 8 gesehen haben, hat Christus uns von dem Fluch des Gesetzes erlöst, und das schließt alle Krankheiten ein, unter denen die Welt leidet. Ich beschloss daher, die Vorsorge des Herrn in Anspruch zu nehmen, und begann, das Abendmahl gegen meine Steißbeinschmerzen zu nehmen.

Weißt du, was unmittelbar nach Einnahme des Abendmahls passierte? Ich stand von meinem Stuhl auf. Und sofort schoss ein heftiger Schmerz durch meinen Körper. Am nächsten Tag nahm ich wieder das

Abendmahl. Das ging noch einige Zeit so weiter. Ich nahm das Abendmahl, aber die Schmerzen blieben. Eines Tages wurde mir plötzlich bewusst, dass ich aufgestanden war, ohne zusammenzuzucken. Als ich darüber nachdachte, wurde mir klar, dass ich schon seit ein paar Tagen keine Schmerzen mehr gehabt hatte. Ich war geheilt!

Der Herr hatte mich übernatürlich geheilt. Aber die Heilung erfolgte so allmählich, während ich immer weiter das Abendmahl nahm, dass ich es gar nicht sofort bemerkte, als ich geheilt war. Ich glaube, dass die meisten Heilungen so ablaufen.

Deshalb sagte unser Herr Jesus: »dies tut, sooft ihr trinkt, zu meinem Gedächtnis« (1Kor 11,25). Man beachte, dass er »sooft« und nicht »so selten« oder »so sporadisch« sagte. Das sagt uns, dass er von einer regelmäßigen Einnahme des Abendmahls sprach. Aber wie definieren wir »oft«? Der Herr überlässt es uns, das zu entscheiden.

Ich weiß nur eines: Die Gemeinde zur Zeit der Apostel feierte das Abendmahl *täglich*. Überall brachen sie in den Häusern das Brot. Sie müssen eine Offenbarung darüber gehabt haben, wie nützlich das Abendmahl für ihre Körper war, und haben es deshalb so oft sie konnten genommen. Ich sage nicht, dass wir das Abendmahl jeden Tag nehmen müssen. Aber wenn du dich dazu veranlasst fühlst, dann tu es bitte unbedingt.

GEDANKE DES TAGES

Lass dich durch eine Verzögerung bei deiner Heilung nicht davon abhalten, das Abendmahl häufig zu nehmen. Jedes Mal, wenn du das Abendmahl nimmst, blickst du auf Jesus und empfängst das, was er am Kreuz vollbracht hat, um dir Gesundheit, Wohlbefinden und Leben im Überfluss zu schenken. Fahre einfach fort, das Abendmahl zu nehmen, und mit der Zeit wirst den vollen Nutzen von Jesu zerschlagenem Körper und seinem vergossenen Blut genießen.

GEBET DES TAGES

Herr Jesus, danke, dass du mich von dem Fluch der Krankheit erlöst hast, und das schließt auch alle Krankheiten und Beschwerden mit ein, die jetzt in meinem Körper vorhanden sind. Auch wenn ich keine unmittelbare Wirkung durch das Abendmahl sehe, danke ich dir, dass das nicht bedeutet, dass meine Heilung nicht stattfindet. Ich glaube, dass auch »allmählich und unspektakulär« immer noch »übernatürlich« bedeutet. Ich werde weiterhin oft das Abendmahl nehmen und mit der Zeit wird sich meine vollständige Heilung zeigen. Amen.

TAG 66

SIEH NICHT AUF DEINEN KÖRPER

Und er wurde nicht schwach im Glauben und zog nicht seinen Leib in Betracht, der schon erstorben war, weil er fast hundertjährig war; auch nicht den erstorbenen Mutterleib der Sara.

— RÖMER 4,19

Was solltest du tun, wenn die Symptome fortbestehen oder wenn der Feind dich immer wieder an Personen erinnert, die nicht geheilt wurden? Nimm weiterhin das Abendmahl und danke dem Herrn für die Heilung, die er dir gegeben hat. Alles, was du von Gott brauchst, ist dir durch das Kreuz bereits gegeben worden. Die Bibel sagt uns, dass er uns vom Fluch des Gesetzes und von jeder Krankheit und allen Leiden bereits freigekauft *hat* (Gal 3,13).

Als unser Herr Jesus das Abendmahl einführte, nahm er den Kelch und dankte (Mt 26,27). Das griechische Wort für »dankte« lautet *eucharisteo*, was »Dankbarkeit ausdrücken« bedeutet.[17] Deshalb wird die Abendmahlfeier auch als Eucharistie bezeichnet. Du dankst für etwas, was bereits getan ist und was du bereits erhalten hast. Auch wenn die Symptome in deinem Körper noch zu spüren oder zu sehen sind, kannst du trotzdem danken und dich als geheilt bezeichnen, denn Gottes Wort sagt: »Durch seine Striemen sind wir geheilt« (Jes 53,5).

Versuche nicht, Heilung für dich selbst oder deine Familienangehörigen zu »erlangen«. Sie gehört dir schon! Der Feind ist bereits besiegt (Kol 2,15). Jesus *hat* dir bereits göttliche Gesundheit und Wohlbefinden gegeben. Vergiss eines nie: Als Glaubender kämpfst du nicht *um* den Sieg, sondern führst den Kampf als *Sieger*.

Mein Freund, lass uns wie Abraham sein, der überzeugt war, dass Gott in der Lage wäre, sein Versprechen einzulösen. Obwohl Abraham in fortgeschrittenem Alter war, glaubte er an Gottes Verheißung – dass Gott ihn zum Vater vieler Nationen machen würde –, *und zog seinen Körper nicht in Betracht*, genauso wenig wie den schon erstorbenen Mutterleib seiner Frau Sarah. Und du weißt ja, wie die Geschichte weiterging: Abraham war hundert Jahre alt, als sein Sohn Isaak geboren wurde (1Mo 21,5), und Sarah war etwa neunzig. Von Natur aus war das vollkommen unmöglich, da sie beide das natürliche Fortpflanzungsalter überschritten hatten.

Abraham sah jedoch nicht auf den abgestorbenen Zustand seines Körpers; er achtete nur auf Gottes Verheißung. Römer 4,20–21 sagt uns: »Er zweifelte nicht an der Verheißung Gottes durch Unglauben, sondern wurde stark durch den Glauben, indem er Gott die Ehre gab und völlig überzeugt war, dass Er das, was Er verheißen hat, auch zu tun vermag.«

Darf ich dich ermutigen, wie Abraham zu sein, auch wenn dein Körper krank ist? *Sieh nicht* auf die Symptome in deinem Körper oder auf den negativen Befund deines Arztes. Richte deine Augen stattdessen fest auf unseren Herrn Jesus und sieh auf die Verheißung in Gottes Wort, die erklärt, dass du durch die Striemen Jesu geheilt *bist*. Nimm weiter im Glauben das Abendmahl und danke Jesus, dass sein Körper zerschlagen wurde, damit dein Körper heil sein kann. Und während du das Abendmahl nimmst, bereite dich wie die Kinder Israels voller Erwartung auf deine körperliche Befreiung vor.

GEDANKE DES TAGES

Wir haben Gottes Zusage, dass die volle Bezahlung für unsere Sünden und Krankheiten bereits durch das Opfer unseres Herrn Jesus auf Golgatha erfolgt ist. Lass dein Herz und deinen Kopf und Mund mit der wunderbaren Gewissheit füllen, dass Heilung bereits dir gehört!

GEBET DES TAGES

Vater, ich danke dir, dass der Feind besiegt ist, und deshalb kämpfe ich aus dem Sieg heraus. Ich werde nicht auf die Symptome in meinem Körper achten, sondern ich werde meine Augen auf Jesus richten und in der Gewissheit ruhen, dass Heilung mir gehört. Ich danke dir, dass ich jedes Mal, wenn ich das Abendmahl nehme, ein zunehmendes Maß an Heilung erhalte. Im Namen Jesu, amen.

TAG 67

WENN DIR DER GLAUBE FEHLT

Durch Glauben erhielt auch Sarah selbst die Kraft, schwanger zu werden, und sie gebar, obwohl sie über das geeignete Alter hinaus war, weil sie den für treu achtete, der es verheißen hatte.
— HEBRÄER 11,11

Vielleicht bist du an einem Punkt, an dem du das Gefühl hast, keinen Glauben mehr aufbringen zu können, geschweige denn »nicht an der Verheißung Gottes zu zweifeln« wie Abraham (Röm 4,20). Vielleicht denkst du: *Ich habe so lange versucht, daran zu glauben. Aber mir fehlt der Glaube, um noch weiterzumachen.*

Lass mich dir zeigen, was der heutige Bibelvers über Sarah sagt. Es war in der Tat Glaube im Spiel, als Sarah ein Kind empfing und gebar. Aber wenn du denkst, dass zu glauben furchtbar schwer ist und dass du einfach keinen Glauben hast, dann bete ich, dass dich das Folgende ermutigen wird.

Wie hat Sarah ihr Wunder empfangen, nach so langer Zeit, als es im Natürlichen unmöglich erschien? Sie »achtete den für treu, der es verheißen hatte«. Es klingt simpel, aber darin lag ihr Wunder. Der Glaubensweg ist nicht schwer. Er ist einfach und mühelos. Wenn dir der Glaube ausgeht, achte Gott als treu. Wenn du nicht mehr weißt, wie du noch weiter glauben sollst, dann rechne mit *seiner* Treue. Wenn es sogar so scheint, als hättest du gar keinen Glauben, denk daran, dass *er* treu ist. Verlasse dich auf *seine* Treue.

Gib nicht auf, nur weil du denkst, dass du nicht genug Glauben hast. Wenn Gott dir ein Versprechen gibt, besteht deine Aufgabe nicht darin, Glauben hervorzubringen. Deine Aufgabe ist es, in dem Einen zu ruhen, der dir das Versprechen gegeben hat, und zu wissen, dass er treu ist.

Es gibt einen wunderschönen Vers, mit dem du deinen Geist bereichern kannst und den du möglichst auswendig lernen solltest. Es ist ein Vers, der dich im Glaubenskampf stützen wird, wenn es scheint, als bekämst du keine Antworten: Wenn wir untreu sind, so bleibt er doch treu; er kann sich selbst nicht verleugnen (2Tim 2,13). Selbst wenn du treulos bist, bleibt er treu. Am Kreuz, als Jesus all unsere Sünden trug, musste sich Gott der Vater von seinem Sohn abwenden, und Jesus rief: »Mein Gott, mein Gott, warum hast du mich verlassen?« (Mt 27,46). Er bezahlte den Preis dafür, dass Gott dir und mir ständig nah sein kann, und deshalb wird Gott dich nie aufgeben oder verlassen (Hebr 13,5). Er wird dich nie fallenlassen, sondern dich sicher festhalten. Wenn du nicht glauben kannst, darfst du wissen, dass du nicht bemüht sein musst, dich an ihm festzuhalten – er ist derjenige, der dich festhält. In der Bibel steht, dass der Herr, dein Gott, deine rechte Hand hält und zu dir sagt: »Hab keine Angst. Ich bin da und helfe dir« (Jes 41,13 NLB).

Wenn sich dein Kampf gegen deine Krankheit schon sehr lange hinzieht und du dich völlig ausgelaugt fühlst; wenn du keine Kraft mehr hast, überhaupt noch Glauben aufzubringen, darf ich dich ermutigen, Folgendes zu tun? Nimm dir Zeit, in die Gegenwart des Herrn zu gehen, und rede einfach mit ihm. Sag ihm:

Herr Jesus, danke für deine Treue zu mir. Du bist treu in deiner Güte mir gegenüber. Du bist treu, deine Verheißungen in meinem Leben zu verwirklichen. Du achtest treu auf das, was mit mir geschieht, und du bist treu, mich zu heilen und mir jedes kleinste bisschen Gesundheit und Wohlbefinden zurückzugeben, das ich durch diese Krankheit verloren habe. Jetzt, in diesem Moment, hältst du mich treu aufrecht, also werde ich keine Angst haben. Und weil du mich festhältst, kann ich loslassen und in dir ruhen. Es ist deine Treue, die meine Heilung sichtbar werden lässt. Danke, Herr Jesus. Amen.

GEDANKE DES TAGES

Lieber Freund, ganz einfach so mit ihm zu reden, *ist* für Gott Glaube. Du vertraust darauf, dass er in deiner Situation bei dir ist und dass er dir zuhört. Und wenn du angesichts der Symptome in deinem Körper erklärst, dass der Eine, der dir Heilung versprochen hat, treu ist, achtest du ihn für treu – und du wirst erleben, wie er in seiner Treue deine Heilung sichtbar werden lässt.

GEBET DES TAGES

Lieber Herr Jesus, ich danke dir für deine Zusage, dass du auch dann treu bleibst, wenn mir der Glaube fehlt, um weiterzumachen. Ich danke dir, dass du den Preis für mich bezahlt hast und ich deshalb als mein Erbteil das Recht auf Heilung von jeder Krankheit in meinem Körper habe. Ich werde in dir und in dem Wissen ruhen, dass du treu dafür sorgst, dass sich meine Heilung zeigt. Amen.

TAG 68

VERWECHSLE GLAUBEN NICHT MIT EMOTIONEN

Denn wir wandeln im Glauben und nicht im Schauen.

— 2. KORINTHER 5,7

Vor einigen Jahren wurde bei der Frau eines Leiters aus meinem Team eine Gebärmutterzyste entdeckt, die laut den Ärzten operativ entfernt werden musste. Ihr wurde gesagt, dass vielleicht sogar ihre ganze Gebärmutter entfernt werden müsse. Natürlich war dieses Paar von dieser Nachricht ziemlich geschockt. Ich traf mich mit den beiden, um mit ihnen zu beten und gemeinsam das Abendmahl zu feiern.

Ehrlich gesagt spürte ich keinen Glauben, als ich für sie betete. Tatsächlich fühlte ich mich sogar ziemlich hilflos. Aber ich hörte, wie der Herr zu mir sagte, ich solle ruhig bleiben. Ich hörte, wie er mir sagte, ich solle nicht einmal versuchen, Glauben aufzubringen, und stattdessen einfach in seinem Glauben ruhen. Also sagte ich nur: »Gewächs, ich verfluche dich im Namen Jesu bis zu deinen Wurzeln. Sei mitsamt der Wurzel herausgerissen und ins Meer geworfen.« Gleichzeitig betete ich auch, dass der Herr ihre Jugend wie die des Adlers erneuern würde.

Ein paar Tage später ging sie zu einem letzten Scan vor der angesetzten Operation. Und weißt du was? Die Ärzte konnten keine Zyste finden! Ihr Gynäkologe sagte, dass das komplette Gewächs einfach verschwunden sei und dass es ein Wunder wäre. Aber der Herr ließ es nicht damit gut sein. Sie hatte schon seit längerem aufgehört zu menstruieren, aber kurz nachdem ich für sie gebetet hatte, kehrte ihre Periode zurück. Der Herr hat ihre Gebärmutter und ihre Jugend erneuert. Halleluja!

Ich spürte keinen Glauben, als ich für sie betete, aber ihre Heilung hing nicht von meinem Glauben ab. Schau nicht auf deinen eigenen Glauben und denke dabei: *Ich habe nicht genügend Glauben für den Durchbruch, den ich so dringend brauche.* Glaube ist nichts anderes, als auf Jesus zu bauen. In den Evangelien gab es nur zwei Personen, denen Jesus »großen Glauben« zuschrieb: Der Zenturio, der fest überzeugt war, dass Jesus nur ein Wort sprechen müsse, damit sein Diener zu Hause geheilt würde (Mt 8,5–13); und die syrophönizische Frau, zu der Jesus sagte: »O Frau, groß ist dein Glaube!« (Mt 15,21–28).

Und weder der eine noch die andere waren sich des eigenen Glaubens bewusst.

Willst du wissen, wessen sie sich bewusst waren? Sie waren sich Jesu bewusst. Sie sahen ihn als den Einen, der treu und mächtig ist. Sie empfanden große Wertschätzung für seine Gnade und Güte. Und wie sie ihn in seiner Gnade sahen, so sah er sie in ihrem Glauben!

Mach dir keine Gedanken darüber, ob du genug Glauben hast oder nicht. Baue einfach auf Jesus. Verbringe Zeit in seiner Gegenwart. Schaue oder höre dir Predigten an, in denen sich alles um Jesus dreht. Wenn du Jesus berührst, berührst du den Glauben, weil er der Urheber und Vollender des Glaubens ist (Hebr 12,2). Die Bibel erklärt, dass er treu ist, und er wird nicht zulassen, dass du mehr durchmachen musst, als du ertragen kannst (1Kor 10,13). Er wird dich durchtragen.

GEDANKE DES TAGES

Die Heilung hängt nicht von deinem Glauben ab; sie hängt vom Glauben des Einen ab, der treu ist, unserem Herrn Jesus. Deshalb ist das Abendmahl so wirksam. Es lenkt den Fokus auf Jesus und nur auf ihn. Selbst wenn du keinen Glauben verspürst, während du das Abendmahl nimmst, höre trotzdem nicht damit auf. Konzentriere dich nicht auf deinen vorhandenen oder fehlenden Glauben. Manchmal verwechseln wir Glauben mit Gefühlen. Vertraue einfach auf den Einen, der nie ins Wanken gerät. Gib nicht auf!

GEBET DES TAGES

Vater im Himmel, ich danke dir, dass meine Heilung nicht davon abhängt, ob und wie viel Glaube ich verspüre. Danke, dass es für mich nur darum geht, auf Jesus zu schauen und mich auf ihn und das zu konzentrieren, was er für mich vollbracht hat. Hilf mir, wenn ich das Abendmahl nehme, immer mehr von seiner Gnade zu sehen und in seiner Treue zu ruhen, die mich durchträgt. Amen.

ZEUGNIS

Von unheilbarer neuromuskulärer Krankheit befreit

Vor einigen Jahren wurde bei mir Myasthenia gravis diagnostiziert (eine chronische Autoimmunerkrankung, die sich durch Muskelschwäche bemerkbar macht). Als Erstes wurden meine Augenlider befallen. Ich konnte meine Augen nicht mehr vollständig öffnen. Dadurch sah ich aus, als wäre ich betrunken oder mit Drogen vollgepumpt. Mir wurde gesagt, dass ich mit fortschreitender Krankheit wahrscheinlich meine Gehfähigkeit verlieren und schließlich nicht mehr schlucken können würde.

Ein Augenarzt und zwei Neurochirurgen bestätigten die Diagnose. Es gibt keine bekannte Heilmethode für diese Erkrankung und die Ärzte sagten mir, sie könnten nur helfen, das Fortschreiten der Krankheit zu verzögern und die Symptome mit lebenslanger Medikamentengabe in den Griff zu bekommen. Ich weinte und mir fiel es schwer zu glauben, dass Gott mich heilen würde.

Mein Mann und ich hörten uns jedoch weiterhin in der Gemeinde und auf dem täglichen Weg zur Arbeit die Predigten von Pastor Prince an.

Mein Mann setzte sich jeden Abend mit mir hin, um für Heilung zu beten und mit mir gemeinsam das Abendmahl zu feiern. Trotz meiner Ängste fand ich jedes Mal, wenn wir das Abendmahl nahmen, großen Trost. An manchen Tagen fehlten mir die Worte zum Beten, dann ermutigte er mich, ihm nachzusprechen und Gott für das unschätzbare und mächtige Opfer Jesu auf Golgatha zu danken. Wir nahmen Gottes Verheißungen in Psalm 23 in Anspruch und erklärten, dass es uns an nichts fehlen würde und wir ein gesundes und fruchtbares Leben führen würden.

Zwei Tage vor meinem Termin beim Neurochirurgen wurden bei mir alle Medikamente abgesetzt. Zu unserer Überraschung stellte der Neurochirurg fest, dass meine Augenlider nicht herabhingen. Als Nächstes bat er mich aufzustehen, damit er meine Muskelkraft überprüfen konnte. Dann guckte er ratlos und fragte, ob ich tatsächlich keine Medikamente mehr nähme. Als ich ja sagte, meinte er, dass ich nach mehr als vierundzwanzig Stunden ohne Medikamente unmöglich Augenlider haben könne, die nicht hingen. Also sagte er die weiteren Tests ab, die durchgeführt werden sollten, und bestätigte, dass es keine Anzeichen einer Myasthenia gravis gäbe.

MEIN MANN SETZTE SICH JEDEN ABEND MIT MIR HIN, UM FÜR HEILUNG ZU BETEN UND MIT MIR GEMEINSAM DAS ABENDMAHL ZU FEIERN. TROTZ MEINER ÄNGSTE FAND ICH JEDES MAL, WENN WIR DAS ABENDMAHL NAHMEN, GROSSEN TROST.

Ich war überglücklich und erklärte, dass ich von Christus Jesus geheilt worden sei! Das war das letzte Mal, dass ich wegen Myasthenia gravis einen Arzt aufsuchen musste. Alle Ehre sei Gott! Mein Mann und ich sind so dankbar für den Dienst von Pastor Prince, der uns die Augen und Ohren für das wunderbare Evangelium der Gnade geöffnet hat.

Corrine | Singapur

ABSCHNITT 10

DER KAMPF UM RUHE

Schließlich: Werdet stark durch die Kraft und Macht des Herrn! Zieht an die Waffenrüstung Gottes, um den listigen Anschlägen des Teufels zu widerstehen! Denn wir haben nicht gegen Menschen aus Fleisch und Blut zu kämpfen, sondern gegen Mächte und Gewalten, gegen die Weltherrscher dieser Finsternis, gegen die bösen Geister in den himmlischen Bereichen. Darum legt die Waffenrüstung Gottes an, damit ihr am Tag des Unheils widerstehen, alles vollbringen und standhalten könnt!

— EPHESER 6,10–13 EÜ

TAG 69

GEISTLICHE KAMPFFÜHRUNG

Denn wir haben nicht gegen Menschen aus Fleisch und Blut zu kämpfen, sondern gegen Mächte und Gewalten, gegen die Weltherrscher dieser Finsternis, gegen die bösen Geister in den himmlischen Bereichen.
— Epheser 6,12 EÜ

Ich weiß nicht, ob es dir klar ist, aber wir befinden uns in einem Krieg. In unserer modernen Welt haben viele von uns Zugang zu Ärzten, Krankenhäusern und verschiedenen Medikamenten und Behandlungen. Außerdem können wir uns einfach an Google wenden, um Informationen über unsere Symptome zu bekommen und alles über mögliche Erkrankungsursachen und Behandlungsmöglichkeiten herauszufinden. Dabei können wir allzu leicht vergessen, dass es ein unsichtbares Reich gibt. Wir verlieren schnell aus den Augen, dass es einen echten Feind gibt und dass geistliche Mächte involviert sein könnten, wenn unsere Körper unter Beschuss geraten.

Es gibt einen Feind, der uns zerstören will, einen Feind, der uns mit Krankheit tyrannisieren und uns daran hindern will, die Gesundheit und das göttliche Leben zu ernten, die als Gläubige unser Erbe sind. Ich sage nicht, dass alle Krankheiten von Geistern verursacht werden, aber vergessen wir nicht, dass Geister existieren. Das Lukasevangelium berichtet, dass unser Herr Jesus eine Frau heilte, die von einem »Geist der Krankheit« unterdrückt worden war (Lk 13,10–17). Achtzehn Jahre lang war sie verkrümmt und konnte sich nicht aufrichten. Unser Herr Jesus sagte selbst, sie sei in diesem Zustand, weil *Satan* sie gebunden halte.

Danken wir Gott für Ärzte und für Krankenschwestern und -pfleger, die ihr Leben den Kranken gewidmet haben; die helfen, Krankheiten vorzubeugen und das Leiden ihrer Patienten zu lindern. Sie sind ein großer Segen, und ich glaube fest daran, dass Gott durch sie wirken kann.

Aber es gibt Grenzen für das, was Ärzte tun können, wenn es um geistliche Mächte geht, und wir können nicht mit *natürlichen* Mitteln gegen *übernatürliche* Mächte vorgehen.

Der Apostel Paulus schrieb, dass wir nicht gegen Fleisch und Blut kämpfen. Unser Kampf ist ein geistlicher. Die meisten Menschen denken bei geistlicher Kampfführung sofort an grimmige Schlachten, in denen man gegen den Teufel zu Felde zieht. Vor einigen Jahren habe ich ein Buch mit dem Titel *Geistliche Kampfführung* geschrieben. Und weißt du, was ich als Bild für das Buchcover gewählt habe? Das Bild von einem Mann, der auf einem Liegestuhl am Strand liegt und dabei die Arme lässig hinter dem Kopf verschränkt.

Wir müssen unbedingt beachten, dass dieser ganze Abschnitt über geistliche Kampfführung in Epheser 6 uns immer wieder ermahnt, zu »stehen«. Vom Kämpfen ist hingegen nur einmal die Rede, wenn es heißt, dass wir nicht »gegen Fleisch und Blut kämpfen« (Eph 6,11–14). Unser Kampf ist der Kampf um Ruhe. Wir kämpfen darum, ruhig zu bleiben und zu glauben, dass die Arbeit bereits getan ist. Unsere einzige Mühe ist die Bemühung darum, in die Ruhe hineinzukommen, die unser Herr Jesus am Kreuz für uns erworben hat (Hebr 4,11).

GEDANKE DES TAGES

Auch wenn ich das Thema geistliche Kampfführung hier nicht weiter vertiefen will, möchte ich dir in den nächsten paar Tagen anhand eines Beispiels zeigen, was es bedeutet, einen geistlichen Kampf zu führen. Gottes Wort sagt uns, dass unsere Aufgabe bei der geistlichen Kampfführung darin besteht, *stehen zu bleiben* und die Rettung des Herrn zu sehen (2Mo 14,13; 2Chr 20,17). Lass uns in dem Sieg stehen, den Christus uns bereits gegeben hat, anstatt einen Feind besiegen zu wollen, der am Kreuz schon besiegt *worden ist.*

GEBET DES TAGES

Vater, danke, dass ich mich ungeachtet der Gedanken, Vorstellungen oder Symptome, die mich bedrücken, auf die großartige Wahrheit stellen kann, dass der Sieg dank dem vollbrachten Werk Jesu sicher ist. Ich danke dir, dass mein Kampf allein darin besteht, ruhig zu bleiben und zu wissen, dass der Feind am Kreuz bereits besiegt worden ist. Danke, dass ich als dein Kind nichts weiter tun muss, als still stehen zu bleiben und deine Rettung zu erwarten. Amen.

TAG 70

WIE GEISTLICHE KAMPFFÜHRUNG AUSSIEHT

Du kommst zu mir mit Schwert und mit Speer und mit Wurfspieß; ich aber komme zu dir im Namen des HERRN der Heerscharen, des Gottes der Schlachtreihen Israels, die du verhöhnt hast!

— 1. Samuel 17,45

Am Beispiel von Annas erstaunlicher Geschichte möchte ich dir zeigen, was es bedeutet, einen Kampf auf geistlicher Ebene zu führen. Anna gehörte zu unserem Dienstteam aus Singapur, das anlässlich meiner Grace Revolution Tour in die Vereinigten Staaten reiste. Während sie in Dallas, Texas, war, durchlebte sie eine schreckliche Tortur.

Sie erzählte von einem Taubheitsgefühl in den Beinen, das sich rasch bis zu ihrem Zwerchfell ausbreitete. Unfähig, sich zu bewegen, wurde sie schleunigst in die Notaufnahme gebracht, wo sie sich einer fünfstündigen Notoperation unterziehen musste, weil mehrere Läsionen und tumorartige Gewächse über die gesamte Länge ihres Rückenmarks starken Druck ausübten. Ohne Vorwarnung war sie plötzlich bettlägerig mit Krebs im Stadium vier, der vom Brustbereich bis zum Hals und in die Knochen metastasiert war. Man gab ihr eine Lebenserwartung von zwei bis drei Jahren. Und so beschreibt sie ihren Kampf:

Ich, als ein verängstigtes Schaf, konnte nichts weiter tun, als einfach ganz nah bei dem großen Hirten zu bleiben. Während meines gesamten dreiunddreißigtägigen Krankenhausaufenthalts wurde Jesus zu meinem undurchdringlichen »Schutzbunker« und schützte mich vor weiteren Angriffen durch den Teufel. Ich bat darum, dass die Besucherzahl während meines Krankenhausaufenthaltes auf ein Minimum reduziert würde, und entschied mich, die Zeit mit dem Einen zu verbringen, dessen Anwesenheit und Worte nun mein Leben und meine Heilung waren. Allein schon zu hören, wie die Ärzte und Krankenschwestern über meinen Krebs sprachen, ließ das Leben und den Frieden aus mir heraussickern – ich spürte, dass ich den Tod berührt hatte.

Aber ich blieb in meinem Schutzbunker, Jesus. In meinen Wachzeiten nährte ich mich von Gottes Wort und glitt oft in den Schlaf, während die Predigten von Pastor Prince auf meinem iPad liefen. Jedes Mal, wenn ich meine Krebsmedikamente einnehmen musste, nahm ich gleichzeitig das Abendmahl. Das Gleiche tat ich auch nach jeder Bestrahlung. Und ich glaube, das war der Grund, warum ich während meiner fünfzehn Strahlentherapie-Zyklen abgesehen vom Haarausfall keine der typischen Nebenwirkungen spürte. Ich blieb einfach weiterhin täglich im Wort und nahm das Abendmahl.

Der Krebs war real, aber Anna wusste, dass der wahre Kampf ein geistlicher war. Natürlich fürchtete sie sich. Aber sie war ein Kind Gottes und hatte deshalb nicht vor, die Angriffe des Feindes am Boden liegend hinzunehmen oder sich von ihm einschüchtern zu lassen. Sie wehrte sich, bewaffnet mit dem Schwert des Geistes (Eph 6,17), in dem Wissen, dass ihr Gott ihr auf dem ganzen Weg beistehen würde.

Anna erinnert mich an David, der sich von dem Riesen Goliat, anders als die Soldaten Israels, nicht einschüchtern ließ. Er wurde stattdessen *wütend* und verlangte zu wissen: »Wer ist dieser unbeschnittene Philister überhaupt, dass er das Heer des lebendigen Gottes verhöhnen darf?« (1Sam 17,26 NLB). David war sich nur der Größe seines Gottes bewusst. Der Feind mag mit Schwert, Speer und Wurfspieß gegen dich antreten, aber wenn du ihm im Namen des Herrn der Heerscharen entgegentrittst, dann ist dieser Goliat kein Gegner für deinen Gott!

GEDANKE DES TAGES

Lieber Freund, ich bete, dass du etwas von Davids Kampfgeist abbekommst, wenn der Feind versucht, dich mit Symptomen anzugreifen. Hab keine Angst. Bleib standhaft und sei dir bewusst, dass der Feind bereits besiegt worden ist. Seine Waffen mögen der Welt furchteinflößend erscheinen, aber der, welcher in dir ist, ist größer als jener, der in der Welt ist (1Joh 4,4). Dieser Kampf muss nicht von dir gekämpft werden.

GEBET DES TAGES

Herr Jesus, danke, dass du auch mein »Schutzbunker« bist, der Herr der Heerscharen, in dessen Gegenwart mein Leben und meine Heilung zu finden sind. Ich danke dir, dass der Feind dir nicht gewachsen ist, egal, welche Waffe er gegen mich erhebt. Ich weiche nicht zurück, sondern ruhe in dem Sieg, den du mir bereits gegeben hast. Amen.

TAG 71

MIT DEM WORT GOTTES GESTÄRKT

Heilige sie in deiner Wahrheit! Dein Wort ist Wahrheit.
— JOHANNES 17,17

Um zu Annas Geschichte zurückzukehren: Es gab Momente, da ließen die entsetzlichen medizinischen Fakten das Leben und den Frieden aus ihr »heraussickern«. Anstatt jedoch diese Fakten zu akzeptieren, legte sie die ganze Waffenrüstung Gottes an, indem sie sich entschlossen auf sein vollbrachtes Werk stellte. Darüber hinaus blieb sie im Schutz des Allerhöchsten, ließ ihn Zuflucht und Festung für sie sein und sah ihn als ihren Befreier (Ps 91,1–3). Sie machte ihn zu ihrem undurchdringlichen »Schutzbunker« und zu ihrer Arche. Er war ihr starker Turm, ihr Schild und ihr großer Hirte, der sie beschützte und sie nah an seinem Herzen trug.

Sie wollte nicht das Stöhnen der anderen Patienten und das ständige Piepen all der medizinischen Apparate auf ihrer Station hören oder unentwegt den Tod und die Krankheit um sie herum beobachten. Also umgürtete sie sich mit der Wahrheit des Wortes Gottes, hörte Predigten, sann den ganzen Tag über Bibelstellen nach und nahm täglich das Abendmahl.

Sie stellte sich auf die ewige *Wahrheit* des lebendigen Wortes und proklamierte Bibelstellen, die sich auf bestimmte Angriffspunkte des Krebses richteten wie etwa: »Und es wird geschehen an jenem Tag, da wird *seine Last von deinen Schultern weichen und sein Joch von deinem Hals*; ja, das Joch wird zersprengt werden wegen der Salbung (Jes 10,27). Es gab noch viele andere Bibelstellen, auf die sie sich stellte, zum Beispiel: »Wenn aber Christus in euch ist, so ist der Leib zwar tot um der

Sünde willen, der *Geist aber ist Leben* um der Gerechtigkeit willen. Wenn aber der Geist dessen, der Jesus aus den Toten auferweckt hat, in euch wohnt, *so wird derselbe, der Christus aus den Toten auferweckt hat, auch eure sterblichen Leiber lebendig machen* durch seinen Geist, der in euch wohnt« (Röm 8,10–11).

Während Anna sich mit Bibelvers um Bibelvers füllte, wurde das Wort Gottes für sie buchstäblich zur Medizin, und sie wurde immer stärker. Wenn man Zeit im Wort Gottes verbringt, kann man gar nicht anders, als von dessen Heilungsvorzügen zu profitieren. Schließlich sagt das Buch der Sprüche über Gottes Worte: »Leben sind sie denen, die sie finden, und Heilung für ihr ganzes Fleisch« (Spr 4,22 ELB). Das hebräische Wort für Heilung ist *marpe*, was auch »eine Medizin« oder »ein Heilmittel« bedeutet.[18] Beachte bitte, dass in Sprüche 4,22 von »Heilung für ihr *ganzes* Fleisch« die Rede ist. Im Gegensatz zu vielen Medikamenten kommt das Wort Gottes nicht einem Teil deines Körpers zugute, während es einem anderen Teil schadet. Es ist heilsam für deine Nase, deine Knie, dein Innenohr, deinen Darm, deine Haut – für dein *ganzes* Fleisch.

GEDANKE DES TAGES

In welcher gesundheitlichen Verfassung du auch sein magst, ich möchte dich ermutigen, das zu tun, was Anna getan hat. Sättige dich auf jede erdenkliche Weise mit dem Wort. Schreibe Bibelverse heraus, höre deine Audiobibel, höre dir Predigten über sein vollbrachtes Werk an und lies Bücher (wie dieses), die all das, was Jesus für dich getan hat, in den Fokus stellen. Dann beziehe Stellung auf seinen Verheißungen und warte geduldig, bis seine Worte Wurzeln schlagen und dir deine Ernte der Heilung bringen.

GEBET DES TAGES

Allmächtiger Gott, ich danke dir, dass ich mich in dir bergen kann, denn du bist meine Zuflucht und Festung, mein starker Turm, mein Schild und mein Befreier. Danke, dass ich dein Wort der Wahrheit und deine absolut großartigen Heilungszusagen habe, auf die ich mich stellen kann. Ich glaube daran, dass dein Wort Gesundheit und Leben für mich bedeutet, und ich werde mich mit dem Wort sättigen, während ich geduldig auf meine Ernte der Gesundheit warte. Amen.

TAG 72

DIE KRAFT VON GOTTES WORT

Denn das Wort Gottes ist lebendig und wirksam und schärfer als jedes zweischneidige Schwert, und es dringt durch, bis es scheidet sowohl Seele als auch Geist, sowohl Mark als auch Bein.
— Hebräer 4,12

Die Bibel erklärt, dass das Wort Gottes das Gegenteil vom Tod ist – es ist *lebendig* und *wirksam.* Kein Wunder also, dass unser Herr Jesus im Zusammenhang mit dem Gleichnis vom Sämann sagte, dass der Sämann das Wort sät, »aber dann kommt sofort der Satan und nimmt weg, was in ihr Herz gesät wurde« (Mk 4,15 GNB).

Ist dir aufgefallen, dass der Feind *sofort* kommt? Jesus bezog sich hier zwar auf die Samen, die »auf den Weg gefallen sind«, aber im Prinzip ist es mit deinem Herzen das gleiche – der Feind will das Wort aus deinem Herzen stehlen, weil er nicht will, dass du »glaubst und gerettet wirst« (siehe Lk 8,5.12). Der Teufel weiß, *dass du gerettet wirst,* wenn du das Wort empfangen hast und es glaubst. Deshalb wird er alles in seiner Macht Stehende tun, um zu verhindern, dass das Wort Gottes in deinem Herzen Wurzeln schlägt. Er weiß, wenn es lange genug dortbleibt, wird es dein Sieg und seine Niederlage sein!

Das griechische Wort, das hier mit »gerettet« übersetzt ist, lautet *sozo* und bedeutet »Rettung aus Gefahren und Leiden; Leidende oder Kranke vor dem Sterben bewahren; kurieren, heilen, die Gesundheit wiederherstellen«.[19]

Der Feind weiß, wie wirksam das Wort Gottes ist. Weißt du es auch? Egal, welchen Kanal du benutzt, um Zeit in seinem Wort zu verbringen, stelle einfach sicher, dass du gut mit dem Wort bewässert wirst.

Wenn du vom Wort Gottes satt durchtränkt und bewässert bleibst, glaube ich, wirst du ganz unbewusst und mühelos immer kräftiger und gesünder werden.

Annas Heilung kam nicht über Nacht, und deine Heilung zeigt sich vielleicht auch nicht sofort, aber glaube, dass sie auf dem Weg ist. Falls du jetzt schon längere Zeit auf deine Heilung wartest und entmutigt bist, lass dich von Gottes Zusage stärken:

> *Denn wie der Regen und der Schnee vom Himmel fällt und nicht dorthin zurückkehrt, ohne die Erde zu tränken und sie zum Keimen und Sprossen zu bringen, dass sie dem Sämann Samen gibt und Brot zum Essen, so ist es auch mit dem Wort, das meinen Mund verlässt: Es kehrt nicht leer zu mir zurück, ohne zu bewirken, was ich will, und das zu erreichen, wozu ich es ausgesandt habe. — Jesaja 55,10–11 EÜ*

Gottes Wort wird nicht leer zu ihm zurückkehren. Vielleicht nimmst du das Abendmahl und betest schon seit längerem, aber es scheint sich nichts zu tun. Vielleicht bist du auch schon an einem Punkt angelangt, an dem alles nur noch mechanisch abläuft, weil sich Entmutigung in dir ausgebreitet hat. Was ist in diesem Fall zu tun? Wässere weiterhin den Samen von Gottes Wort mit dem Regen seines Wortes! Gib nicht auf. Die Ernte kommt!

GEDANKE DES TAGES

Die Bibel sagt uns, dass Abraham die Verheißung erhielt, indem er geduldig »ausharrte« (Hebr 6,13–15 ELB). Die Verheißung war mit einem Glaubenskampf verbunden. Der Segen manifestierte sich nicht gleich am nächsten Tag. Er zeigte sich auch nicht ein Jahr später. Tatsächlich wurde er viele Jahre bewässert. Das Prinzip dahinter ist, dass es vielleicht eine gewisse Zeit dauern wird, aber du *wirst* deine Verheißung erben, wenn du am Wort Gottes festhältst.

GEBET DES TAGES

Vater, danke, dass dein Wort lebendig ist und die Kraft hat, mich von jeder Krankheit zu befreien und meine Gesundheit voll und ganz wiederherzustellen. Ich danke dir, dass dein Wort nicht leer zu dir zurückkehrt, sondern deinen Willen, mich zu heilen, erfolgreich ausführt. Ich werde mich vom Regen deines Wortes durchtränken lassen und weiter das Abendmahl nehmen, um die Ernte, von der ich weiß, dass sie kommt, einzubringen. Amen.

TAG 73

GLAUBE UND MEDIZIN

Herr, du gibst Frieden dem, der sich fest an dich hält und dir allein vertraut.

— JESAJA 26,3 HFA

Annas Heilung schritt langsam, aber sicher voran. Sie war neun ganze Monate lang bettlägerig und musste langsam wieder laufen lernen. Nach der Bestrahlung unterzog sie sich auch noch einer Chemo- und Antihormontherapie. Aber sie hielt sich weiter an den Verheißungen des Herrn fest, nahm das Abendmahl und dachte dabei an alles, was er für sie getan hat.

Heute kann Anna wieder frei und ohne Hilfsmittel laufen. Es hat zwei Jahre gedauert, aber sie arbeitet jetzt wieder in meinem Dienstbüro. Und sie nutzt jede Gelegenheit, um für Kollegen zu beten, denen es nicht gut geht. Der Herr hat sie in der Tat gestärkt und ihre Tage verlängert.

Was den Krebs betrifft, ist der Tumormarker inzwischen weit unter den Grenzwert von < 35,0 gefallen. Der Herr benutzte medizinische Technologie für ihren Heilungsprozess, aber weil sie »täglich im Wort bleibt und das Abendmahl nimmt«, hat er sie vor den negativen Nebenwirkungen der Bestrahlung und Medikamente geschützt, die viele andere erlitten haben. Halleluja! Alle Ehre sei Jesus!

Es ist wichtig, dass die Gläubigen verstehen, dass der Glaube an die Heilkraft des Herrn nicht bedeutet, dass man keinen medizinischen Rat sucht oder die medizinische Behandlung abbricht. Glaube und Medizin müssen einander nicht ausschließen. Tatsächlich glaube ich, dass Gott auch Ärzte gebraucht, und ich empfinde einfach nur Respekt und Anerkennung für sie. Deswegen lehre ich meine Gemeinde zu beten, dass der Herr die Hände ihrer Chirurgen salbt, wenn sie sich einer Operation unterziehen müssen; und dass der Herr ihren Ärzten die Weisheit gibt, genaue Diagnosen zu stellen und über die besten Behandlungen zu entscheiden. Dank sei dem Herrn für alle Fortschritte, die in der Medizin gemacht werden. Sie hat so viel dazu beigetragen, unsere Lebensqualität zu verbessern und das Leben der Menschen zu verlängern.

In Annas Fall sind ihre Ärzte richtigerweise ihrer Verantwortung nachgekommen, indem sie sie über die möglichen Nebenwirkungen der Behandlung informierten, die sie bei ihr anwenden würden. Aber während sie sich behandeln ließ, lag ihr Vertrauen auf vollständige Heilung und Wiederherstellung ganz auf ihrem Erlöser und dem Hirten ihrer Seele, unserem Herrn Jesus Christus. Sie glaubte, dass sie keine negativen Nebenwirkungen erfahren würde, und vertraute dabei völlig auf den Herrn und das Abendmahl. Und Preis dem Herrn, die Nebenwirkungen waren minimal. Falls du mit diesem Konflikt zwischen Glaube und Medizin kämpfen solltest, bete ich, dass Annas Geschichte eine große Quelle der Ermutigung für dich ist und dass ihr Zeugnis dir helfen wird, seinen übernatürlichen Frieden zu erfahren.

GEDANKE DES TAGES

Beim Glauben geht es nicht darum, deine Medikamente wegzuwerfen, die dir verschriebenen Behandlungen abzubrechen oder chirurgische Eingriffe zu vermeiden. Ärzte und Mediziner kämpfen auf der gleichen Seite gegen Krankheit und Leiden wie wir. Wenn dein Arzt dir Medikamente oder Behandlungen verordnet hat, nimm deine Medikamente bitte weiterhin ein. Tue es zusammen mit dem Abendmahl, in dem Bewusstsein, dass dein Vertrauen letztlich auf deinen Herrn Jesus gerichtet ist, der dich beschützt und heilt.

GEBET DES TAGES

Herr Jesus, ich danke dir dafür, wie du Mediziner dazu benutzt, die Gesundheit zu erhalten und wiederherzustellen, und ich bitte dich, meinen Ärzten stets Weisheit zu geben, damit sie genaue Diagnosen stellen können. Aber meine Zuversicht auf vollständige Heilung und Wiederherstellung liegt allein bei dir. Ich vertraue ganz und gar auf dich, und wenn ich das Abendmahl nehme, sehe ich dich als denjenigen, der meinen Körper schützt und meine Heilung herbeiführt. Dir, Herr Jesus, gehört alle Ehre! Amen.

TAG 74

DEINE HUNDERTFÄLTIGE ERNTE KOMMT

Und die, bei denen auf das gute Erdreich gesät wurde, das sind solche, die das Wort hören und es aufnehmen und Frucht bringen, der eine dreißigfältig, der andere sechzigfältig, der dritte hundertfältig.

— MARKUS 4,20

Wenn du mutlos wirst, weil deine Heilung, obwohl du das Abendmahl nimmst, länger dauert als erhofft, kann es passieren, dass der Feind Psychospielchen mit dir zu spielen beginnt. Vielleicht fängst du an, dir Gedanken darüber zu machen, ob das Abendmahl möglicherweise nur ein abergläubischer Brauch ist, ein sinnloses Ritual, das dir nichts bringt. Darf ich dir etwas sagen? Es findet ein geistlicher Kampf statt, bei dem du dazu gebracht werden sollst, diesen besonderen Kanal des Abendmahls – durch den Gott übernatürliches Leben und Gesundheit in deinen Körper fließen lassen will – aufzugeben.

Wie ich an anderer Stelle erwähnt habe, *können* Wunder der Sofortheilung geschehen. Aber unser Herr Jesus sagt uns auch, womit wir rechnen sollen, wenn sich der Durchbruch, den wir uns von ihm erhoffen, nicht sofort zeigt. Achte darauf, was Jesus darüber sagt, wie die Samen von Gottes Wort Frucht tragen, wenn sie auf guten Boden fallen. Das Lukasevangelium fügt noch hinzu: Aber was diesen Samen auf dem guten Boden betrifft, so sind das diejenigen, die das Wort mit einem guten und willigen Herzen gehört haben und *es festhalten und mit Geduld Frucht tragen* (Lk 8,15 AMP).

Die Samen, die auf guten Boden fallen, tragen Früchte »mit Geduld«. Geduld verweist auf Beharrlichkeit und Ausdauer. Weißt du, warum Geduld erforderlich ist? *Weil es Zeit braucht, bis die Samen Früchte tragen.* Es geschieht nicht über Nacht. So wie der Bauer geduldig auf die wertvolle Frucht der Erde wartet, musst auch du geduldig sein (Jak 5,7). Deine Ernte wird schrittweise kommen – zuerst dreißigfach, dann sechzigfach, dann hundertfach.

Wenn du beginnst, das Abendmahl zu nehmen, wirst du vielleicht eine gewisse Besserung feststellen, aber die Schmerzen sind im Großen und Ganzen noch da. Das ist eine dreißigfache Ernte. Gib an diesem Punkt nicht auf! Nimm weiterhin das Abendmahl, bis du deine sechzigfache Ernte empfängst. Du merkst, dass es so weit ist, wenn sich dein Zustand merklich und für dich spürbar bessert. Trotzdem mag das eine oder andere Symptom noch da sein und weiter anhalten. Das ist die Zeit, in der du durchhalten und weiter vertrauen solltest – die Augen immer fest auf Jesu vollbrachtes Werk gerichtet –, bis du deine hundertfache Segensernte siehst und die volle Heilung deiner Beschwerden erlebst.

Wenn ein Same gesät wird, siehst du nicht sofort etwas, aber du *weißt*, dass er sprießen, Blätter bekommen und wachsen wird. Du musst nicht ständig die Erde aufgraben, um zu überprüfen, ob das Saatgut keimt. Mit dem Samen von Gottes Wort ist es genauso. Deine Aufgabe besteht einfach nur darin, auf die Kraft seines Wortes zu vertrauen. Du wartest geduldig, weil du weißt, dass seine Worte nicht leer zu ihm zurückkehren. Und so wie die Erde ihre Frucht nach und nach hervorbringt, »zuerst den Halm, dann die Ähre, dann das volle Korn in der Ähre« (Mk 4,28), verkünde ich dir jetzt, dass auch du die volle Ernte deiner Heilung einbringen wirst!

GEDANKE DES TAGES

Lass dir vom Feind bitte nicht die Lüge auftischen, dass du besser aufgeben solltest, weil sich deine Heilung sowieso nie einstellen wird. Wässere weiterhin den Samen von Gottes Wort und warte geduldig, bis er Wurzeln schlägt. Zur rechten Zeit wirst du deine Ernte einbringen (Gal 6,9).

GEBET DES TAGES

Himmlischer Vater, danke, dass du derjenige bist, der die Saat deines Wortes auf den guten Boden meines Herzens sät. Danke, dass ich meine Augen immer wieder auf das vollbrachte Werk Jesu richten und das Abendmahl nehmen kann, bis ich meine hundertfache Ernte in Form einer vollständigen Heilung erhalte. Ich glaube an die Kraft deines Wortes und ich kann mit Geduld daran festhalten, Vater, weil ich weiß, dass du ein treuer Gott bist. Amen.

TAG 75

DER BODEN IST BEREIT FÜR DEINE HEILUNG

Auf meinem Rücken haben Pflüger gepflügt
und ihre Furchen lang gezogen.
— PSALM 129,3

Unser Herr Jesus benutzte das Gleichnis von Sämann und Samen, um uns damit das Wort Gottes zu erklären. Es gibt aber auch andere anschauliche Bilder aus dem Ackerbau, die uns helfen, die brutalen Qualen zu verstehen, die Jesus um unserer Heilung willen ertragen hat.

Psalm 129 ist ein messianischer Psalm, und dies ist ein Bild für die Geißelung, die unser Herr Jesus durchlitten hat. Ich las diesen Vers eines Tages und merkte dabei, wie der Herr zu mir sagte: »Sinne darüber nach, warum ich Begriffe aus der Landwirtschaft verwendet habe.« Das brachte mich zu der Frage: *Warum sagte der Herr »Sie pflügten auf meinem Rücken« anstatt Wörter wie schlagen, geißeln oder peitschen zu verwenden?*

Pflüger ziehen einen Pflug mit scharfen Messern, die sich in den Boden graben, um die Erde aufzubrechen und tiefe Furchen zu ziehen. Auf diese Weise bereiten sie ihn auf die Aussaat von Samen vor. Ich zeige dir auf der folgenden Seite ein Bild, wie solche Furchen aussehen. Ich glaube, das ist es, was mit dem Rücken unseres Herrn Jesus passierte. Als er von den römischen Soldaten ausgepeitscht wurde, war es, als wäre sein ganzer Rücken durchpflügt worden.

Die mit einem Pflug in den Boden gezogenen Furchen ermöglichen die Aussaat und Bewässerung. Die Furchen in Psalm 129 weisen auf die Geißelung hin, der sich Jesus um unserer Heilung willen auslieferte.

Opfer der römischen Geißelung wurden mit einem Flagellum oder einer neunschwänzigen Katze ausgepeitscht – einer Peitsche, die aus mehreren langen Lederbändern bestand, in die Knochensplitter, Bruchstücke von Metall sowie Haken eingearbeitet waren.

Mit jedem Hieb wickelten sich die Lederriemen um den Körper des Opfers und die Splitter blieben in seinem Fleisch stecken. Wurde die Peitsche dann wieder zurückgerissen, riss sie auch die Haut des Opfers mit ab. Zurück blieb durchfurchtes Fleisch, das in Fetzen herunterhing.[20] Als seine Peiniger fertig waren, hatte der Herr, so glaube ich, keinen einzigen Fetzen Haut mehr auf seinem Rücken. Psalm 22, auch ein messianischer Psalm, sagt uns, dass sogar seine Knochen freigelegt waren und ihn anstarrten (Ps 22,17).

Es war kein Zufall, dass die schreckliche Geißelung, die unser Herr Jesus durchmachen musste, mit Begriffen aus dem Ackerbau beschrieben wurde. Die Furchen werden gezogen, damit Samen gesät werden können. Vielleicht hast du das Gefühl, dir fehlt der Glaube, um wirklich auf Heilung zu vertrauen. Aber wie Gottes Wort sagt, brauchst du nur einen senfkorngroßen Glauben (Lk 17,6). Es geht also nicht darum, wie stark dein Glaube ist – säe einfach deine kleinen Samenkörner des Glaubens in den guten Boden unseres Herrn. Je mehr du siehst, was er für dich getan hat und wie er seinen Rücken für dich hat durchpflügen lassen, desto stärker wird dein Glaube wachsen und desto reichlicher wirst du eine Ernte der Heilung erleben.

Als er seinen Rücken von Furchen durchziehen ließ, ermöglichte er es, dass du heute den Samen für die von dir benötigte Heilung säen kannst – ob es sich um Bluthochdruck, einen Tumor oder das Asthma deines Kindes handelt. Es spielt keine Rolle, welche Beschwerden du oder deine Angehörigen haben, Jesu Leiden und sein Opfer zeugen davon, dass der Preis für deine und ihre Heilung bereits vollständig bezahlt wurde. Strecke nun im Glauben deine Hand aus und empfange deine Heilung. Und mögest du selbst jetzt, während du noch auf deine hundertfache Ernte wartest, seine Liebe zu dir erfahren wie nie zuvor!

GEDANKE DES TAGES

Wann immer du das Abendmahl nimmst, denke daran, dass unser Herr Jesus jede Krankheit, jeden körperlichen Schmerz und jede seelische Belastung in seinem eigenen Körper für dich durchlitten hat. Er wurde um deiner Sünden und Übertretungen willen verwundet. Er wurde wegen deiner Ungerechtigkeit zerschlagen. Im Interesse deiner Gesundheit und deines Wohlbefindens fiel die Strafe auf ihn. Und durch seine Striemen *bist du geheilt* (Jes 53,4–5).

GEBET DES TAGES

Lieber Herr Jesus, danke, dass du die schreckliche Geißelung ertragen hast, als dein Rücken um meinetwillen von Furchen durchzogen wurde. Ich empfange ganz neu deine Liebe zu mir, wenn ich dein Opfer für mich sehe. Ich danke dir, dass ich im Glauben mein persönliches Heilungsbedürfnis in deinen guten Saatboden legen kann und wissen darf, dass der Preis dafür vollumfänglich bezahlt worden ist. Ich nehme weiterhin das Abendmahl und erkläre, dass ich durch deine Striemen geheilt bin. Amen.

ABSCHNITT 11

DER GOTT DEINER TÄLER

Da kam der Prophet zum König von Israel und sagte zu ihm: »So spricht der Herr: ›Weil diese Syrer behaupten, ich sei ein Gott der Berge und hätte keine Macht in der Ebene, werde ich diese ganze riesige Heeresmacht in deine Hand geben. Daran werdet ihr erkennen, dass ich der Herr bin.‹«

— 1. Könige 20,28 GNB

TAG 76

ER IST BEI DIR

»Ich will dich nicht aufgeben und dich niemals verlassen!«
— HEBRÄER 13,5

Ich bete, dass deine Augen für die erstaunlichen Wahrheiten über das Abendmahl geöffnet wurden und dass du dich über die erhaltenen Offenbarungen freust. Wenn du gesundheitlich gerade herausgefordert bist, bete ich, dass der Herr dieses Buch schon jetzt dafür gebraucht hat, dir Hoffnung, Leben und Kraft zu vermitteln. Vielleicht hast du dir sogar schon alles besorgt, was du für das Abendmahl brauchst, und hast angefangen, es zu nehmen. Wenn es so ist, dann preise ich den Herrn! Halte durch, bis du deinen Durchbruch empfängst.

Aber vielleicht denkst du auch: *Ich habe so viele Zeugnisse gelesen und irgendwie scheinen alle anderen ihren Durchbruch zu erleben und auf dem Gipfel anzukommen. Aber wo ist Gott in meiner Situation? Werde ich für immer in diesem Tal bleiben?*

Lieber Freund, du sollst wissen, dass er dich nie aufgibt oder verlässt (Hebr 13,5). Er ist allen nahe, die verzweifelt sind (Ps 34,18 NLB), und gerade jetzt zieht es ihn zu dir, weil er deinen Hilferuf hört. Er ist sowohl der Gott der Gipfel als auch der Gott der Täler (1Kö 20,28). Er ist auch im Tal bei dir, und weil das so ist, kannst du zuversichtlich sein, dass du es hindurchschaff en *wirst* (Ps 23,4).

Ich glaube wirklich, dass es für dich und deine Lieben den Unterschied zwischen Leben und Tod bedeuten kann, wenn du die mit dem Abendmahl zusammenhängenden Wahrheiten kennst. Das sage ich nicht leichtfertig. Tatsächlich habe ich die Heilkraft des Abendmahls selbst erlebt, während ich an meinem Buch *Iss dich zu Leben und Gesundheit* schrieb.

Als mein zu der Zeit sechsjähriger Sohn Justin im Schulhof von einem Klettergerüst fiel, brachte meine Frau Wendy ihn zu einer gründlichen Untersuchung ins Krankenhaus. Im Krankenhaus führten die Ärzte einen CT-Scan durch und entdeckten, dass er sich den Schädel gebrochen hatte. Als er anfing, sich zu übergeben, zeigte ein detaillierterer Scan eine weitere Fraktur in seinem Schädel. Es fanden sich auch einige Blutungen rund um die Schädelfraktur, sowie Blut in seinem Mittelohr.

Für mich war es ein herzzerreißender Anblick, wie mein kleiner Junge weinend seinen Kopf umklammert hielt und vergeblich versuchte, den intensiven Schmerz zu lindern, indem er sich hin und her warf. Es fiel mir auch nicht leicht, die Scans anzusehen und seinem Arzt zuzuhören, als er über die möglichen Auswirkungen der Verletzung auf Justins Gehirn redete. Die Angst schlich sich in mein Herz und ich musste wirklich darum kämpfen, in der Ruhe zu bleiben.

Abgesehen davon, dass sie ihm Schmerzmittel gaben und ihn überwachten, konnten die Ärzte nicht viel für Justin tun. Aber Wendy und ich wussten, dass Gott es konnte, und wir beschlossen, gemeinsam mit Justin das Abendmahl zu nehmen. Während der gesamten Zeit seines Krankenhausaufenthaltes nahmen wir mindestens drei- bis viermal täglich gemeinsam das Abendmahl. Das Erstaunliche dabei war, dass wir buchstäblich sehen konnten, wie es ihm mit jedem Mal ein wenig besser ging. Immer, wenn wir zusammen das Abendmahl genommen hatten, ließen seine Kopfschmerzen nach. Die Ärzte erwarteten, dass Justin mindestens sechs Wochen brauchen würde, um gesund zu werden, aber der Herr beschleunigte seine Genesung so sehr, dass sie ihm schon nach weniger als drei Wochen die Erlaubnis gaben, wieder zur Schule zu gehen. Wir geben Jesus alle Ehre dafür!

GEDANKE DES TAGES

Als Justin das durchmachte, habe ich in dieser Zeit auch für mich selbst etwas erfahren. Etwas, dessen auch du dir bewusst sein solltest, wenn du gerade in Bedrängnis bist: Gott ist nicht weit weg. Er ist *bei* dir. Er liebt dich und er ist deine gegenwärtige Hilfe. Er reicht dir seine Hand und lässt dich auf keinen Fall im Stich!

GEBET DES TAGES

Herr Jesus, ich danke dir, dass du sowohl der Gott meiner Gipfel als auch der Gott meiner Täler bist, und danke, dass du in den Tälern als sehr gegenwärtige Hilfe immer bei mir bist. Hilf mir, in dir und der Heilkraft des Abendmahls zu ruhen. Ich glaube, dass du mich auch dann, wenn ich es nicht spüre, den ganzen Weg bis zu meiner Heilung durchträgst. Amen.

TAG 77

ER GEHT VOR DIR HER

Und wir wissen, dass für die, die Gott lieben und nach seinem Willen zu ihm gehören, alles zum Guten führt.
— Römer 8,28 NLB

Während Justins Krankenhausaufenthalt waren Wendy und ich uns die ganze Zeit über deutlich bewusst, dass der Herr seine schützende Hand über unser Kind gehalten und es vor Verletzungen bewahrt hatte, die leicht sehr viel schlimmer hätten sein können. Ich möchte, dass du weißt, dass der Herr auch dich und deine Lieben nicht aus den Augen lässt. Weil er weder schlummert noch schläft (Ps 121,4–5), kannst du beruhigt schlafen und gewiss sein, dass er auch die Nachtschicht übernimmt. Er wird dich retten und vor dem Abgrund bewahren (Ps 56,13). Alle Absichten des Feindes werden zunichte gemacht – und selbst wenn schon eine Waffe gegen dich gerichtet wurde, wird sie nicht erfolgreich sein!

Du hast im vorigen Abschnitt Annas Geschichte verfolgt. Aber es gibt noch mehr. Obwohl Anna eine erschütternde Erfahrung gemacht hat, war deutlich zu erkennen, dass der Herr die ganze Zeit bei ihr war. Sie schrieb:

Im Nachhinein betrachtet wäre ich ohne diese Dienstreise nicht in Dallas gewesen. Wäre ich nicht in Dallas gewesen, wäre ich nicht von einem christlichen Chirurgen operiert worden, der mir persönlich sagte, dass nicht er derjenige ist, der heilt, sondern Jesus. Und wenn ich zu diesem Zeitpunkt nicht operiert worden wäre, wären Taubheit und Lähmung bald zu weit fortgeschritten gewesen und das Ergebnis hätte ein ganz anderes sein können.

Ich hätte vom Hals abwärts gelähmt sein können oder der Krebs hätte mich töten können.

Und hätte ich nicht die 17 US-Dollar Zuzahlung auf die für diese Dienstreise vorgesehene Reiseversicherung geleistet, wäre meine enorme Krankenhausrechnung von über 200.000 US-Dollar nicht vollständig von der Reiseversicherung übernommen worden! All dies kann nur das Werk des Herrn sein, und es ist wunderbar in meinen Augen (Ps 118,23). Gott gehören alle Ehre und alles Lob! Gepriesen sei Jesus!

Ist es nicht erstaunlich, wie der Herr für Anna auf übernatürliche Weise alles organisierte? Das schließt auch einen Chirurgen mit ein, der laut ihrer Krankenschwester »zufällig« zu den Top Ten der Wirbelsäulenchirurgen gehört. Sie sagte auch, selbst wenn sie früher von ihrem Krebs erfahren hätte, wären die Kosten für eine Operation auch in Singapur für sie nicht bezahlbar gewesen. Und schon gar nicht hätte sie sich einen Top-Chirurgen in Amerika leisten können. Der Herr ist wirklich vor ihr hergegangen und hat *alle* Dinge zu ihrem Guten zusammenwirken lassen.

Mein Freund, was auch immer du gerade durchmachst, vertraue darauf, dass dir Gottes Gnade genügt, weil seine *Kraft* in deiner Schwachheit zur Vollendung kommt (2Kor 12,9 ELB). Das hier verwendete griechische Wurzelwort für »Kraft« lautet *dynamis* und bezieht sich auf die Wunder wirkende Kraft Gottes.[21] Du musst nicht versuchen, aus eigener Kraft stark zu sein. Seine Wunder wirkende Kraft wird in deiner Zeit der Schwachheit zur Vollendung gebracht. Du *wirst* diese Prüfung überstehen. Und nicht nur das – ich glaube gemeinsam mit dir, dass du stärker daraus hervorgehen wirst, als du es vorher warst.

GEDANKE DES TAGES

Vertraue dem Herrn Jesus. Vielleicht fühlst du dich hilflos angesichts deiner Erkrankung oder der sich auftürmenden Arztrechnungen, aber verliere nicht die Hoffnung. So wie er in Annas

Fall im Hintergrund aktiv war, um sie zur richtigen Zeit an den richtigen Ort zu bringen und sicherzustellen, dass ihre gesamten Operations- und Krankenhauskosten bezahlt werden, vertraue darauf, dass er auch für dich hinter den Kulissen alles regelt.

GEBET DES TAGES

Herr Jesus, danke, dass du aufmerksam über mir und meiner Familie wachst. Ich danke dir, dass deine Wunder wirkende Kraft alle Dinge in meinem Leben so orchestriert, dass sie zum Guten und entsprechend deiner Absichten zusammenwirken. Ungeachtet dessen, was ich im Natürlichen sehe, glaube ich, dass du vor mir hergegangen bist und dass ich stärker und gesünder als je zuvor aus der Situation herauskommen werde. Amen.

TAG 78

JESUS KOMMT IN DEINEM TAL ZU DIR

Aber Melchisedek, der König von Salem, brachte Brot und Wein herbei. Und er war ein Priester Gottes, des Allerhöchsten. Und er segnete ihn und sprach: Gesegnet sei Abram von Gott, dem Allerhöchsten, dem Besitzer des Himmels und der Erde! Und gelobt sei Gott, der Allerhöchste, der deine Feinde in deine Hand gegeben hat!

— 1. Mose 14,18–20

Ich weiß nicht, in welchem Tal du dich gerade befindest, aber ich möchte dir ein wirklich kraftvolles Bild aus der Bibel zeigen, und ich bete, dass es dich ermutigen wird.

Immer wenn in der Bibel etwas zum ersten Mal erwähnt wird, hat es dort eine wichtige Bedeutung. Weißt du, wo das Abendmahl – das Brot und der Wein – zum ersten Mal zusammen erwähnt werden? In den Versen der heutigen Bibellese.

Wer ist Melchisedek? Die Bibel sagt uns, dass unser Herr Jesus »für immer ein Priester nach der Ordnung Melchisedeks« ist (Hebr 7,17). Viele Gelehrte glauben, dass es sich hier um eine Erscheinung Christi vor seiner Menschwerdung handelt. Auf jeden Fall verkörperte Melchisedek eindeutig das Wesen Christi.

Melchisedek war der König von Salem, was »Frieden« bedeutet. Doch Salem bedeutet noch viel mehr als nur Frieden. Es bedeutet auch »vollständig, sicher, vollkommen, unversehrt und voll«.[22]

Melchisedek traf Abram im Tal Schaweh, dem Königstal (1Mo 14,17). Ich habe die Lage dieses Tals genau studiert und festgestellt, dass es zum Kidrontal gehört. Das hebräische Wort *kidron* kommt von dem Wort *qadar*, das »sich verfinstern; verdunkeln« bedeutet.[23]

Melchisedek war nicht die einzige Person, die abgesehen von Abram anwesend war. Bera, der König von Sodom, war Abram entgegengegangen, um ihn vor der Ankunft Melchisedeks zu treffen (1Mo 14,2.17). Beras Name bedeutet im Hebräischen »Sohn des Bösen«.[24]

Ich habe dir diese ganzen Hintergrundinformationen gegeben, weil du Folgendes sehen sollst: *Wenn du an einem dunklen Ort bist, kommt dein Herr Jesus zu dir und bringt Brot und Wein mit.*

Du fragst vielleicht: »Wird das Abendmahl nicht zu etwas Gesetzlichem werden, das ich dann tun *muss*?« Nicht, wenn du siehst, wie du das Brot und den Wein vom Herrn Jesus persönlich empfängst. Beim Abendmahl geht es nicht ums Tun, du *empfängst* es einfach, so wie Abram es getan hat.

Vergiss in deiner Zeit der Dunkelheit nicht, dass der Herr dir das Abendmahl als einen konkreten, praktischen Weg gegeben hat, damit du dich an alles, was er für dich getan hat, erinnern und so seiner Liebe begegnen kannst. Du musst deine Situation nicht allein bewältigen. Der Herr ist bei dir und er will, dass du ihm alle Ängste und Sorgen bringst. Sprich mit ihm. In meinen eigenen bangen Momenten singe ich gerne die Worte aus den Psalmen Davids, um mich im Herrn zu stärken. Mögest du mit seiner Kraft erfüllt werden, während du über ihn nachsinnst und ihn mit den folgenden Worten des Psalmisten anbetest:

Du bist mein Schutz,
du behütest mich vor Bedrängnis,
du umgibst mich mit Rettungsjubel!
Wenn mir angst ist,
vertraue ich auf dich! — Psalm 32,7 und 56,4

GEDANKE DES TAGES

In welchem Tal du dich auch befindest und welches Böse dir gerade gegenübersteht, du bist nicht allein. Mögen deine Augen geöffnet werden, damit du sehen kannst, dass der König des Friedens bei dir ist. Der König der Vollkommenheit, der Sicherheit und des Heilseins ist mit dir. Er kommt und bringt dir Brot und Wein. Er kommt, um dich zu erfrischen und mit seinem Schalom zu stärken.

GEBET DES TAGES

Herr Jesus, danke, dass du der König des Friedens bist, der mir Vollkommenheit, Sicherheit und Unversehrtheit bringt. Danke, dass du in finsteren Zeiten zu mir kommst, das Brot und den Wein bringst und mich an alles erinnerst, was du für mich getan hast. Ich übergebe dir meine Ängste und Sorgen und empfange deinen Schalom. Amen.

TAG 79

DURCH DIE TÄLER IN DIE WIEDERHERSTELLUNG

Der Herr ist allen nahe, die verzweifelt sind;
er rettet die, die den Mut verloren haben.
— Psalm 34,19 NLB

Wie wir gestern gesehen haben, fand sich Abraham, unmittelbar nachdem er einen großen Sieg errungen hatte, in einem Tal wieder. Vielleicht hast auch du gerade einen Sieg erlangt – oder einen echten Durchbruch erlebt –, doch sehr schnell kannst du dich in einem Tal wiederfinden. Deshalb können wir nicht auf zeitliche Dinge vertrauen. Alle Menschen werden irgendwann im Leben in dunkle Zeiten geraten – egal, welche Erfolge sie schon gefeiert haben mögen.

Das gilt auch für mich, denn nur weil ich Pastor bin und über das Abendmahl lehre, heißt das noch lange nicht, dass ich keinen Herausforderungen begegne. Ich weiß, dass das Gleiche auch für andere Pastoren gilt. Deshalb bleibe bitte für deine Pastoren und Leiter im Gebet, wenn du kannst – du weißt nicht, was sie möglicherweise alles durchmachen.

Ein paar Jahre nachdem wir unsere Tochter Jessica bekommen hatten, haben Wendy und ich eine schwierige Zeit durchlebt. Wendy wurde mit unserem zweiten Kind schwanger und wir freuten uns schon sehr auf unser Baby. Dann, in der neunten Schwangerschaftswoche, sagte uns der Arzt, dass das Baby keinen Herzschlag habe. Ich habe Wendy noch nie zuvor so weinen sehen wie in jenem Moment und ich bete, dass ich es auch nie wieder muss. Es brach uns beiden das Herz. Wir konnten nur noch weinen.

Als Wendy und ich gerade unser Baby verloren hatten, war unser Kummer fast übermächtig, und ehrlich gesagt, fiel es uns schwer, in unseren Gefühlen so etwas wie Glauben zu empfinden. Aber wie ich schon sagte, beim Glauben geht es nicht um Emotionen. Obwohl wir am Boden zerstört waren, vertrauten wir ihm weiterhin.

Im Glauben sagten wir zum Herrn: »Wir verstehen nicht alles, was passiert ist, aber wir wissen, dass du ein guter Gott bist. Wir wissen, dass dieser Verlust nicht von dir verursacht wurde, und wir vertrauen auf dich. Wir werden deine Verheißungen nicht aufgeben. Du liebst uns, und wir wissen, dass du ein Kind für uns bereithältst, und dieses Kind wird ein Champion sein.« Wir begannen gemeinsam das Abendmahl zu nehmen und glaubten, dass Gott uns ein Baby schenken würde. Ich beschloss sogar, den Herrn um einen kleinen Jungen zu bitten.

Heute kann ich dir sagen, dass Wendy und ich zwar unser Baby verloren haben, wir aber auch Wiederherstellung erfahren haben. Es dauerte seine Zeit, aber dann hießen wir Justin David Prince willkommen – und was für eine großartige Wiederherstellung er ist!

Was auch immer du verloren hast, wir glauben mit dir an deine Wiederherstellung.

GEDANKE DES TAGES

Wenn du wie wir ein Kind verloren hast, sollst du wissen, dass dein Kind im Himmel aufwächst. Als Davids Kind starb, sagte er: »Eines Tages werde ich zu ihm gehen, aber es kann nicht zu mir zurückkehren« (2Sam 12,23 NLB). Was Wendy und mich betrifft, haben wir demnach drei Kinder. Zwei sind hier auf der Erde und eines ist im Himmel. Und wenn geliebte Menschen in deinem Leben gestorben sind, sei nicht entmutigt. Wenn sie gläubig sind, wirst du sie wiedersehen. Sie sind umgezogen an einen Ort, an dem es keine Krankheit, keine Schmerzen und kein Unglück gibt, und sie sind lebendiger als irgendeiner von uns.

GEBET DES TAGES

Herr Jesus, danke, dass du in den Tälern bei mir bist und dass du mir nahe bist, wenn mein Herz gebrochen ist und ich alle Hoffnung verloren habe. Hilf mir, wenn ich durch das Tal gehe, in meinem Herzen zu wissen, dass es im Glauben nicht um Emotionen geht. Ich erkläre hiermit, dass ich dir vertraue und glaube, dass du für die vollständige Wiederherstellung all dessen sorgst, was ich verloren habe. Amen.

TAG 80

WIR HABEN NICHT AUF ALLES EINE ANTWORT

Dann will ich ihr die Weinberge zurückgeben;
das »Unglückstal« soll für sie ein Tor der Hoffnung sein.
— HOSEA 2,17 HFA

Vielleicht gehst du gerade durch ein beschwerliches Tal. Vielleicht bist du von Gott enttäuscht, weil du einen geliebten Menschen verloren hast oder weil du schon seit Jahren mit deinem Gesundheitszustand zu kämpfen hast.

Ich möchte dich ermutigen, nicht »Warum?« zu fragen. Die Frage nach dem Warum wird dich nur auf einer Abwärtsspirale in eine Depression führen. Frag nicht: »Warum ist mir das passiert?« Frag nicht: »Warum wird mein Kind nicht geheilt, obwohl ich dir seit Jahren vertraue, Gott?« oder »Warum macht dieser Mensch, der mir so wichtig ist, eine Tragödie nach der anderen durch?«

Tatsache ist, dass wir in dieser gefallenen Welt nicht auf alles eine Antwort haben. Eines Tages werden wir unsere neuen Körper empfangen. Dann wird das Verwesliche die Unverweslichkeit anziehen und das Sterbliche die Unsterblichkeit (1Kor 15,53). Aber bis dahin muss ich mir eingestehen, dass manchmal schlimme Dinge passieren und ich nicht weiß, *warum*.

Was ich aber weiß, ist: Gott ist ein guter Gott. Er liebt uns und *nie* steckt er dahinter, wenn wir etwas Schmerzliches durchmachen. Unser Glaube an ihn basiert nicht auf unseren Erfahrungen, sondern auf dem unveränderlichen, ewigen Wort Gottes, das nicht lügen kann.

Auch wenn die Dinge nicht so gelaufen sind, wie du es dir vorgestellt hast, halte nicht an deiner Enttäuschung fest. Der Teufel will, dass du auf Gott wütend wirst und seine Verheißungen verwirfst. Aber glaube weiter, dass Gott *für* dich und nicht gegen dich ist. Selbst wenn der Feind etwas in deinem Leben zerstört hat – wenn Jahre verloren gegangen sind, während du auf das Sichtbarwerden deiner Heilung gewartet hast, oder wenn dir die Tage deiner Jugend gestohlen wurden –, glaube weiter daran, dass Gott dir das Verlorene wiedergeben kann (Joel 2,25; Hiob 33,25).

Deshalb, mein Freund, »wollen wir weiter an der Hoffnung festhalten, die wir bekennen, denn Gott steht treu zu seinen Zusagen« (Hebr 10,23 NLB). Halte dich weiter an den Herrn und erwarte *von ihm* deinen Durchbruch. Und falls du feststellst, dass du zu müde bist, um noch zu glauben, dann bete ich, dass diese Zusage dich durchtragen wird:

> *Aber alle, die ihre Hoffnung auf den HERRN setzen, bekommen neue Kraft. Sie sind wie Adler, denen mächtige Schwingen wachsen. Sie gehen und werden nicht müde, sie laufen und sind nicht erschöpft. — Jesaja 40,31* HFA

GEDANKE DES TAGES

Wir haben vielleicht nicht auf alles eine Antwort, aber wir können mit voller Gewissheit sagen, dass die Schwierigkeiten, die wir manchmal in den Tälern erleben, nicht das Werk Gottes sind. Wenn du dich in einem Tal der Schwierigkeiten befindest, glaube weiter an die Güte und Liebe des Herrn, die sich für dich am Kreuz gezeigt hat, und du wirst erleben, wie er eine Tür der Hoffnung öffnet, die zu deiner Wiederherstellung und Heilung führt.

GEBET DES TAGES

Herr Jesus, danke, dass ich nicht alle Antworten auf meine »Warum«-Fragen über die schlimmen Dinge und Schmerzen haben muss, denen ich ausgesetzt bin. Ich danke dir, dass du ein guter Gott bist, der mich liebt. Du bist mein Gott, der immer für mich und nie gegen mich ist. Ich erkläre, dass meine Hoffnung allein in dir liegt und in dem, was du am Kreuz für mich getan hast, um meine Heilung und Wiederherstellung zu sichern. Amen.

TAG 81

FINDE FREUNDE, DIE DICH TRAGEN KÖNNEN

Und etliche kamen zu ihm und brachten einen Gelähmten, der von vier Leuten getragen wurde.
— Markus 2,3

Manchmal fällt es uns schwer, Glauben zu haben, wenn wir auf uns allein gestellt sind. Wenn du keine Kraft und keinen Glauben hast, brauchst du andere, die dir durchhelfen. Ich möchte dich an dem kostbaren Zeugnis von Audrey teilhaben lassen. Sie ist eine der Leiterinnen in meiner Gemeinde und hat diese Erfahrung ebenfalls gemacht.

In der neunundzwanzigsten Schwangerschaftswoche platzte ihre Fruchtblase, weshalb sie zur Bettruhe ins Krankenhaus eingeliefert wurde. Freunde beteten mit ihr und ihrem Mann, ermutigten sie und glaubten mit ihnen an die Geburt eines gesunden Babys. Sie und ihr Mann nahmen zudem so oft wie möglich das Abendmahl.

In der dreißigsten Woche wurde Baby Jenna mit einem Gewicht von 1500 Gramm geboren, dankenswerterweise ohne größere Komplikationen. Sie konnte selbstständig atmen und alle ihre Organe funktionierten ordnungsgemäß. Sie entwickelte sich allmählich von einem winzigen Frühchen, das durch Schläuche und Kanülen am Leben erhalten wurde, zu einem Baby, das zuerst noch über eine Sonde ernährt werden musste und schließlich ganz normal gefüttert werden konnte. Audreys tägliche Pendelfahrt zum Krankenhaus war sehr anstrengend, aber sie war dankbar für gläubige Freunde, die für sie im Gebet blieben. Viele nahmen auch selbst das Abendmahl, während sie für Jenna und deren Eltern beteten. Nach vierzig Tagen im Krankenhaus durfte die Kleine endlich nach Hause.

Bald jedoch musste Jenna zurück ins Krankenhaus auf die Intensivstation, weil ihre Herzfrequenz zuerst auf einen kritischen Wert fiel und später von viel zu niedrig auf viel zu hoch stieg. Audrey war am Boden zerstört und konnte zu dem Zeitpunkt »nicht mehr beten und nicht mehr glauben«. Doch Gemeindeleiter und Freunde umgaben sie und ihren Mann mit einer Atmosphäre des Glaubens, auch wenn es immer wieder zu Rückschlägen kam.

Audrey erzählte, dass ich der Gemeinde zu der Zeit eine neue Botschaft über das Abendmahl predigte. Und nachdem sie sie gehört hatte, beschlossen sie und ihr Ehemann, nicht aufzugeben. Sie hielten durch und nahmen für Baby Jenna weiter das Abendmahl, bis sie schließlich außer Gefahr war. Es war ein anstrengender Weg, aber schließlich konnte Jenna gesund und kräftig nach Hause zurückkehren. Halleluja! Audrey erzählte:

> *Wenn ich daran denke, wie Jesus den Gelähmten geheilt hat, weil seine vier Freunde glaubten und ihn durch das Dach hinunterließen, dann danke ich Gott, dass wir auch solche »vier Freunde« hatten. Unsere Freunde beteten ständig für Jenna und ermutigten uns, dranzubleiben und Gottes Heilung zu beanspruchen und weiter das Abendmahl zu nehmen.*

Wenn du schon lange Zeit erkrankt bist, wenn du chronische Beschwerden hast oder durch die Langzeitpflege eines Angehörigen erschöpft bist, kann es sein, dass du depressiv wirst, weil die Last einfach zu schwer wird. Mein Freund, bring deine Sorgen und deine Lasten zu ihm. Er kümmert sich mit tiefster Zuneigung um dich und wacht aufmerksam über dich (1Petr 5,7 AMP). Ich möchte, dass du gleichzeitig weißt, dass Gott dich nicht dazu bestimmt hat, auf Dauer in einem Vakuum zu leben. Er möchte, dass du in einer Ortsgemeinde Wurzeln schlägst. Die Bibel ermutigt uns, »unsere Zusammenkünfte nicht [zu] versäumen«, sondern einander zu ermutigen und zu ermahnen, besonders jetzt, da der Tag seiner Wiederkehr näher rückt! (Hebr 10,25 NLB).

Die Kirche ist keineswegs perfekt. Aber wir haben einen perfekten Erlöser, der ein perfektes Werk am Kreuz vollbracht hat. Und du findest Sicherheit, Heilung und Versorgung im Haus Gottes.

GEDANKE DES TAGES

Eine der Taktiken des Feindes ist die, dich von der Gemeinde Jesu möglichst zu trennen und dich zu isolieren. Das hat er auch dem von Dämonen besessenen Gerasener angetan, der sich aus der Gesellschaft zurückgezogen hatte, um inmitten der Gräber zu leben (Mk 5,1–5). Lass nicht zu, dass er dir das antut. Wenn du nicht in einer Ortsgemeinde bist, darf ich dich ermutigen, dir eine Gemeinde zu suchen?

GEBET DES TAGES

Vater, danke, dass die Kirche deine Idee ist, dass sie der Leib Christi ist und dass er das Haupt ist. Danke, dass du die Ortsgemeinde zu einem kraftvollen Ort gemacht hast, an dem ich von gottgeführten Leitern und Freunden umgeben bin, die mich lieben und ermutigen und mir helfen, zu dir zu kommen. Hilf mir, in die Sicherheit, Heilung und Versorgung deines Hauses eingepflanzt zu werden. Amen.

ABSCHNITT 12

STREBE NACH DEM HEILER

Und er begann bei Mose und den Propheten und erklärte ihnen alles, was in der Schrift über ihn geschrieben stand.
— Lukas 24,27 NLB

TAG 82

BESINNE DICH AUF JESUS *SELBST*

Und es geschah, während sie miteinander redeten und sich besprachen, da nahte sich Jesus selbst und ging mit ihnen.
— LUKAS 24,15

Mir gefällt es sehr, dass Gott von allen Wörtern, die er für dieses wunderbare Mahl hätte wählen können, das Wort *Gemeinschaft* wählte. Es zeigt, welche Art von Beziehung Gott mit uns haben möchte – eine Beziehung, die von Nähe und Vertrautheit geprägt ist. Ich weiß, dass man dies leicht aus den Augen verlieren kann und dieses Gemeinschafts- oder Abendmahl vielleicht sogar als Mittel zum Zweck sieht, besonders wenn man mit körperlichen Symptomen kämpft. Komm trotzdem weiter zum Tisch des Herrn, aber konzentriere dich dabei nicht so auf Heilung, dass du den Einen übersiehst, der den Tisch für dich gedeckt hat. Strebe nach dem Heiler und nicht nur nach Heilung. Sieh nicht nur den Segen, sondern besinne dich auf den, der dir den Segen schenkt. Wenn du ihn hast, dann hast du mit ihm auch alles andere.

Heute und an den folgenden zwei Tagen möchte ich dich mit einer meiner Lieblingsgeschichten im Neuen Testament ermutigen. Wir kommen langsam ans Ende dieses Buches und ich bete, dass du daraus nicht nur *Informationen* über das Abendmahl gezogen hast, sondern dass du wirklich das erlebt hast, was auch die beiden Jünger auf dem Weg nach Emmaus erlebten, als »*Jesus selbst sich ihnen nahte* und mit ihnen ging« (Lk 24,15). Diese Fußreise nach Emmaus fand am selben Tag statt, an dem unser Herr Jesus leibhaftig aus dem Grab auferstand. Was war dem Herrn an diesem Zusammentreffen so wichtig, dass er den Tag seiner Auferstehung dafür wählen sollte?

Der auferstandene Christus tat Folgendes:

Und ***er legte ihnen dar,*** *ausgehend von Mose und allen Propheten,* ***was in der gesamten Schrift über ihn geschrieben steht.*** *— Lukas 24,27* EÜ

Später sagten die beiden Jünger zueinander: »*Brannte nicht unser Herz in uns,* als er mit uns redete auf dem Weg, und als er uns die Schriften öffnete?« (Lk 24,32 EÜ).

Als Pastor bemühe ich mich, genau das jeden Sonntag zu tun. Und ich bete, dass ich es auch durch den Inhalt dieses Buches erreicht habe. Ich bete, dass ich dir durch Gottes Gnade anhand der Bibel die Dinge darlegen konnte, die sich auf *ihn* beziehen – und nicht eine Liste von Regeln und Vorschriften und auch nicht Wissen, das bloß den Verstand aufbläht.

Ich bete, dass dein Herz in dir brannte, als du Jesus in der Bibel gesehen hast, und dass du seine tiefe, persönliche Liebe zu dir wie nie zuvor erfahren hast. Ich bete, dass du gespürt hast, wie *Jesus selbst* sich dir nähert, dich mit seiner Liebe überschüttet und dir alles gibt, was du brauchst. Und ich bete, dass du nicht nur erfahren hast, was er für dich oder dir nahestehende Menschen tun kann; dass du nicht nur gesehen hast, dass er dich von deiner Krankheit heilen kann; sondern dass du eine Begegnung mit dem Herrn Jesus *selbst* hattest.

GEDANKE DES TAGES

Ganz gleich, ob du heute im körperlichen, emotionalen oder geistigen Bereich Heilung brauchst, deine Antwort findet sich in einer größeren Offenbarung der Person Jesu. Wenn du Jesus zu sehen bekommst, wird dein Herz vor Liebe und Leidenschaft brennen, dein Körper wird erneuert und dein Geist wird von seinem Schalom-Frieden und seiner Freude und Gesundheit erfüllt sein. Es dreht sich alles um Jesus!

GEBET DES TAGES

Kostbarer Herr Jesus, danke, dass du mir deine Liebe und dein Herz für mich gezeigt hast. Wenn ich heute an deinen Tisch komme, tue ich es mit dem Wunsch, dir nahe zu kommen und deine Herrlichkeit und deine Gnade zu sehen. Ich danke dir, dass du mir in unserer gemeinsamen Zeit alles vermittelst, was ich brauche. Öffne mir dabei die Augen, Herr, damit ich in der Bibel immer mehr von dir sehe. Amen.

TAG 83

ERKENNE IHN DURCH DAS ABENDMAHL

Da wurden ihnen die Augen geöffnet, und sie erkannten ihn.
— LUKAS 24,31

Nach seiner Auferstehung, noch bevor er Petrus, Jakobus und Johannes erschien, entschied Jesus sich, zwei Jüngern auf dem Weg nach Emmaus zu erscheinen. Warum?

Ich glaube, der Herr war im Begriff, sich auf eine Reise der Wiederherstellung zu begeben. Ich bin darüber so begeistert, dass ich mich kaum beherrschen kann. Ich glaube, dass das, was jetzt gleich kommt, dich förmlich umhauen wird und obendrein deinen Körper heilt. Ich möchte, dass du Zeuge davon wirst, wie diese Wiederherstellung stattfand.

Sieh dir mit mir an, was im Garten Eden geschah, wo der Herr mit *zwei* Menschen unterwegs war – mit Adam und Eva:

> *Und die Frau sah, dass von dem Baum gut zu essen wäre, und dass er eine Lust für die Augen und ein begehrenswerter Baum wäre, weil er weise macht; und* ***sie nahm von seiner Frucht und aß****, und sie gab davon auch ihrem Mann, der bei ihr war, und er aß.* ***Da wurden ihnen beiden die Augen geöffnet, und sie erkannten, dass sie nackt waren.*** *— 1. Mose 3,6–7*

Sie aßen vom Baum der Erkenntnis von Gut und Böse. Und ihre Augen wurden geöffnet – für ihre Nacktheit. Indem sie von diesem einen Baum aßen, kamen Sünde und Tod in die Welt (Röm 5,12). Der Mensch war nie dazu bestimmt, Krankheiten, Beschwerden oder Schmerzen zu haben. Der Mensch war nie dazu bestimmt, alt zu werden und zu sterben. Gott hasst den Tod. Deshalb nannte er den Tod einen Feind (1Kor 15,26). Unser Herr Jesus weinte sogar über den Tod von Lazarus (Joh 11,35).

Aber sieh dir an, wie Gott durch das, was mit den *zwei* Jüngern nach der Ankunft in Emmaus geschah, alles rückgängig machte. Sünde und Tod kamen durch einen Akt des Essens in die Welt, und wir werden gleich sehen, wie Jesus durch einen weiteren Akt des Essens alles wiederherstellte, was im Garten Eden verloren gegangen war:

> *Und es geschah, als er mit ihnen zu Tisch saß,* ***nahm er das Brot, sprach den Segen, brach es und gab es ihnen.*** *Da wurden ihnen die Augen geöffnet, und sie erkannten ihn. — Lukas 24,30–31*

Während die beiden Jünger mit Jesus nach Emmaus unterwegs waren, wurden ihre Augen daran gehindert, ihn zu erkennen (Lk 24,16). Aber in dem Moment, als sie das Brot von Jesus entgegennahmen, sagt uns die Bibel, »wurden ihnen die Augen geöffnet«. Aber anders als bei Adam und Eva, wurden ihre Augen nicht für ihre Nacktheit geöffnet. Ihre Augen wurden geöffnet, sodass »sie [ihn] erkannten«. Das griechische Wort für das hier verwendete »erkennen« lautet *epiginosko* und bedeutet »genau oder ganz erkennen, voll mit etwas vertraut werden«.[25] Als sie das Brot nahmen und es aßen, wurden ihre Augen geöffnet, um zu erkennen, wer da wirklich in ihrer Mitte war – der Messias, dem sie gefolgt waren, der so vielen Menschen Heilung, Wiederherstellung und Leben gebracht hatte und der den Tod besiegt hatte!

Was ist das für ein Brotbrechen, das die beiden Jünger dazu bringen konnte, Jesus zu *erkennen*? Erinnert dich das nicht an einen anderen Moment, als Jesus das Brot nahm, es segnete, es brach und es den Jüngern mit den Worten gab: »Nehmt, esst; dies ist mein Leib« (Mt 26,26; Mk 14,22)? Der auferstandene Christus nahm gemeinsam mit den beiden Jüngern das *Abendmahl*!

GEDANKE DES TAGES

Mögen jedes Mal, wenn du das Brot brichst, deine Augen geöffnet werden, um *Jesus zu sehen* und ihn *zu erkennen.* Mögest du ihn immer besser kennenlernen und eine immer tiefere Offenbarung seiner Herrlichkeit und Vollkommenheit bekommen. Beim Abendmahl geht es darum, an ihn zu denken – nicht an die Heilungen, nicht an seine Wunder, nur an Jesus *selbst.*

GEBET DES TAGES

Herr Jesus, danke, dass du gekommen und für mich gestorben bist, dass du als Sieger über Sünde und Tod auferstanden bist und alles, was im Garten Eden verloren gegangen war, wiederhergestellt hast. Ich danke dir, dass du mir die Augen öffnest, während ich das Abendmahl mit dir feiere, und mich auf tiefere Weise wahrnehmen lässt, wer du bist und was du getan hast, damit ich dich wirklich kennenlerne. Möge sich die von dir kommende vollständige Wiederherstellung in meinem Leben weiter entfalten. Amen.

TAG 84

NIMM VOM BAUM DES LEBENS

Und es geschah, als er mit ihnen zu Tisch saß, nahm er das Brot, sprach den Segen, brach es und gab es ihnen.

— LUKAS 24,30

In der gestrigen Andacht habe ich beschrieben, wie der auferstandene Christus gemeinsam mit den beiden Jüngern das Abendmahl nahm. Welch göttliche Ehre hat der Herr Jesus dem Brotbrechen zugemessen, diesem wunderbaren Sakrament, das er der Kirche gegeben hat. Deshalb feiern wir in meiner Gemeinde jede Woche das Abendmahl. Das hat auch die Gemeinde zur Zeit der Apostel getan. Die Apostelgeschichte sagt uns, dass die Jünger »am ersten Tag der Woche« zusammenkamen, um das »Brot zu brechen« (Apg 20,7). Sollten nicht auch wir besonderen Wert auf das legen, worauf unser Herr Jesus besonderen Wert legte?

Wie wir bereits gesehen haben, hat Gott, als er Adam und Eva schuf, sie bis auf eine Sache vollendet: Ihre geistlichen Augen wurden nicht geöffnet. Gott wollte, dass ihre geistlichen Augen durch den Baum des Lebens geöffnet würden. Stattdessen aßen sie vom Baum der Erkenntnis von Gut und Böse und ihre Augen wurden für ihre Nacktheit geöffnet. Ihre Augen wurden für ihr Unvermögen und ihre Defizite geöffnet. Sie sahen nun ihren Mangel und ihre Unzulänglichkeiten, ihre Sünde und ihre Scham.

Aber unser Herr Jesus stellte alles wieder her, was in jenem Garten verloren ging. Ich glaube, als er das Brot für die beiden Jünger brach, ließ er sie vom Baum des Lebens essen, dem Baum, den Gott von Anfang an für die Menschen vorgesehen hatte. Unser Herr Jesus *ist* der

Baum des Lebens, und wenn wir von seinem gebrochenen Körper nehmen, essen wir vom Baum des Lebens. Deshalb wurden den beiden Jüngern *die Augen geöffnet*, als sie das Brot nahmen, und sie erkannten den Herrn Jesus. Auch der Apostel Paulus betete, dass unsere Augen geöffnet würden, damit wir Jesus sehen und eine echte Offenbarung seiner Liebe haben könnten (Eph 1,17–18; 3,18–19). Jahrelang durchforstete ich die Bibel, um mehr über den Baum des Lebens herauszufinden, und war ganz aus dem Häuschen, als der Herr mir das Folgende zeigte.

Nachdem die beiden Jünger vom Baum des Lebens genommen hatten, ist, wie ich glaube, etwas mit ihren Körpern passiert: Sie wurden vom Auferstehungsleben Christi durchdrungen und mit Energie versorgt. Deshalb konnten sie sofort aufbrechen und nach Jerusalem zurückkehren (Lk 24,33) – und dabei an einem Tag 22 Kilometer zurücklegen (Lk 24,13). Heute können wir uns freuen, weil dasselbe Auferstehungsleben *jedes Mal*, wenn wir das Abendmahl nehmen, auch in unseren Körper hineinfließt.

Übrigens, nachdem Adam und Eva gesündigt hatten, kroch die kalte Angst in ihre Herzen und sie versteckten sich, als sie die Stimme Gottes im Garten hörten (1Mo 3,10). Als aber der auferstandene Christus mit den beiden Jüngern den Weg nach Emmaus ging, brannte ihr Herz vor Liebe zu Jesus (Lk 24,32), und sie wollten noch mehr Zeit in seiner Gegenwart verbringen (Lk 24,29). Unser Herr Jesus hat die Beziehung zu Gott wiederhergestellt, die zerbrach und verloren ging, als Adam und Eva in Sünde fielen. Deshalb müssen wir heute nie Angst vor dem Herrn haben. Vor welcher Herausforderung wir auch stehen mögen, wir dürfen stets darauf vertrauen, dass er *für* uns ist (Röm 8,31), und können deshalb zuversichtlich zu seinem Thron der Gnade kommen (Hebr 4,16).

GEDANKE DES TAGES

Adam und Eva aßen sich zum Fluch und damit zu Leiden, Stress, Krankheiten, Schmerz und Tod. Du und ich dürfen durch das

Abendmahl immer wieder vom Baum des Lebens essen und *uns zu Gesundheit und Leben essen*!

GEBET DES TAGES

Herr Jesus, ich danke dir, dass du deinen eigenen Körper am Kreuz geopfert hast, um zum Baum des Lebens für mich zu werden und mich zu befreien, damit ich jeden Tag frei von Schuld, Verurteilung und Scham leben kann. Danke, dass ich vom Baum des Lebens essen darf, wann immer ich das Abendmahl nehme und mich zu Leben und Gesundheit esse. Alles Lob und alle Ehre gehören dir! Amen.

TAG 85

ALLES DREHT SICH UM JESUS

»Er selbst nahm unsere Schwachheiten und trug unsere Krankheiten.«
— MATTHÄUS 8,17 ELB

Inzwischen bist du wahrscheinlich mit Jesaja 53,4 vertraut, wo es heißt: Fürwahr, er hat unsere Leiden getragen und unsere Schmerzen auf sich geladen. Aber sieh dir in der heutigen Bibellese an, wie der Autor des Matthäusevangeliums diese Stelle zitierte.

Ich liebe das Wort »selbst« an dieser Stelle, weil es so persönlich und innig klingt. Er hat in der Tat unsere Krankheiten und unsere Leiden auf sich *selbst* genommen. Das hat kein Engel getan. Deine Gesundheit und dein Heilsein waren ihm zu wichtig – also trug er *selbst* jede deiner Krankheiten und jedes deiner Leiden.

Nimm dir etwas Zeit, um über das Wort »selbst« zu meditieren. Nimm dir etwas Zeit, um dich an den Einen zu erinnern, der für dich gelitten hat und gestorben ist, denjenigen, der deine Leiden weggenommen und deine Krankheiten getragen hat, damit du sie nicht ertragen musst. Jesus *selbst* hat es getan, weil du so kostbar für ihn bist.

Welche körperlichen Beschwerden die Ärzte bei dir auch festgestellt haben mögen, Jesus selbst hat sie auf seinen eigenen Körper genommen. Konzentriere dich nicht auf die Heilung, sondern auf den Herrn Jesus selbst. Konzentriere dich auf den Einen, »der unsere Sünden an seinem Leib *selbst* an das Holz hinaufgetragen hat, damit wir, den Sünden abgestorben, der Gerechtigkeit leben; durch dessen Striemen ihr geheilt worden seid« (1Petr 2,24 ELB).

Oft ist es so, dass deine Ängste und Sorgen sich ganz von allein auflösen, wenn du dich auf ihn ausrichtest und einfach nur Zeit in seiner Gegenwart verbringst. Du stellst dann fest, dass in seiner Gegenwart Schalom-Frieden zu finden ist. Es gibt dort Heilung. Es gibt Wiederherstellung. Und wenn du nach deinen Symptomen suchst, findest du sie *nicht mehr*. Warum? Weil du in der Gegenwart des Heilers bist.

Als Gott den Kindern Israels sagte: »Ich bin der Herr, der dich heilt« (2Mo 15,26), stellte er sich als *Jahwe Rapha* vor. Er sagte nicht: »Ich werde dir Heilung geben« oder »Ich werde dir Gesundheit geben.« Er sagte, ICH BIN deine Heilung und ICH BIN deine Gesundheit. Wenn du Jesus berührst, berührst du Heilung. Er gibt dir keine Heilung, als wäre sie eine Sache. Er gibt sich selbst.

Du musst nicht nach Heilung, Versorgung und Schutz suchen. Wenn du Jesus hast, hast du alles, was du brauchst. Wenn in einem Bereich deines Körpers der Tod herrscht, sagt der Herr zu dir: »*Ich* bin die Auferstehung und das Leben« (Joh 11,25). Wenn dir die Ärzte gesagt haben, dass du jung sterben wirst, spricht der Herr zu dir: »*Ich* bin dein Leben und die Verlängerung deiner Tage« (5Mo 30,20). Wenn du eine negative Diagnose erhalten hast und dich fürchtest, sagt der Herr zu dir: »Fürchte dich nicht. *Ich* bin dein Schild« (1Mo 15,1). Wenn du mit einem Rückfall nach dem anderen kämpfst und von Entmutigung überwältigt bist, erklärt der Herr dir: »*Ich* bin deine Stärke und dein Loblied« (2Mo 15,2)!

GEDANKE DES TAGES

Es gibt viele Studien, die die Dinge auflisten, die man essen und die man tun muss, wenn man lange leben und dabei gesund bleiben will. Ich stimme völlig zu, dass du gesunde Entscheidungen bezüglich deiner Ernährung und deines Lebensstils treffen *solltest*. Aber wenn dein Wohlbefinden von Dingen abhängt, die du tun *musst*, wirst du dir nie sicher sein können. Gründe deine Heilung und Sicherheit stattdessen auf jemanden, der nie versagt, auf jemanden, der allmächtig, allwissend und vor allem allliebend ist. Dann kannst du unerschütterliche Sicherheit und unsagbaren Frieden haben.

GEBET DES TAGES

Kostbarer Herr Jesus, ich danke dir, dass du es warst, der mich so sehr geliebt hat, dass du meine Krankheiten und Schwachheiten auf deinen eigenen Körper am Kreuz genommen hast. Danke, dass du *Jahwe Rapha* bist, der Herr, der mich heilt und meine Gesundheit wiederherstellt. Ich erkläre, dass du mein Erbteil bist und ich nichts weiter brauche als dich. Amen.

TAG 86

LEBE IN DER LIEBE DES HIRTEN

»Ich selbst will meine Schafe weiden, und ich selbst will sie lagern, spricht der Herr, HERR. Das Verlorene will ich suchen und das Versprengte zurückbringen, und das Gebrochene will ich verbinden, und das Kranke will ich stärken.«

— Hesekiel 34,15–16 ELB

Was auch immer dir in deinem Leben begegnet, du musst nicht durch die Gegend laufen und versuchen, deine Bedürfnisse irgendwie selbst zu stillen. Du musst nur Jesus *selbst* suchen. Wenn du Jesus persönlich hast, dann hast du auch alle Wohltaten, die in seiner Person inbegriffen sind.

Hier kommt eine besondere Seite am Herrn, auf die ich deine Aufmerksamkeit lenken möchte.

Überall in der Bibel sehen wir Bilder von Gott. Wir sehen ihn personifiziert als unser Bollwerk, unsere Festung und unseren Turm. Aber von allen Bildern, die im Alten und Neuen Testament verwendet werden, ist dieses eines der häufigsten: Gott als unser Hirte. Und oft ist es so, dass die bildliche Darstellung vom Hirten und seinen Schafen im Zusammenhang mit Heilung verwendet wird. Nimm nur als Beispiel die heutige Bibellese aus Hesekiel.

Ich liebe Bibeln mit breitem Rand, weil ich dort meine eigenen Kommentare notieren kann. Überall in meiner Bibel stehen solche Notizen, und neben Jesaja 53,5–6 und 1. Petrus 2,24–25 habe ich geschrieben: »Diese Symbolik von Hirte und Herde begünstigt Heilung.« Wenn du die beiden folgenden Bibelabschnitte miteinander vergleichst, wirst du etwas wirklich Gewaltiges entdecken:

Doch er wurde um unserer Übertretungen willen durchbohrt, wegen unserer Missetaten zerschlagen; die Strafe lag auf ihm, damit wir Frieden hätten, ***und durch seine Wunden sind wir geheilt worden. Wir alle gingen in die Irre wie Schafe****, jeder wandte sich auf seinen Weg; aber der HERR warf unser aller Schuld auf ihn. — Jesaja 53,5–6*

An seinem eigenen Körper hat er unsere Sünden an das Kreuz hinaufgetragen, damit wir für die Sünde tot sind und für die Gerechtigkeit leben können. ***Durch seine Wunden seid ihr geheilt worden! Früher seid ihr umhergeirrt wie verlorene Schafe. Aber nun seid ihr zu eurem Hirten zurückgekehrt, dem Beschützer eurer Seelen.*** *— 1. Petrus 2,24–25 NLB*

Während ich das studierte, vernahm ich, wie der Herr zu mir sagte: »An dem Tag, an dem mein Volk mich als seinen Hirten sieht – und das nicht nur mit dem Verstand, sondern wenn die Menschen mich wirklich als Hirten begreifen und erleben –, sind ihre Tage der Krankheit vorbei.« Wir waren wie Schafe, die sich verirrt hatten, und deshalb waren wir krank. Aber jetzt sind wir nicht mehr wie verirrte Schafe. Wir sind *nun zu unserem Hirten und dem Beschützer unserer Seelen zurückgekehrt.* Und deshalb können wir die volle Sicherheit haben, dass wir durch seine Wunden geheilt sind.

Übrigens steht das Wort für »zurückgekehrt« im griechischen Grundtext hier im Passiv.[26] Das bedeutet, dass nicht du hier die handelnde Person bist. Der Heilige Geist ist derjenige, der dich geholt und zurückgebracht hat. Erinnerst du dich an das Gleichnis, das unser Herr Jesus über den Hirten erzählt hat, der die neunundneunzig Schafe zurückließ, um nach dem einen zu suchen, das sich verirrt hatte (Lk 15,1–7)? Der Hirte ist derjenige, der nach dem verlorenen Schaf sucht, es findet und es sich voller Freude auf die Schultern legt. Unsere Aufgabe als Schafe besteht einfach nur darin, *seine Liebe zu uns zu-*

zulassen, uns von ihm auf seinen Schultern tragen zu lassen und in seiner Kraft zu ruhen.

GEDANKE DES TAGES

Lieber Freund, der sicherste Ort, an dem du heute sein kannst, ist auf den Schultern deines liebenden Hirten, weit oberhalb jeder Krankheit und jedes Leidens. Woran du heute auch leidest, sei dir bewusst, dass er um deinetwillen geschlagen und ausgepeitscht wurde, und empfange deine Heilung und Wiederherstellung von ihm. Er hat den Preis für deine vollständige Gesundung bezahlt. Durch seine Striemen bist du geheilt.

GEBET DES TAGES

Herr Jesus, ich danke dir, dass du mir einen Weg eröffnet hast, zu dir, dem Hirten meiner Seele, zurückzukehren. Danke, dass ich aufgrund der Striemen, die du um meinetwillen erlitten hast, sicher sein kann, dass meine Tage der Krankheit vorbei sind. Ich willige gerne ein, von dir geliebt zu leben, auf deinen Schultern getragen zu werden und in deiner Kraft zu ruhen. Amen.

TAG 87

MIT ALLEM VERSORGT

Der HERR ist mein Hirte,
mir wird nichts mangeln.
— PSALM 23,1 ELB

Ein weiteres bekanntes Bild von Gott als unserem Hirten wird im wunderbaren Psalm 23 zum Ausdruck gebracht. David hat ihn verfasst – ein Hirte, der den Herrn als seinen Hirten sah. Nimm dir einen Moment Zeit und lies diesen Vers in deiner Bibel.

Wenn du den Herrn als deinen Hirten betrachtest, wird es dir an nichts fehlen, und dazu gehört auch, dass es dir nicht an Gesundheit mangelt. Was immer du brauchst, du wirst nicht ohne es auskommen müssen, denn dein guter Hirte wird dich damit versorgen. Du musst dich nicht selbst abstrampeln und versuchen, dich um alles zu kümmern. Du musst nicht so leben, als hättest du keinen Gott. Ganz gleich, wie dein gesundheitlicher Zustand aussieht oder welche schlechte Nachricht du erhalten hast, bleib dicht bei deinem Hirten und lass ihn für dich sorgen.

Ist dir aufgefallen, was der Hirte als Erstes tut? Der Psalmist schrieb: »Er *lagert* mich auf grünen Auen« (Ps 23,2). Wenn du zulässt, dass er dein guter Hirte ist, wird er dich auf grüne Weiden bringen und dich dort lagern. Du kannst dich entspannen und ausruhen, weil er für dich sorgt. Er wird dich zu stillen Wassern führen, wo du trinken und dich erfrischen kannst. Das hebräische Wort für »still« ist *menuhah*, was »Ruhe« bedeutet.[27] Er möchte, dass du in dem ruhst, was er für dich getan hat, dass du in dem Sieg ausruhst, den er am Kreuz bereits errungen hat.

Es ist kein Zufall, dass viele der Heilungswunder Jesu am Sabbat stattfanden. Er heilte einen Mann mit einer verkümmerten Hand (Mt 12,10–13), eine Frau, die achtzehn Jahre lang verkrümmt gewesen war (Lk 13,10–13), einen Mann mit Wassersucht (Lk 14,2–4) und am Teich Betesda einen anderen Mann, der 38 Jahre lang krank gewesen war (Joh 5,2–9) – alle am Sabbat. Gott sagte seinem Volk, dass es den Sabbat als Ruhetag einhalten solle (2Mo 20,8–11). Wenn wir ruhen, wirkt Gott; wenn wir arbeiten, ruht Gott. Ich weiß nicht, wie es dir geht, aber ich kann es mir nicht leisten, dass Gott nicht in jedem Bereich meines Lebens aktiv ist!

Vielleicht musst du oder muss ein Angehöriger mit einer chronischen Erkrankung umgehen. Erlaube mir in dem Fall die Erklärung, dass »Ruhe« nicht bedeutet, dass du einfach nichts tust. Es bedeutet nicht, dass du nicht tust, was deine Ärzte dir geraten haben, dass du die verschriebenen Physiotherapie-Übungen nicht ausführst und dass du einfach zu Hause sitzt und die Augen vor den Tatsachen verschließt. Ruhe ist *keine* Inaktivität; sie ist geistgeleitete Aktivität, bei der du dem Heiligen Geist erlaubst, dich in deinem Tun anzuleiten. Dann wirst du dir bei deinem Tun keine Sorgen machen, weil du weißt, dass er die Kontrolle hat.

Möchtest du wissen, was das Ergebnis ist, wenn wir uns vom Herrn Ruhe geben lassen? Ich will dir zeigen, was König Salomo sagte:

> *Aber jetzt hat mir der Herr, mein Gott, auf allen Seiten Ruhe gegeben; es gibt weder Gegner noch schlimme Vorkommnisse.*
> *— 1. Könige 5,4 NKJV*

Ist das nicht einfach grandios? Ich bete, dass du das in Jesu Namen erleben wirst – an einen Punkt zu kommen, an dem es weder Gegner noch schlimme Vorkommnisse in deinem Leben gibt. Amen!

GEDANKE DES TAGES

Du musst nicht versuchen, mit allem fertigzuwerden, ständig auf dich selbst aufzupassen und alles in deinem Leben unter Kontrolle zu halten. Gott wollte nie, dass du dein eigener Retter bist. Gott ist unser guter Hirte und er will, dass du in seiner Liebe lebst und weißt, dass er über dich wacht. Womit auch immer du konfrontiert bist, du kannst frei von der Angst vor schlimmen Dingen sein, weil dein Hirte *bei dir ist.*

GEBET DES TAGES

Herr Jesus, ich danke dir, dass du mein guter Hirte und Heiler bist, der über mich wacht und sich um alle meine Bedürfnisse kümmert. Danke, dass du mich auf grünen Weiden ruhen lässt, damit ich mich in dem Sieg ausruhen kann, den du am Kreuz bereits errungen hast. Ich glaube, dass du mir von allen Seiten Ruhe gibst und mich vor Widersachern und schlimmen Vorkommnissen schützt. Amen.

TAG 88

INS LEBEN ZURÜCKGEBRACHT

Auch wenn ich wandere im Tal des Todesschattens,
fürchte ich kein Unheil, denn du bist bei mir.
— PSALM 23,4 ELB

Der Psalmist David sagt, wir müssen kein Unglück fürchten, auch wenn wir durch das Tal des Todesschattens wandern, denn unser guter Hirte *ist* bei uns. Vor einigen Jahren habe ich selbst gesehen, wie der Herr jemanden durch das Tal des Todesschattens hindurch gebracht hat und ihn durch das Abendmahl buchstäblich vom Tod ins Leben zurückgeholt hat.

Seit Jahren organisieren wir für die Leute in unserer Gemeinde Reisen nach Israel. Eines Tages wurden wir informiert, dass es einen Notfall gegeben habe. Eine Frau aus unserer Gemeinde war gerade in Tel Aviv gelandet. Als sie aus dem Flugzeug stieg, brach sie plötzlich mit Schaum vor dem Mund zusammen. Sofort wurde ein Krankenwagen gerufen, aber auf dem Weg zum Assaf Harofeh Medical Center bekam sie Kammerflimmern und erlitt einen Herzstillstand. Im Krankenhaus versuchten die Ärzte, sie zu retten, aber sie zeigte keine Reaktion, weshalb sie fast aufgegeben hätten. Glücklicherweise konnte sie dann doch wiederbelebt werden. Man schloss sie aber an eine Herz-Lungen-Maschine an, weil ihr Zustand kritisch blieb.

Ihre Ärzte diagnostizierten bei ihr eine tiefe Venenthrombose, verursacht von einem Blutgerinnsel. Während des Fluges hatte sich in ihrem Bein ein solches Gerinnsel gebildet und war zu ihrem Herzen und schließlich in einen der Lungenflügel gewandert. Die Ärzte gaben ihr kaum eine Überlebenschance. Und selbst wenn sie überleben sollte, hatte ihr Gehirn zu lange unter Sauerstoffmangel gelitten. Sie wurde medizinisch sehr intensiv überwacht, weil man damit rechnete, dass sich ihr Zustand weiter verschlechtern würde.

Der Ehemann dieser Frau und einige ihrer Familienmitglieder, die bei ihr waren, beteten für sie und nahmen das Abendmahl. Dabei sprachen sie Gesundheit und Wiederherstellung über sie aus. Auch die Gemeindeleiter, die für ihre Reisegruppe verantwortlich waren, beteten für sie.

Währenddessen waren meine Pastoren und ich an einem anderen Ort in Israel unterwegs. Als wir schließlich ins Krankenhaus kamen, war ihr Gesicht ganz aufgedunsen und sie war an verschiedene Schläuche und medizinische Apparate angeschlossen. Einer meiner Pastoren vertraute mir später an, dass sie sich in einem derart trostlosen Zustand befunden habe, dass er sie kaum ansehen konnte. Er musste die Augen schließen, während er für sie betete. Rein menschlich betrachtet war es wirklich schwer, die Hoffnung aufzubringen, dass sie sich erholen würde. Doch im Glauben nahmen wir auf der Intensivstation gemeinsam mit ihrer Familie das Abendmahl und erklärten, dass durch den zerschlagenen Körper unseres Herrn Jesus sein Leben in sie hineinfließen würde.

Schon am nächsten Tag kam sie wieder zu sich. Und ihre Ärzte konnten keine Spur von einem Gerinnsel finden. Sie konnten nicht verstehen, wohin das Gerinnsel verschwunden war. Sie nannten ihre Genesung ein »Wunder« und bestanden darauf, sie für ein paar weitere Tage unter Beobachtung zu halten. Aber wir wussten, was passiert war. Unser Herr Jesus hatte sie geheilt und das Gerinnsel entfernt!

GEDANKE DES TAGES

Rate mal, was diese Frau tat, als sie entlassen wurde? Sie schloss sich der nächsten Reisegruppe aus unserer Gemeinde an, und der erste Ort, den sie besuchte, war das Gartengrab, der Ort, an dem unser Herr Jesus von den Toten auferweckt wurde. Halleluja! In welcher Situation du heute auch bist, sein Sieg über den Tod ist auch der deine.

GEBET DES TAGES

Herr Jesus, danke, dass du mit mir durch alle Täler der Krankheit, körperlichen Leiden, Verletzungen, Schmerzen und sogar des Todesschattens gehst. Danke für das Abendmahl und die Möglichkeit, auf diese Weise an deinem zerschlagenen Körper und vergossenen Blut teilzuhaben. Ich danke dir, dass du im Abendmahl Gemeinschaft mit mir pflegst und mich kontinuierlich mit deinem Leben durchflutest und meine Gesundheit wiederherstellst. Amen.

TAG 89

DAS BESTE, WAS DER HIMMEL ZU BIETEN HAT

Fürchte dich nicht, du kleine Herde; denn es hat eurem Vater gefallen, euch das Reich zu geben.
— LUKAS 12,32

Unser Herr Jesus ging am Sabbat in eine Synagoge und traf dort auf einen Mann mit einer verkümmerten Hand. Die Pharisäer suchten nach Gelegenheiten, Jesus eines Fehlverhaltens zu beschuldigen, also forderten sie ihn heraus und sagten: »Ist es erlaubt, am Sabbat zu heilen?« Unser Herr antwortete: »Welcher Mensch ist unter euch, der ein Schaf hat und, wenn es am Sabbat in eine Grube fällt, es nicht ergreift und herauszieht? Wie viel mehr ist nun ein Mensch wert als ein Schaf! Darum darf man am Sabbat wohl Gutes tun.« Dann sagte er zu dem Mann: »Strecke deine Hand aus.« Und er streckte sie aus, und sie wurde gesund wie die andere (Mt 12,9–13).

Folgendes sollst du wissen: Wenn jemand krank ist, kritisiert und verurteilt der Herr denjenigen nie. Er sieht den Menschen wie ein Schaf, das in eine Grube gefallen ist, ein Schaf, das gerettet werden muss. Wenn du erkrankt bist, lass nicht zu, dass der Ankläger dich davon ausschließt, deine Heilung zu empfangen, indem er dir Dinge sagt wie: »Du hättest auf deine Ernährung achten sollen« oder »Du hättest mehr Sport treiben müssen.« Auch wenn du für deinen Zustand verantwortlich bist, kann der Herr Jesus dich trotzdem heilen, und er ist mehr als bereit dazu.

Das bedeutet nicht, dass du achtlos handelst, wenn es um deine Gesundheit geht. Wenn du es ihm gestattest, kann der Herr dich auch in praktischen Dingen anleiten. Er kann dir zeigen, was du essen solltest und wie du dir Bewegung verschaffst. Der Schlüssel hierbei ist, nicht auf die Stimme der Scham, Verurteilung und Anklage zu hören. Höre stattdessen auf die Stimme deines Hirten, der kommt, um dich zu retten!

Unser guter Hirte sagt, dass er sein Leben für die Schafe lässt (Joh 10,11). Aber kennst du den Kontext dieses Verses? Ich zeige ihn dir:

> *Der Dieb kommt nur, um zu stehlen, zu töten und zu verderben; ich bin gekommen, damit sie das Leben haben und es im Überfluss haben. Ich bin der gute Hirte; der gute Hirte lässt sein Leben für die Schafe. — Johannes 10,10–11*

Obwohl er unser Hirte ist, hat er sein Leben als das Lamm Gottes gegeben. Offenbarung 5,12 erklärt: »Würdig ist das *Lamm*, das geschlachtet worden ist.« Warum verwendet Gott für das Opfer das Bild des Lammes und nicht des Hirten? Weil Gott dir zeigen will, dass Jesus an deiner Stelle gestorben ist. Er, der gute Hirte, wurde für dich zum Lamm Gottes. Du kannst nicht deshalb Leben im Überfluss haben, weil du es verdienst, sondern weil er sein Leben für deines gegeben hat. Er nahm deine Krankheiten und deine Schmerzen und gab dir seine Unversehrtheit und Gesundheit.

Höre heute, wie dein Herr Jesus zu dir sagt: »Fürchte dich nicht, denn es hat deinem Vater gefallen, dir das Reich Gottes zu geben.« Wie auch immer dein Zustand gerade ist, du darfst glauben, dass du erleben wirst, wie deine Heilung vollständig sichtbar wird. Iss weiterhin vom Baum des Lebens. Und jedes Mal, wenn du davon isst, lass deinen Körper von seinem im Überfluss vorhandenen Leben durchfluten.

GEDANKE DES TAGES

Gott hat dir bereits das Beste gegeben, was der Himmel zu bieten hat – den Herrn Jesus selbst. Wie sollte er dir mit Jesus nicht *auch alles andere schenken* (Röm 8,32)? Womit du auch konfrontiert sein magst, verliere nicht den Mut. Du *wirst* »die Güte des Herrn im Land der Lebendigen sehen« (Ps 27,13)!

GEBET DES TAGES

Vater Gott, danke, dass du mir dein Allerbestes gegeben hast, den Herrn Jesus selbst, der als würdiges Lamm an meiner Stelle geschlachtet wurde. Ich danke dir, dass er meine Krankheiten und Schmerzen auf sich genommen hat und mir Gesundheit und Wohlbefinden schenkt. Ich glaube und erkläre, dass ich durch das Abendmahl die vollständige Sichtbarwerdung meiner Heilung und überfließendes Leben erfahren werde. In Jesu Namen, amen.

TAG 90

LASS UNS DAS ABENDMAHL FEIERN

Und während sie aßen, nahm Jesus Brot, sprach den Segen, brach es, gab es ihnen und sprach: Nehmt, esst! Das ist mein Leib. Und er nahm den Kelch, dankte und gab ihnen denselben; und sie tranken alle daraus. Und er sprach zu ihnen: Das ist mein Blut, das des neuen Bundes, welches für viele vergossen wird.

— Markus 14,22–24

Ich bete, dass dieses Buch dich gestärkt und ermutigt hat und dass du jetzt ohne den geringsten Zweifel weißt, dass Gott dich und deine Lieben geheilt und wohlauf sehen will. Ich hoffe, du konntest auch erfahren, dass du zuversichtlich an seinen Tisch kommen kannst und durch das Abendmahl von der übernatürlichen Heilung, Gesundheit, Unversehrtheit und dem Leben des Herrn essen und trinken darfst.

Du kannst das Abendmahl für dich allein feiern. Aber ich möchte dich ermutigen, es gemeinsam mit deiner Familie zu nehmen oder mit gleichgesinnten Gläubigen, die dich mit Glauben umgeben können. Besonders dann, wenn du keine Kraft hast, selbst zu glauben. Wenn ihr euch in seinem Namen versammelt, ist er in eurer Mitte, wie er in seinem Wort versprochen hat (Mt 18,20). Unternimm diese Reise nicht allein.

Würdest du, nachdem wir nun ans Ende dieser Andachten gekommen sind, fürs Erste mir die Ehre erweisen, das Abendmahl mit dir zu feiern? Bitte bereite die Elemente des Abendmahls vor, und wenn du bereit bist, fahre hier fort.

Lass uns nun das Brot in unseren Händen halten und mit unserem Heiler sprechen, der den Preis für unsere Gesundheit und unser Heilsein am Kreuz von Golgatha bezahlt hat:

Lieber Herr Jesus, wir kommen jetzt zu dir und erinnern uns an all das, was du am Kreuz für uns getan hast. Danke, dass du uns so sehr liebst, dass du den Himmel für uns aufgegeben hast. Danke, dass du deinen Körper hast zerschlagen lassen, damit unserer heil sein kann. Indem wir an dir teilhaben, erhalten wir dein Auferstehungsleben, deine Gesundheit und deine Kraft. Durch deine Gnade werden wir alle Tage unseres Lebens voller Kraft und völlig gesund sein. Unsere Augen werden nicht schwach und unsere Kraft wird nicht nachlassen. Keine Krankheit kann in unserem Körper bleiben, denn dieselbe Kraft, die dich aus dem Grab erweckt hat, fließt durch uns. Durch deine Striemen sind wir geheilt.

Essen wir nun das Brot.

Nimm jetzt den Becher in deine Hände und sage:

Herr Jesus, danke für dein kostbares Blut. Wir danken dir, dass du uns von all unseren Sünden reingewaschen hast. Wir stehen vor dir, völlig gerecht und freigesprochen. Dein Blut hat uns von jedem Fluch erlöst, und heute können wir uneingeschränkt alle Segnungen empfangen, die das Haupt des Gerechten krönen!

Trinken wir jetzt.

Ich glaube, dass du schon jetzt, in diesem Moment, stärker und gesünder bist. Halleluja!

Mein Freund, ich freue mich darauf, von dir zu hören, wenn du deinen Durchbruch empfängst. Wenn es so weit ist, schreibe mir bitte auf JosephPrince.de/Zeugnis, damit wir gemeinsam andere ermutigen können, die im Vertrauen auf Gott noch darauf warten, dass ihre Heilung sichtbar wird!

GEDANKE DES TAGES

Ich bete, dass der Herr schon jetzt, während du ans Ende dieses Buches kommst, etwas Unauslöschliches in deinem Herzen hinterlassen hat und dass du seine persönliche Liebe zu dir auf eine Weise erlebt hast, die du nie für möglich hieltest. Ich wünsche dir, dass du auch weiterhin überall in der Bibel die Dinge siehst, bei denen es um Jesus geht. Komm so oft du kannst an seinen Tisch und nutze jede Gelegenheit, um dich an alles zu erinnern, was er für dich getan hat, und um sein vollbrachtes Werk zu proklamieren. Ich erkläre hiermit, dass deine gesündesten, robustesten und energiereichsten Tage noch vor dir liegen, in Jesu Namen! Amen.

ZEUGNIS

Nach dem Abendmahl kehrt das Leben in ungeborenes Baby zurück

Meine Familie und ich hatten uns immer ein weiteres Kind gewünscht. Aber im Laufe der Zeit gab ich auf, weil ich bereits über vierzig Jahre alt war und es für Frauen meines Alters nicht leicht ist, auf natürlichem Wege schwanger zu werden.

Eines Tages fragte mich die jüngere meiner Töchter, wann ich wieder ein Kind bekommen würde. Ich sagte zu ihr: »Lass uns beten, und Gott wird uns eines schenken.« In dieser Nacht konnte ich vor lauter Vorfreude nicht schlafen. Bald darauf machte ich einen Schwangerschaftstest und stellte fest, dass ich schwanger war!

Bei der ersten Untersuchung beim Gynäkologen wurde uns jedoch gesagt, dass unser Baby keinen Herzschlag habe und dass es bei Frauen meines Alters nicht ungewöhnlich sei, Eizellen zu produzieren, die nicht so gesund sind wie die von jüngeren Frauen. Außerdem war es nicht das erste Mal, dass ich ein Kind verlor, da ich zuvor zwei Fehlgeburten gehabt hatte. Man riet uns, noch eine Woche zu warten und dann erneut untersuchen zu lassen, ob unser Baby einen Herzschlag hat. Falls nicht, würde man die Schwangerschaft beenden müssen.

Zu dem Zeitpunkt hatte ich bereits viereinhalb Jahre lang die Botschaften von Pastor Prince gehört und auch übersetzt. Abgesehen davon, dass seine Predigten über die Gnade Gottes mich segneten, beeindruckte mich auch seine Lehre über das Abendmahl zutiefst. Obwohl ich schon fast mein ganzes Leben lang Christin bin, war mir die wahre Bedeutung des Abendmahls nicht bekannt, bis ich Pastor Prince darüber lehren hörte.

In der folgenden Woche beteten mein Mann und ich, nahmen das Abendmahl und glaubten, dass Gott ein Wunder wirken würde.

Bei der nächsten Kontrolluntersuchung hatte mein Baby immer noch keinen Herzschlag und man sagte mir, ich solle einen Termin für den Eingriff vereinbaren. Ich zögerte, weil ich mit meinem Mann noch nicht die Betreuung unserer Töchter geregelt hatte. Der Gynäkologe nahm jedoch an, ich sei zu erschüttert, um eine Entscheidung zu treffen, und sagte, ich könne noch eine weitere Woche warten, bevor ich mich dem Eingriff unterzöge.

WIR NAHMEN DAS ABENDMAHL UND GLAUBTEN, DASS GOTT EIN WUNDER WIRKEN WÜRDE. … MEIN BABY WURDE WIEDERBELEBT UND BEGANN WIEDER ZU WACHSEN, ALS WIR ANFINGEN, DAS ABENDMAHL ZU NEHMEN.

Während dieser Zeit beteten wir mit den Mädchen und sagten ihnen, dass wir das Baby im Himmel sehen würden, auch wenn es nicht geboren würde. Ich betete weiterhin, nahm mit Frieden im Herzen das Abendmahl und hörte weiter die Botschaften von Pastor Prince an.

Ich ging zu einer dritten Untersuchung, und dieses Mal war ein Herzschlag zu hören! Mein Gynäkologe war sehr überrascht. Ich glaube, mein Baby wurde wiederbelebt und begann wieder zu wachsen, als wir anfingen, das Abendmahl zu nehmen. Unser Wunderbaby, ein Junge, wurde gesund geboren und alle sind glücklich. Gott ist groß und treu!

Amy | Taiwan

ANMERKUNGEN

1. *Elberfelder Studienbibel*, NT 1243 *diakrino*, Witten: SCM R.Brockhaus 2013.
2. *Elberfelder Studienbibel*, NT 2203 *zoe*, Witten: SCM R.Brockhaus 2013.
3. NT: 5315, James Strong, *Biblesoft's New Exhaustive Strong's Numbers and Concordance of the Bible with Expanded Greek-Hebrew Dictionary*, Seattle, Wash.: Biblesoft, Inc. and International Bible Translators, Inc., 2006.
4. NT: 5176, Joseph Henry Thayer, *Thayer's Greek Lexicon* (elektronische Datenbank). Copyright © 2000, 2003, 2006 by Biblesoft, Inc. All rights reserved.
5. H. Kesselman, S. D. Rosen, S. D. Winegarten, editors, »A Guide to Shechita,« Shechita UK, May 2009, https://www.shechitauk.org/wp-content/uploads/2016/02/A_Guide_to_Shechita_2009__01.pdf.
6. T. J. McCrossan, *Bodily Healing and the Atonement* (Tulsa, OK: Kenneth Hagin Ministries, Inc., 1989), http://www.schoolofgreatness.net/wp-content/uploads/2018/08/Kenneth-E-Hagin-Bodily-Healing-and-Atonement.pdf.
7. Flavius Josephus, *The Wars of the Jews* (Overland Park, KS: Digireads Publishing, 2010).
8. OT: 7291: James Strong, *Biblesoft's New Exhaustive Strong's Numbers and Concordance.*
9. Steve Rudd, »The Exodus Route, The Population of the Exodus Jews, The Number of the Exodus, How Many Hebrews Were in the Exodus«, aufgerufen am 14. *Februar 2019, http://www.bible.ca/archeology/bible-archeology-exodus-route-population-of-jews-hebrews.htm.*
10. *Elberfelder Studienbibel*, NT 2203 *zoe*, Witten: SCM R.Brockhaus 2013.
11. *Elberfelder Studienbibel*, AT 3524 *Jeschua*, Witten: SCM R.Brockhaus 2013.
12. Zu ermutigenden Zeugnissen in deutscher und englischer Sprache gelangst du über josephprince.de/zeugnisse.
13. *Elberfelder Studienbibel*, AT 5104 *nabat*, Witten: SCM R.Brockhaus 2013.
14. *Elberfelder Studienbibel*, NT 2816 *koinonia*, Witten: SCM R.Brockhaus 2013.
15. NT: 4372, Joseph Henry Thayer, *Thayer's Greek Lexicon.*
16. *Elberfelder Studienbibel*, AT 5401 *napas*, Witten: SCM R.Brockhaus 2013.
17. *Elberfelder Studienbibel*, NT 2149 *eucharisteo*, Witten: SCM R.Brockhaus 2013.
18. OT: 4832, James Strong, *Biblesoft's New Exhaustive Strong's Numbers and Concordance of the Bible with Expanded Greek-Hebrew Dictionary.*
19. *Elberfelder Studienbibel*, NT 4816 *sozo*, Witten: SCM R.Brockhaus 2013.
    NT: 4982, Joseph Henry Thayer, *Thayer's Greek Lexicon.* © by 2006 Biblesoft, Inc.
20. »The Roman Scourge«, Bible History Online, aufgerufen am 3. Juni 2020, https://www.bible-history.com/past/flagrum.html.
21. *Elberfelder Studienbibel*, NT 1406 *dynamis*, Witten: SCM R.Brockhaus 2013.
22. »Shalem«, The NAS Old Testament Hebrew Lexicon, aufgerufen am 03. Juni 2020, https://www.biblestudytools.com/lexicons/hebrew/nas/shalem.html.
23. *Elberfelder Studienbibel*, AT 7091 *qadar* & AT 7093 *Kidron*, Witten: SCM R.Brockhaus 2013.
24. OT: 1298, Joseph Henry Thayer, Francis Brown, Samuel Rolles Driver, and Charles Augustus Briggs, *The Online Bible Thayer's Greek Lexicon and Brown Driver & Briggs Hebrew Lexicon.* Copyright © 1993, Woodside Bible Fellowship, Ontario, Canada. Licensed from the Institute for Creation Research.
25. *Elberfelder Studienbibel*, NT 1904 *epiginosko*, Witten: SCM R.Brockhaus 2013.
26. »1. Peter 2,25«, BibleHub, 04. Juni 2019, https://biblehub.com/text/1_peter/2-25.htm.
27. *Elberfelder Studienbibel*, AT 4570 *menuhah*, Witten: SCM R.Brockhaus 2013.

DANKSAGUNG

Besonderer Dank und Anerkennung gilt allen, die uns ihre Zeugnisse geschickt haben. Beachte bitte, dass alle Zeugnisse in gutem Glauben empfangen und nur mit Zustimmung der Urheber weitergegeben wurden. Jedes Zeugnis wurde nur der Kürze und Verständlichkeit halber bearbeitet. Alle Namen wurden geändert, um die Privatsphäre der Verfasser zu schützen.

MEDIZINISCHER HAFTUNGSAUSSCHLUSS

Dieses Buch soll den ärztlichen Rat nicht ersetzen. Bei gesundheitlichen Beschwerden oder einer konkreten Erkrankung, die dich oder einen Familienangehörigen betreffen, sollten du bzw. dein Angehöriger einen qualifizierten ärztlichen Rat einholen. Wir empfehlen dir aber, bei gesundheitlichen Fragen und medizinischen Problemen stets auch den Herrn um seine Weisheit und Führung zu bitten und göttliche Weisheit walten zu lassen, wenn es um dein eigenes körperliches, emotionales und geistiges Wohlbefinden geht. Missachte oder ignoriere nicht eigenständig einen professionellen medizinischen Rat oder eine gestellte Diagnose. Bitte verstehe das, was in diesem Buch erläutert wird, auch nicht als Billigung oder Ermutigung, auf die Einnahme deiner Medikamente zu verzichten oder die medizinische Behandlung abzubrechen. Wir geben keine Garantien und weisen darauf hin, dass sich die erzielten Ergebnisse von Person zu Person stark unterscheiden können. Dennoch stehen wir weiterhin fest im Vertrauen und bekräftigen gemeinsam mit allen, die glauben, die Gültigkeit von Gottes Wort und seinen Heilungszusagen.

GEBET FÜR DEINE ERRETTUNG

Wenn du alles empfangen willst, was Jesus für dich getan hat, und ihn zu deinem Herrn und Retter machen möchtest, sprich bitte folgendes Gebet:

> *Herr Jesus, danke, dass du mich liebst und am Kreuz für mich gestorben bist. Dein kostbares Blut wäscht mich von jeder Sünde rein. Du bist jetzt und für immer mein Herr und mein Retter. Ich glaube, dass du von den Toten auferstanden bist und heute lebst. Durch dein vollbrachtes Werk bin ich nun ein geliebtes Kind Gottes und mein Zuhause ist der Himmel. Danke, dass du mir das ewige Leben schenkst und mein Herz mit deinem Frieden und deiner Freude erfüllst. Amen.*

WIR WÜRDEN UNS FREUEN, VON DIR ZU HÖREN

Wenn du das Gebet für deine Errettung gebetet hast oder uns nach dem Lesen dieses Buches gern ein Zeugnis erzählen möchtest, schreib uns: **www.JosephPrince.de/Zeugnis**

BLEIB MIT JOSEPH IN KONTAKT

Über die folgenden Social-Media-Kanäle kannst du mit Joseph in Kontakt bleiben und täglich inspirierende Impulse (in englischer Sprache) erhalten:

Facebook.com/JosephPrince
Twitter.com/JosephPrince
Youtube.com/JosephPrinceOnline
Instagram: @JosephPrince

KOSTENLOSE TÄGLICHE E-MAIL-ANDACHTEN

Trage dich unter **JosephPrince.de/Andachten** in den Verteiler für Josephs kostenlose E-Mail-Andachten ein und erhalte jeden Tag kurze Botschaften, die dir helfen, in der Gnade zu wachsen.

HEILUNGSZEUGENISSE

Möchtest du noch mehr Zeugnisse lesen? Dann gehe auf:
www.JosephPrince.de/iss

WEITERE BÜCHER VON JOSEPH PRINCE

Mehr Informationen zu seinen Büchern und anderem inspirierenden Material findest du auf:
www.JosephPrince.de und **www.gracetoday.de**